KB262374

‘민’에서 ‘민족’으로

이 저서는 2003년도 한국학술진흥재단의 지원에 의해 연구되었음(KRF-2003-074-AS0116).

'민'에서 '민족'으로

초판 1쇄 발행 2006년 6월 30일

엮은이 이석규
펴낸이 윤관백
편 집 김은정
표 지 김지학
펴낸곳  선인
등록 제5-77호(1998.11.4)
주소 서울시 마포구 마포동 324-1 곳마루 B/D 1층
전화 02)718-6252 / 6257
팩스 02)718-6253
E-mail sunin72@chol.com

정가 · 18,000원
ISBN 89-5933-063-9 93900

· 저자와 협의에 의해 인지 생략.
· 잘못된 책은 바꿔 드립니다.

'民'에서 '民族'으로

From 'People' To 'Nation'

이석규 편

　　1990년대 이후 한국의 지식인사회에서 화두가 되었던 것은 단연 '민족' 문제였다. 더욱이 민족과 관련된 논의는 진행 과정에서 여러 파생 담론을 끊임없이 재생산해내면서 현재까지도 인문사회과학계를 뜨겁게 달구고 있다. 이 같은 상황의 지적 배경이 된 것은 잘 알려진 바와 같이 포스트모더니즘이다. 근대의 모순이 첨예하게 드러난 1960년대 서구의 사회 현실을 모태로 형성된 포스트모더니즘은 근대의 사고방식과 거대 담론들을 무차별적으로 해체시키면서 주류 사조로 자리 잡는데 성공하였다. 이 서양의 새로운 사조가 한국사회에 본격적으로 영향을 미치기 시작한 것은 1990년대부터라고 할 수 있으며, 역사학 분야와 관련해서 포스트모더니즘이 가장 먼저 비판 대상으로 삼은 것이 곧 한국사회의 '민족' 문제였던 것이다.

　　근대의 '신화'를 비판하고 이를 해체시키려는 포스트모더니즘이 한국의 민족, 민족주의를 우선적으로 도마에 올린 것은 어쩌면 당연한 일이었다. 식민지시기의 민족해방투쟁, 1960년대와 1970년대의 경제개발, 1980년대의 민주화운동 등 한국의 근현대사가 전개되는 과정에서 민족과 민족주의는 항상 이들을 추동하는 힘의 중심에 있었고 그 결과 민족이라는 성스러운 깃발을 내거는 한, 그 아래의 다른 모든 것들은 사소하고 부차적인 문제로 덮여졌던 것이다. 포스트모더니즘은 바로 이 부분을 집요하게 들추어내면서 한국사에서의 민족이 이데올로기로서의 민족주의가 만들어낸 허상이며 동시에 민족사는 신화에 불과하다는 것을 폭로하였다. 그 결과 한국사에서 민족주의는 이제 비판의 수준을 넘어 폐기되어야 할 대상으로까지 전락하게 되었다.

포스트모더니즘의 민족에 대한 '과격한' 문제제기는 지식인사회에 커다란 반향을 불러일으켰다. 보수든 진보든 어느 일방이 민족을 전유한 것이 아니었기에 양 진영 모두가 이 비판으로부터 자유스러울 수는 없었지만, 이것이 진보적인 연구자들에 의해 제기되었다는 점에서 특히 진보진영은 당혹스러울 수밖에 없었다. 논의가 진행되면서 진보진영의 이념적 지형도는 복잡해졌고, 구체적인 사안에 따라서는 보수와 진보의 경계가 애매해지는 경우도 없지 않았다. 물론 이 같은 상황을 부정적으로 볼 필요는 없는 것이며, 어찌 보면 오히려 지극히 바람직한 현상일 수도 있을 것이다.

그렇더라도 한국사 연구자들에게 이 같은 상황이 당황스러운 것은 왜일까? 단지 그동안 너무 익숙하였고 당연시되었던 것들에 대한 문제제기이기 때문일까? 서양에서의 민족은 프랑스혁명 이후 근대 국민국가의 형성 과정에서 봉건적 신분제의 차별을 극복하고 공동체의 통합을 이루려는 의도에서 만들어졌다. 때문에 그것은 전근대사에서 운위될 수 있는 것이 아님에도 불구하고 한국사에서는 민족을 '초역사적인 자연적 실재'로 전제함으로써 민족의 신화를 창조했다는 것이다. '반만년의 유구한 역사를 지닌 단일민족'의 후손에게는 뼈아픈 지적임에 틀림없다. 민족=네이션을 근대의 산물이라고 규정하는 한, 전근대사에서 민족이 자리할 곳은 없을 것이다. 그렇다고 한국사에서 신분적 차별을 뛰어넘는 공동체 의식, 공동체 문화의 성장은 찾을 수 없는 것인가. 찾을 수 있다면 그것의 성장과정은 어떠했을까. 그리고 그것을 당시 사람들은 무엇이라고 표현했을까.

본 공동연구의 문제의식은 여기에서 비롯되었다. 오랜 한국사의 전개 과정에서 공통의 역사를 경험한 구성원들이 어떻게 스스로를 공동체의 일원으로 인식해갔으며, 제국주의의 침략을 거치면서는 그것이 어떻게 민족적 결집으로 나타났는지를 해명하려는 것이다. 그러나 워낙 주제가 크고 추상적이기 때문에 연구 참여자들은 구체적으로 어떤 방식의 접근이 가능한지를 놓고 많은 시간을 소비해야 했다. 논의의 결과, '민'에 대한 인식의 변화를 통해 이 문제를 해명하는 것이 가능하다는데 합의하였다.

전근대사회에서 민은 항상 하층신분, 피지배계급으로 존재하면서 상층신분, 지배계급과는 구분되는 존재였다. 그럼에도 이들은 끊임없는 자기 성장을 이루어 나갔고, 이에 따라 지배층의 민에 대한 인식도 바뀔 수밖에 없었다. 이 변화의 방향은 점진적이기는 하지만 양자의 경계를 허무는 추세로 나아갔는바, 이는 곧 민의 정치적 성장을 의미하는 것이었고, 궁극적으로는 '주권재민(主權在民)'을 실현하는 것이었다.

이와 같은 인식을 공유하면서 연구 참여자들은 각자의 전공 시기에 따라 다섯 단계로 나누어 여말선초의 신흥유신, 사림파, 실학자, 대한제국시기 의병지도층, 식민지시기 부르주아 민족주의자들의 민 또는 민족에 대한 인식을 살펴보기로 하였다. 곧바로 연구계획서를 작성하고 학술진흥재단의 2003년도 기초학문육성지원사업의 공모에 응하여 1년간의 단기 지원을 받게 되었다. 본서는 그간의 연구 결과 보고서인 셈이다. 이제 좀 더 구체적인 본 공동연구의 목적과 내용을 살펴보면 다음과 같다.

본 연구는 한국사에서 '민'이 성장하는 과정을 계기적으로 살펴보려는데 목적이 있다. 한국사에서 민은 각 시기마다 자신의 존재를 역사에 각인시키면서 한 단계씩 성장해왔고, 마침내 '정치의 주체', '역사의 주체'로서의 위치를 당당히 확보하였다. 이 같은 민의 성장과정에 대한 해명은 모든 한국사 연구자들이 자신의 관심분야와 관련하여 직·간접적으로 갖는 근본적인 문제의식이라 생각한다.

지금까지 이에 대한 접근방식은 크게 두 가지로 범주화시킬 수 있을 것이다. 하나는 생산력의 발전에 짝하여 직접 생산자층인 민이 성장해가는 구체적인 모습을 사회경제적 측면에서 찾아내려는 것이고, 다른 하나는 정치 참여층의 확대라는 시각에서 민의 성장을 이해하려는 입장이다. 이들 연구는 각각 토대와 상부구조의 문제를 해명하는 것이었기에 상호보완적 역할을 하면서 한국사를 발전적으로 재구성하는데 크게 기여하였다. 그렇지만 동시에 해결해야 할 문제도 적지 않다. 무엇보다 전자의 경우는 연구자간의 입장 차이가 상당한 정도로 드러나 여러 측면에서 혼란을 야기하고 있다. 예컨대 한국의 중세에서 직접생산자인 농민의 보편적인 존재형태가 어떠했던 지와 같은 기본적인 문제에 대해서도 연구자간의 견해는 좁혀지지 않고 있다. 후자의 경우도 정치 참여층(지배세력)의 확대를 가능케 한 근본적인 요인에 대한 구체적인 문제의식이 결여되어 있다. 이 때문에 단순히 지배신분의 수적 증가나 또는 신분제의 철폐를 지적하면서 이를 정치에 참여할 수 있는 사회적 기반의 확대로 보는데 그치고 있다.

민의 성장과 관련된 지금까지의 연구가 지니는 문제점을 고려하면서 본 연구에서는 민이 성장하는 모습을 전혀 새로운 시각에서 접근해보고자 한다. 그것은 각 시기마다 '민에 대한 인식은 어떠하였는가'라는 시각이다. 다시 말해서 민이 성장하는 모습을 민에 대한 인식의 변화를 통해 단계적으로 파악하려는 것이다. 이는 민이 성장했다면 그에 대응하여 당연히 민에 대한 인식도 바꿔어갔을 것이란 점을 전제로 한 것이다. 본 연구에서와 같이 민에 대한 인식의 변화 과정을 전반적으로 추적하는 작업은 이제껏 이루어진 적이 없다. 다만 조선시대 교화서의 보급이라든가 향약의 시행과 관련해서 단편적인 언급만이 있어왔을 뿐이다.

한국사의 전개 과정에서 초기 단계의 민은, 그들이 직접생산의 담당자로 존재했음에도 불구하고, 국가나 지배층의 수탈로부터 무방비 상태로 노출되어 있었다. 이 같은 상황에서는 국가가 어떤 정책을 추진할 때 민의 입장이 고려될 리가 없었다. 즉 민은 객관적으로 존재하는 '정치적 실체'로 인식되지 못하였던 것이다. 그러다가 '민유방본(民惟邦本)'의 민본이념을 내용으로 하는 유교의 정치사상이 받아들여지는 고려시대에 들어오면서 점차 민은 '정치적 실체'로 떠오르기 시작하였다. 그러나 이 같은 민에 대한 인식과 관련해서 고려시대는 아직 과도기였다고 생각된다. 민을 나라의 근본이라 하면서도 한편으로는 '군주는 민의 하늘〔君爲民天〕'로 군림하는 존재였다. 이것은 유교의 정치사상이 확고히 자리 잡는 조선시대의 '민은 군주의 하늘〔民爲君天〕'이라는 인식과는 아직 상당한 거리가 있는 것이었다. 이 때문에 고려시대의 민은 아직도 불안정한 존재였다. 그러나 고려 말에 이르러 새로운 지배세력은 유교의 민본사상을 이념적 근거로 내세우면서 '역성혁명'에 성공하여 조선을 건국하였다. 조선의 건국이념이 민본사상을 근거로 하는 한, 이제 민은 정치적으로 배려하지 않으면 안 되는 존재로 인식되었던 것이다. 이 시기에 지배신분층과 피지배신분층을 아우르는 용어로서 '동포(同胞)' 또는 '동류(同類)'라는 용어가 사용되기 시작했다는 사실과 아울러, 양자를 일방적인 지배-피지배관계가 아닌 '상보(相報)'의 관계로 보는 시각이 등장했다는 것은 이전 시기와 명확히 구분되는 의미 있는 변화로 주목된다.

　조선은 건국 이후 그 수명을 다할 때까지 민을 의식하는 정치를 행하였다. 비록 그것이 상투적인 구호로 그칠 때도 많았고 때로는 오히려 민에 대한 수탈을 감추기 위한 수단으로 이용된 적도 있었지만, 그럼에도 불구하고 민은 항상 정치적으로 배려해야만 하는 객관적 실체로 인정되었다. 훈구와 사림이 갈등할 때에도 그들이 내세우는 주장의 근거는 양측 모두 민본사상이었다. 심지어 사림이 분화되어 당쟁이 심화되던 시기에도 각 당파의 주장은 마찬가지로 민본사상에 근거한 것이었다. 이 같은 상황은 민에 대한 지배력을 강화하려는 지배세력의 입장에서 볼 때, 역설적이게도 자신들의 지배력을 약화시키는 것이었다. 민은 아직 ‘정치의 주체’로까지는 성장하지 못하였지만 그 가능성은 이미 지배세력 스스로가 열어놓고 있었던 셈이다. 뿐만 아니라 정치가 곧 교화라고 생각했던 성리학자들은 민에게도 자신들과 마찬가지로 유교적 덕목을 실천할 능력이 있다는 점을 점차 인정하였다. 유교적 가치를 실현하는 능력에는 신분적 차이가 없다는 것을 인정했던 것이다. 유교적 가치에 따라 사회개혁을 꿈꾸었던 실학자들이 그 개혁의 주체세력에 민을 포함시킨 것은 그들로서는 당연한 것이었다.

　이 같은 민에 대한 인식의 변화·성장은 외부 세력과의 접촉이 잦아지는 19세기 후반 이후 질적인 변화의 국면을 맞이한 것으로 생각된다. 지금까지의 민에 대한 인식은 그것이 아무리 진보된 것이라 하더라도 성리학적 인식의 틀을 벗어난 것이 아니었다. 성리학의 인간론에서는 모든 인간에게 도덕적 능력이 있다고 인정하지만, 그 도덕의 내용은 다름 아닌 ‘상하의 인간관계’에 적용되는 것일 수밖에 없었다. 중세의 신분제 사회가 만들어낸 사유체계가 성리학이었던 것이다. 그렇다고 해서 지금까지 이루어낸 민에 대한 인식의 단계적 변화가 무의미했던 것은 결코 아니었다. 실학자들이 가졌던 민에 대한 인식이 있었기에 대한제국 시기 의병운동을 이끌었던 의병지도층이 민을 참정권을 가진 '정치의 주체', 자국의 역사를 이끌어가는 '역사의 주체'로 인식할 수 있었던 것이다. 이 단계에서는 신분과 계급을 초월한 의미의 용어로 '동포'의 사용이 일상화되었다. 민은 이제 '국민'으로의 성장 전망을 충분히 가능케 하는 것이었다. 그러나 일제에 의한 국권의 상실은 이 성장을 불가능한 것으로 만들었다. 대신에 식민지적 조건을 극복하는 민족해방운동 과정에서 민은 스스로를 계급적 존재로 자각함과 동시에 '민족'으로의 결집을 추동하는 주체로 인식되었다고 생각된다.

민에 대한 인식이 이상과 같이 변화되었다는 개략적인 시각을 가지고 본 연구가 다루려는 시기는 고려 말 조선 초부터 식민지시기까지이다. 고려 말 조선 초라는 시기는 앞서도 잠깐 언급한 바와 같이 본격적으로 민이 '정치적 실체'로 인식되는 최초의 시기이다. 이때부터 민에 대한 인식이 어떻게 단계적으로 변화되다가 궁극적으로는 주권재민의 '정치적 주체'로까지 성장했는지를 살펴보려는 것이다. 본 연구에서는 이 시기를 크게 다섯 단계로 나누어 첫째는 여말선초 신흥유신들의 민에 대한 인식, 둘째는 조선중기 사림파의 인식, 셋째 실학파의 인식, 넷째 대한제국시기 의병지도층의 인식, 그리고 마지막으로 식민지시기 부르주아 민족주의자들의 인식을 다루고자 한다.

연구 초기의 의욕과는 달리 연구가 진행될수록 여러 문제점들이 발생하였다. 무엇보다 주어진 연구기간과 연구원으로는 다루려는 주제가 너무 방대하였다. 주제의 성격상 사료를 폭넓게 섭렵하고 세밀한 분석이 요구되었지만 이를 충실히 수행하기에 1년의 기간은 턱없이 부족하였다. 오백 년의 시기를 다섯 명의 연구원이 다루는 것도 무리였다. 이 같은 문제는 어쩔 수 없는 것이었다고 하더라도, 주제에 따른 연구내용의 일관성이 끝까지 유지되었는가 하는 문제에 이르러서는 아쉬운 마음을 금할 수 없다. 특히 전근대에서 근현대로 전환되는 시기를 다루기가 역시 어려웠다. 그렇지만 부족하고 거칠게 다루어진 부분이 많음에도 불구하고 민의 성장을 단계적으로 살필 수 있는 하나의 시각을 제공했다는 점에서 위안을 삼고 싶다. 매우 중요한 주제라 생각되기에 관련 연구자들의 관심과 비판을 기대한다.

끝으로 본서의 출판을 맡아준 도서출판 선인의 윤관백 사장과 책을 모양 있게 만들어 주신 편집부 여러분께 진심으로 감사드리며 서문에 대한다.

2006년 6월 27일
이 석 규 謹識

차
례

서 문 ·· 5

麗末鮮初 新興儒臣의 民에 대한 인식 ································ 이석규 ········ 17
　　1. 머리말 / 17
　　2. 고려 유교 정치사상의 한계와 民 / 20
　　3. 정치적 실체로서의 民 / 26
　　4. 도덕 능력 下劣者로서의 民 / 39
　　5. 맺음말 / 47

朝鮮中期 士林의 民에 대한 인식 ······································ 김창현 ········ 51
　　1. 머리말 / 51
　　2. 향약과 民 / 54
　　3. 교화와 民 / 63
　　4. 맺음말 / 70

北學派의 民에 대한 인식 ··· 김도환 ········ 73
　　1. 머리말 / 73
　　2. '天民', '王民' 용어의 분석 / 77
　　3. '四民'의 관계에 대한 인식 / 86
　　4. '士'의 역할에 대한 인식 / 96
　　5. 맺음말 / 107

대한제국 말기 의병지도층의 '國民' 인식 ······························ 김순덕 ······· 109

   1. 머리말 / 109

   2. 檄文類에 나타난 民에 대한 호칭 사례 / 112

   3. 民族으로서의 民 / 120

   4. 근대 국민으로서의 民 / 130

   5. 맺음말 / 139

식민지시기 부르주아 민족주의계열의 '민족' 인식 ················· 김광운 ······· 143

   1. 머리말 / 143

   2. 일제의 조선 강점과 조선 '민족'의 자기 재발견 / 149

   3. 3·1운동 직후 부르주아민족주의계열의 '민족' 제기와 그 의미 / 154

   4. 민족운동의 방법과 주도세력을 둘러싼

    '문화(적 보수)운동'과 '정치(적 혁신)운동'의 분열 / 166

   5. 맺음말 / 174

부표 ··· 177

참고문헌 ··· 205

찾아보기 ··· 225

CONTENTS

Neo-Confucian Literati's Recognition of 'Min(民)' in the late Koryo dynasty and the early Chosun dynasty
　　Lee, Seock-Kyu ·· 17

A Study of the Sarim Understanding on Peoples in the Middle Chosun Dynasty
　　Kim, Chang-Hyun ·· 51

A Study of the Northern Positive School(北學派)'s Understanding on Peoples
　　Kim, Do-Hwan ··· 73

The 'National Consciousness' Emerged Among the Army Leadership of the Late Korean Empire Period —Focused on Analysis of designations of 'citizen' in Manifestos—
　　Kim, Soon-Deok ··· 109

The "Nation" Perception of the Bourgeoisie Nationalists in Japanese Colonial Period
　　Kim, Gwang-Oon ··· 143

麗末鮮初 新興儒臣의 民에 대한 인식

李 碩 圭[*]

1. 머리말

유학은 궁극적으로 '治人'을 위한 학문이다. 그런데 유학에서 치인은 곧 '敎化'와 같은 의미로 사용되었다.[1] 사람을 다스린다는 것은 사람으로 하여금 유학에서 강조하는 덕목인 仁義禮智를 알고 이를 실천하도록 가르치는 것을 의미하였다. 즉 사람을 다스리는 행위[治人]와 사람을 가르치는 행위[敎化]를 동일시했던 것이다. 이처럼 유학에서는 교화가 강조되었는데, 특히 신유학으로서의 성리학은 교화를 극한적으로 강조하기 위해 인간과 인간의 본성에 대한 인식론적 탐구를 하는 과정에서 성립했다고 해도 지나친 말이 아니다.

---

* 한양대학교 인문과학대학 역사철학부 역사학전공 부교수

1) 『禮記』 25, 祭統, "凡治人之道 莫急於禮"
   이 같은 『禮記』의 선언적 언급이 조선 초기의 관료들에게 오면 다음과 같이 보다 논리적으로 구체화되고 있다. "司諫院 條陳時務八事 下議政府 擬議以聞 其一日 風俗國家之元氣 敎化國家之急務 敎化修 則風俗厚 而國家治矣"(『太宗實錄』 卷 19, 太宗 10年 4月 甲辰條)

그렇다면 '인간을 어떻게 인식했는가'라는 물음은 성리학에서는 근본적인 문제의식이 될 수밖에 없다. 이 문제에 대해 어떻게 답하느냐에 따라 성리학자들의 입장이 나뉘고, 또한 성리학을 받아들인 사회의 본질적인 성격도 달라지게 된다. 따라서 성리학을 지배이념으로 해서 성립한 조선시대의 성격도 마찬가지로 이 문제에 대한 해명을 통해 파악하는 것이 가능하다.

이 같은 문제의식을 가지고 본 논문에서는 14~15세기에 해당하는 고려 말부터 조선 초기에 이르는 시기, 치인을 주도했던 新興儒臣들이2) 치인의 대상이 되었던 民을3) 어떻게 인식했는가를 살펴보고자 한다. 주지하는 바와 같이 이 시기는 성리학이 도입되고 성리학의 정치이념에 따라 종래의 불교를 배척하고 새로운 유교국가를 건설해나가던, 한국사에서는 대단히 중요한 변혁기에 해당한다. 이 같은 변혁기에는 민에 대한 인식도 종래와는 달랐을 것이라 추측할 수 있다. 특히 조선의 건국이 유학의 민본사상을 표방함으로써 가능했다는 점을 고려한다면 더욱 그러하다.

그러나 지금까지 이에 대한 연구는 극히 부족하다. 문제의 중요성에 비추어 볼 때 의외일 정도이다.4) 민의 사회경제적 처지에 대해

---

2) 여기서의 '新興儒臣'은 기왕의 많은 연구자들이 사용하는 '新興士大夫'와 개념상 크게 다른 존재는 아니다. 그럼에도 굳이 '新興儒臣'이라 표현한 것은 당시의 '士大夫'가 문무관료 모두를 포함하는 용어라는 지적도 있지만, 무엇보다 본 논문이 儒敎와의 관련 하에서 민에 대한 인식을 다루고 있기 때문에 이를 드러내기 위한 것이다.

3) 본 논문에서의 民은 관인층을 제외한 모든 사람을 지칭하는 의미로 사용하였다. 따라서 여기에는 신분이나 직업, 또는 役에 의해 구분되는 특정 계층만을 지칭하는 의미가 없다. 즉 良人이든 賤人이든, 또는 農民이든 工商人이든 관계없이 관인층에 의해 통치의 대상으로 인식된 모든 사람을 의미한다.

4) 다만 이 시기의 정치사상이나 교화정책을 다루면서 민에 대한 인식을 단편적으로 언급하고 있는 다음과 같은 논고가 있을 뿐이다.
김훈식, 「여말선초의 민본사상과 명분론」, 『애산학보』 4, 1986.
______, 「15세기 민본이데올로기와 그 변화」, 『역사와현실』 창간호, 1989.
______, 「中宗代 "警民篇" 보급의 고찰」, 『李載龒博士還曆紀念 韓國史學論叢』,

서는 활발한 논의가 있었음에도 불구하고 정작 그들이 정치적으로
어떤 존재였는지에 대한 문제의식은 결여되었던 것이다. 이는 아마
도 전근대사회에서의 민이 일관되게 피지배층으로만 존재했기 때문
이 아닌가 싶다. 물론 그렇기는 하지만 이것이 곧바로 민의 정치적
위상에 변화가 없었다는 것을 의미하지는 않는다. 주로 직접생산자
층이었던 민은 생산력이 발전하면서 자신의 지위를 향상시켰고, 이
에 따라 그들에 대한 지배층의 인식도 달라졌기 때문이다. 이 점에
서 본 논문은 궁극적으로 민의 성장 과정에 대한 해명을 목적으로
하고 있다.

　필자는 이미 조선 초기의 민에 대한 인식을 이 시기의 정치이념
이었던 민본사상과 관련하여 다룬 바가 있다.5) 그러나 이것은 두
가지 측면에서 보완해야 할 필요가 있는 것이었다. 하나는 조선 초
기의 민에 대한 인식이 전시기인 고려시대의 그것과 어떠한 차별성
을 지닌 것인지에 대한 고려가 없었다는 점이고, 다른 하나는 이 때
문에 민에 대한 인식을 개념화하는 작업이 충분하고 또 분명하게 이
루어지지 못했다는 점이다. 민에 대한 인식의 변화를 통해 민의 성
장 과정을 해명하고자 한다면, 사실 이같은 문제는 반드시 극복해야
할 것이다. 그래야만 한국사의 전개 과정에서 이 시기가 지니는 의
미가 분명히 드러날 것이기 때문이다.

　　1990.
　　＿＿＿＿, 「朝鮮初期『三綱行實圖』 보급의 대상」, 『仁濟論叢』 12-1, 1996.
　　＿＿＿＿, 「15세기 後半期 鄕黨倫理 보급의 배경」, 『韓國史研究』 99, 100, 1997.
　　高英津, 「15·16世紀 朱子家禮의 施行과 그 意義」, 『韓國史論』 21, 1989.
　　李碩圭, 「朝鮮初期 '敎化'의 性格」, 『韓國思想史學』 11, 1998.
　　이태진, 「조선시대 '민본'의식의 변천과 18세기 '민국'이념의 대두」, 『국가이념과
　　　　대외인식-17~19세기』, 아연출판부, 2002.

　5) 李碩圭, 「朝鮮初期 官人層의 民에 대한 認識」, 『歷史學報』 151, 1996.

2. 고려 유교 정치사상의 한계와 民

成宗代에 통치이념으로서의 위치를 확보하기 시작한 고려의 유교
는 과거제의 정착과 병행하여 자체적인 발전을 거듭하였다. 그러다
가 11세기 말에서 12세기 초에 이르는 시기에 고려의 유교는 전성
기를 맞이하였다. 특히 北宋으로부터 수용된 新儒學으로서의 性理學
은 고려의 사상계에 커다란 영향을 미쳐 '三綱五常之敎'와 '性命道德
之理'가 사방에 넘쳤다고 할 정도였다.6) 그리하여 이 시기의 유교
를 평가하면서 그것은 중국에서 신유학으로서의 성리학이 발전하던
것과 궤를 같이 할 정도의 수준이었고, 아울러 '經學化'·'心性化'의
경향이 두드러지는 특징을 지니는 것으로 지적되기도 한다.7)

이처럼 고려의 유교는 발전하고 있었지만 그것은 두 가지 측면에
서 한계를 지니는 것이었다.8) 먼저 당시의 유교가 왕권강화라고 하
는 정치적 목적에 규정되어 있었다는 점이다. 왕과 문벌귀족 사이의
대립을 기본 축으로 전개된 무신집권 이전 시기의 정치사에서 유교
도 이 구조로부터 자유로웠던 것은 아니다. 유교의 발전을 주도했던
신진관료들은 유교를 공통분모로 스스로 결집된 세력이라기보다 왕
권강화라는 정치적 목적을 위해 왕의 비호 아래 성장한 세력이었다.
때문에 왕의 보호로부터 벗어났을 때, 그들 세력은 급속히 약화될
수밖에 없었다. 韓安仁派가 등장하고 또 몰락하는 과정은 이를 잘
말해주고 있다. 뿐만 아니라 왕은 자신의 권력을 강화하기 위해서라
면 언제든지 반유교적인 정책도 취할 수 있는 입장이었다. 불교도

---

6) 『東文選』卷 64, 「記」, 淸讌閣記

7) 文喆永, 「麗末 新興士大夫들의 新儒學 수용과 그 특징」, 『韓國文化』 3, 1982.
_____, 「고려중기 사상계의 동향과 新儒學」, 『國史館論叢』 37, 1992.

8) 이 부분에 대한 서술은 주로 李碩圭, 「高麗時代 民本思想의 性格」(『國史館論叢』
87, 1999)에 근거하였다.

왕권강화에 이용되기는 마찬가지였다. 상황이 이러했기에 비록 유교가 발전하고는 있었지만, 당시의 유교 관인층은 자신들의 정체성으로 유교만을 내세울 수 있는 형편이 아니었던 것이다.9)

두 번째로 지적할 수 있는 것은 이 시기의 고려 유교가 중국에서 신유학으로서의 성리학이 고민했던 본질적인 문제의식을 공유하지 못했다는 점이다. 주지하는 바와 같이 성리학은 그것이 발흥하던 시기의 사회적 혼란을 인간의 도덕적 실천을 통해 극복하려는 사상체계이다. 즉 성리학의 문제의식은 어떻게 하면 인간이 본래적으로 지닌 도덕적 가치를 항상적으로 발현시킴으로써 사회를 안정시킬 것인가에 맞추어져 있는 것이다. 종래의 訓詁와 詞章에 기운 漢唐 유학으로는 이 문제를 해결할 수 없어 초기의 성리학자들은 孔孟으로 돌아가 거기서 修己와 治人의 근거를 찾았고, 아울러 이를 극대화하기 위한 철학체계를 마련하였다. 그것은 인간 행위의 근거를 心性에서 구하고, 心性의 근거를 理氣論에서 구하면서 이 理氣를 인간사회를 포함한 우주만물의 형성·운행의 원리로 추상화·절대화시키는 것이었다. 송대의 經學과 心性論은 모두 도덕의 실천을 담보해내기 위한 修己를 목적으로 하는 것이었고, 궁극적으로는 이를 통해 혼란해진 사회질서를 회복시키려는 것이었다. 결국 성리학은 송대 사대부들의

---

9) 고려시대의 사상사에서 이 시기 신진관료의 대두를 적극적으로 평가하는 견해가 있다. 즉 신진관료들이 추진한 "유학에 있어서의 새로운 혁신운동"은 "고려 초기 유학을 '심성'의 차원에서 내재적으로 극복하면서 독자 영역을 확보해나가는 신유학 운동인 동시에, 당시 외척의 발호에 의해 횡행했던 조정의 귀족적인 정실주의에 대응하기 위하여 유교주의로 자각된 신진관료로서의 당당한 자기 존재 선언"이라는 것이다(文喆永, 앞의 논문(1992), 52쪽). 여기서 말하는 '유교주의'는 아마도 "유교적 합리주의로 자신을 수양하면서 도교와 불교에 대항하는 의식"(66쪽)을 가리키는 것으로 보인다. 이 같은 평가는 지금까지 소홀히 다루었던 고려 중기의 유학을 재검토하게 한다는 점에서 의미 있는 것이라 생각된다. 그렇지만 이 같은 평가를 그대로 받아들이기에는 주저되는 점이 있다. 이들 신진관료들의 정체성을 '유교주의'에서만 찾기는 어렵다는 점 때문이기도 하지만, 무엇보다도 후술하는 바와 같이 이들은 신유학이 추구했던 본질적인 문제에 다가서지 못한 것으로 보여지기 때문이다.

치열한 경세의식이 낳은 사상이었다고 할 수 있다.

그러나 고려의 유교는 성리학을 수용하면서도 그것이 등장했던 배경과 궁극적으로 추구하는 지향점까지를 이해했다고 보기는 어렵다. 비록 성리학의 영향으로 尊經과 心性化의 경향이 나타났다고는 하지만, 그것은 매우 제한적인 것이었으며 그나마 이러한 경향이 修己에 대한 관심으로 이어지지 못한 채 여전히 詞章의 학풍이 주류를 이루고 있었다.10) 修己에 무관심한 상황에서는 治人의 經世學에서도 문제가 있기는 마찬가지였다. 肅宗과 睿宗代에 추진된 개혁정치의 이념적 근거가 王安石의 新法에서 찾아지기도 하지만,11) 이 개혁정치도 기본적으로는 왕권과 귀족세력간의 길항관계에서 왕권을 강화하기 위한 정치적 목적을 지닌 것이었다. 왕권강화 자체가 목적이었기 때문에 왕권강화를 통해 이루고자 하는 유교 정치이념의 실현에 대한 의지는 너무 허약하였다.

지배층 내부의 대립과 이에 규정된 유교 정치이념의 빈곤은 민생을 파탄으로 몰아갔다. 지배세력의 어느 누구에게도 민생은 관심의 대상이 되지 못했다. 왕에게는 민생보다 왕실의 안녕이 더 큰 관심사였다. 왕의 遺敎에서조차 민을 걱정하는 모습은 찾을 수 없고 오로지 '協輔王室', '永康王室'만을 강조할 뿐이었다.12) 관인층도 민생에 관심이 없기는 마찬가지였다. 그것은 이 시기에 매관매직이 광범하게 퍼져 있었다는 사실에서 단적으로 드러난다. 이 상황을 무신집권기의 대표적인 유교 지식인이라 할 수 있는 李奎報(1168~1241)

---

10) 馬宗樂,「高麗中期 政治權力과 儒學思想」,『釜山史學』32, 1997, 27~37쪽.

11) 鄭修芽,「高麗中期 改革政策과 그 思想的 背景」,『水邨朴永錫敎授華甲紀念 韓國史學論叢』上, 1992.

12)『東文選』에는 숙종·예종·인종 세 왕의 遺敎가 수록되어 있는 바, 여기서 나타나는 공통점은 민생에 대한 언급은 없고 모두 協輔王室, 永康王室, 永康王家만을 신하들에게 부탁하고 있다는 점이다(『東文選』卷 23,「敎書」, 肅王遺敎·睿王遺敎·仁王遺敎).

는 다음과 같이 전하고 있다.

> 李子(이규보-인용자)가 남쪽으로 어떤 강을 건너는데, 때마침
> 배를 나란히 해서 건너는 사람이 있었다. 두 배의 크기도 같고
> 사공의 수도 같으며, 배에 탄 사람과 말의 수도 거의 비슷하였
> 다. 그런데 조금 후에 보니, 그 배는 나는 듯이 달려서 벌써 저
> 쪽 언덕에 닿았지만, 내가 탄 배는 오히려 머뭇거리고 전진하지
> 않았다. 그래서 그 까닭을 물었더니, 배 안에 있는 사람이 말하
> 기를, "저 배는 사공에게 술을 먹여서 사공이 힘을 다하여 노를
> 저었기 때문이오" 하였다. 나는 부끄러워하지 않을 수 없었으며,
> 따라서 탄식하기를, "아, 이 조그마한 배가 가는 데도 오히려 뇌
> 물의 있고 없음에 따라 遲速·先後가 있거늘, 하물며 벼슬을 경
> 쟁하는 마당에 있어서랴? 나의 수중에 돈이 없는 것을 생각하
> 매, 오늘날까지 하급 관직 하나도 얻지 못한 것이 당연하구나"
> 하였다.13)

돈이 없어 관직에 나아가지 못하는 현실을 한탄하는 이규보의 모
습에서 당시 매관매직이 광범하게 퍼져 있었음을 쉽게 짐작할 수 있
다. 심지어는 왕조차도 이같은 풍조를 조장하고 있었다.14) 상황이
이러했기에 관인들에게 민생을 위한 정치를 기대할 수는 없었다. 오
히려 민에 대한 수탈이 끊임없이 문제가 되고 있음을 사료는 전하고
있다. 이규보조차도 관직을 爲民의 정치를 행하는 수단으로 인식하
지 못하였다.

> 아아, 뜻은 크나 재주가 소루하고 타고난 운명이 천박하여,
> 나이 30이 되도록 오히려 한 郡縣의 소임도 맡지 못하여 苦孤한
> 모든 정상이 말할 수 없으니, 앞일을 벌써 알 만합니다. 그러나

---

13) 『東國李相國集』 卷 21, 「說」, 舟賂說(이하 『東國李相國集』의 번역은 민족문화추
진회, 고전국역총서 『동국이상국집』을 따랐음)

14) 『高麗史節要』 卷 13, 明宗 14年 12月條

저의 行藏과 去就는 閣下가 운명을 맡아 결정짓게 되었으니, 進退와 升降 역시 각하께서 보아 처리하시기에 달렸는데 제가 오히려 무슨 말을 하겠습니까. 만일에 한 번 돌봐 주시는 은혜를 베풀어 길을 열고 끌어올려 주셔서 첫 벼슬길에 오르도록 해 주신다면, 靑雲萬里를 높이 뛰어갈 수 있을 것인데, 어찌 길이 멀고 시기가 늦은 것을 걱정하겠습니까. 또 선비가 王公大人들에게 돌봐 주기를 바라는 것은 진실로 그 자신만 도모하려는 것이 아니라, 역시 왕공 대인의 명예도 성취시키려는 것입니다.15)

급제 후에도 9년 동안이나 관직을 얻지 못하자 그는 수차례에 걸쳐 求官의 詩書를 썼는데, 이것은 당시 인사권을 행사하던 趙永仁에게 보낸 편지이다. 관직을 구하는 편지임에도 이규보는 자신이 관직을 통해 성취하고자 하는 대의에 대해서 말하기보다는 오직 자신과 자신을 써줄 인물의 명예만을 위한 수단으로 관직을 인식하고 있다. 한마디로 유교 지식인으로서 爲民의 경세의식은 찾아볼 수 없다.16) 이규보에게 있어서 유교는 과거를 통해 관직에 진출하기 위한 수단, 특히 文翰職에 나아가기 위한 수단 이상의 의미는 없었던 것으로 보인다.17) 그렇기 때문에 그가 지방관으로 재직하면서 민의 비참한 생활상을 직접 목도하고 또 이를 묘사한 많은 시문을 남겼음에도 불구하고 이같은 경험이 민생을 바로잡아야 한다는 의식으로 이어지지

---

15) 『東國李相國集』 卷 26, 「書」, 上趙太尉書

16) 물론 이규보에게서 위민의식을 전혀 찾을 수 없는 것은 아니다. 이규보의 정치 사상을 다룬 연구들에서 그의 민본 또는 애민의식이 지적되고 있다(김인호, 「이규보의 현실이해와 정치경제 개선론」, 『學林』 15, 1993 ; 馬宗樂, 「李奎報의 儒學思想」, 『한국중세사연구』 5, 1998). 그렇지만 이들 연구에서도 이규보의 민본 또는 애민의식이 체계화되지 못했다거나, 또는 소극적인 것이었다고 평가하고 있다. 여기에 한 가지 덧붙이고 싶은 것은 이규보는 민생을 해결해야 할 일차적인 책임이 자신과 같은 유교 관인층에게 있다는 사실을 절실하게 깨닫지 못했다는 점이다. 책임이 절실하지 않았기에 민생이 도탄에 빠진 현실에 대한 자기반성도 부족하였고, 민의 곤궁한 처지를 가엾게 여기면서도 이 감정이 위민의 경세의식으로 이어지지 못했던 것이다.

17) 馬宗樂, 「李奎報의 儒學思想」, 『한국중세사연구』 5, 1998, 84~89쪽.

못한 채, 오히려 하루속히 지방에서의 생활을 벗어나고자 하였던 것이다.[18]

왕과 관인층으로부터 외면된 민생을 제도가 지켜줄 리도 없었다. 고려 초 성종은 유교의 민본이념에 따라 민을 진휼하기 위한 義倉을 설치하였다. 그러나 仁宗代 이후가 되면 의창의 기능은 거의 상실된 것으로 파악된다.[19] 물론 왕들은 끊임없이 민의 질고를 구휼하라는 詔命을 내렸지만 그것은 고식적인 것에 지나지 않았다. 예컨대 明宗 7년 말에 민란이 어느 정도 가라앉자 명종은 이듬해 정월 전국에 察訪使를 파견하여 問民疾苦와 함께 관리 및 奉使者들에 대한 黜陟을 시행하였는 바, 이 때 적발되어 탄핵을 받은 탐관오리가 무려 천여 명에 이르렀다. 그런데 이들 贓吏들은 공동으로 뇌물을 마련하여 錄案에서 자신들의 이름을 삭제해 줄 것을 權貴들에게 수차례 요청하였다. 그 결과 명종 11년에 왕은 마침내 이들을 옛 관직에 따라 서용할 것을 허락하였다. 이에 대해 臺閣에서 조차 아무런 문제제기가 없었다는 『高麗史』의 기록은 당시 관인층 일반에게 민이 어떤 존재였는지를 극명하게 보여준다.[20]

元 간섭기 이전 고려의 민은 왕을 비롯하여 관인 지배층으로부터 철저하게 외면당했다. 민은 정치적으로 배려하지 않으면 국가가 유지될 수 없는, 즉 객관적으로 실재하는 정치적 실체로 인정받지 못했던 것이다. 표면적으로는 '民惟邦本'을 말하고 있지만 이를 뒷받침하는 구체적인 정책은 찾아보기 어려울 정도로 빈약하였다. 성리학

---

18) 朴菖熙, 「李奎報의 본질에 대한 연구」, 『外大史學』 창간호, 1987, 20~23쪽.
　　金皓東, 「高麗 武臣政權時代 文人知識人 李奎報의 農村現實觀」, 『國史館論叢』 42, 1998, 179~181쪽.

19) 朴鍾進, 「高麗前期 義倉制度의 構造와 性格」, 『高麗史의 諸問題』(三英社, 1986), 435~436쪽.

20)『高麗史』卷 19, 世家 19, 明宗 8年 正月 丁巳條 및 同年 3月 辛亥條
　　『高麗史』卷 20, 世家 20, 明宗 11年 9月 丙子條

을 수용하여 성리학적 용어를 말하고 또 유교 경전의 내용도 알고는 있었지만, 중국에서 성리학을 배태한 사회경제적 배경까지를 경험한 것은 아니었기에, 그것이 치열한 경세의식이 낳은 사회적 산물이라는 사실을 이해하지 못한 채 '민유방본'이라는 구두선만 반복했던 것이다. 한마디로 이 시기의 유교 정치사상에서 민은 어느 곳에도 존재하지 않았던 바, 이는 지배층의 민에 대한 수탈을 제어할 수단이 없었음을 의미하는 것이었다. 그 결과 최소한의 재생산기반도 유지하지 못하게 된 민의 유망과 항쟁이 끊이지 않았지만, 그럼에도 불구하고 민을 정치적 실체로 인식하지 못했던 유교 관인층은 이 같은 사회현실에 대해 이것이 자신들의 책임이라는 사실을 깨달을 수 없었다. 그것을 깨닫는 데에는 거의 100여 년의 시간을 기다려야 했다.

3. 정치적 실체로서의 民

지배층 내부의 대립과 갈등, 이에 규정된 유교 정치이념의 빈곤, 그리고 그 모든 결과로서의 민의 항쟁을 겪은 이후 元 간섭기가 되면서 점차 관인층 내부에 변화가 나타나기 시작하였다. 이 변화를 주도한 것은 이른바 신흥유신들이었다. 이들은 원과의 빈번한 교류를 통하여 주자성리학을 적극적으로 수용하였다. 성리학을 수용하였다는 점에서만 본다면 신흥유신들은 그 이전 고려 중기의 신진관료들과 그다지 다를 바가 없었다. 그러나 수용 당시의 상황은 많이 바뀌었다. 우선 유일한 정치권력인 원의 등장은 기왕의 권력구조를 해체시켰고, 이에 따라 종전과 같은 권력투쟁이 표면화되기 어려웠다. 또한 원으로부터 수용한 주자성리학은 우주론적인 理氣論보다 持敬을 위주로 한 實踐倫理를 강조하는 특징을 지녔다는 점에서 이전과 달랐다.21) 그러나 무엇보다 중요한 것은 고려 후기의 신흥유신들은

민을 정치적 실체로 인정하지 않은 결과로 초래된 장기간의 사회혼
란을 경험한 존재들이었다는 점이다. 국가체제를 부정할 정도로 심
각한 민의 항쟁을 경험함으로써 이제 신흥유신들은 신유학으로서의
성리학이 지닌 본질적인 문제의식에 보다 가까워질 수 있었던 것이
다. 이는 당시의 사회 혼란에 대한 그들의 인식을 살펴봄으로써 분
명하게 드러난다.

고려 후기 신흥유신들의 사회 인식에서 나타나는 공통된 특징으
로는 무엇보다 당시의 사회 문제에 대한 책임을 유교 관인층인 자신
들에게 돌리고 있다는 점을 들 수 있다. 이 시기 사회 문제의 핵심
이 무엇인지에 대해서는 李穀(1298~1351)의 다음과 같은 언급에
명료하게 정리되어 있다.

> 국가에 사고가 많은 뒤로 일이 예전과 달라 廉恥의 道가 없
> 어져 상하가 서로 이익만 다투니 豪家는 兼幷하고 酷吏는 지나
> 치게 거두어 토지는 송곳 세울만한 곳도 없고 집에는 아무 것도
> 없어 탄식만 있을 뿐이다. 守令된 자는 坐視하며 모르는 척 民
> 을 학대하여 自奉할 따름이니 民의 困苦하고 의지할 데 없음이
> 지금보다 심한 적이 없다.22)

당시 사회의 문제는 한마디로 민생의 피폐에 있었다. 그런데 민생
이 피폐해진 원인은 豪家의 겸병과 酷吏의 수탈 때문이었고, 이는
무신집권과 이어진 원과의 전쟁과 같은 국가적 혼란을 거치는 과정
에서 廉恥의 道가 없어졌기 때문이라는 인식이다. 결국 민생이 피폐
해진 책임은 염치의 도를 행해야 할 유교 관인층에게 있는 셈이었
다. 바꾸어 말하면 이곡은 염치의 도, 즉 유교적 도덕의 실천을 통

---

21) 文喆永,「고려후기 新儒學 수용과 士大夫의 意識世界」,『韓國史論』41・42,
  1999.

22)『稼亭集』卷 8,「序」, 送鄭參軍序

해 민생의 피폐, 즉 국가의 문제를 해결하려는 인식을 갖고 있었던 것이다. 이는 이곡과 동시대인이었던 崔瀣(1287~1340)에게서 보다 분명하게 드러난다.

> 무릇 修己와 治人은 집안에서 시작하여 국가에 이르는 것이니 儒者가 배워야 할 것이다. 맹자가 이르기를 어려서 배우는 것은 장성하여 행하기 위함이라 하였다.……생각하건대 배운 바를 행하려는 것은 뜻이 천하국가에 있는 것이니 어찌 일시의 명예를 훔쳐 자신의 영광만을 도모할 뿐인가.……근년에 土田은 거의 개간되었는데도 국가의 수입은 늘어난 것이 없고 生民은 점차 번성하는데도 거처할 곳은 없으며 府中은 고갈하여 녹봉이 부족한 형편이다. 士로서 염치를 닦은 이는 드물고 집집마다 겸병을 다투어 풍속은 혼탁해지고 사람들은 원통한 마음이 있어도 이를 풀어줄 곳이 없다.23)

흥미롭게도 이 글에서는 최해가 마치 120여 년전 이규보가 쓴 앞서의 求官書를 직접 비판하는 듯한 느낌을 받는다. 이규보에게 유교는 자신과 왕공대인의 명예를 위한 것이었지만, 최해는 유교가 자신만을 위한 것이 되어서는 안 되고 국가를 위한 것이어야 한다는 점을 강조하고 있다. 그럼에도 재정은 고갈되고 민은 거처할 곳도 없을 정도로 국가의 현실이 어려운 상황이라면 그 책임은 당연히 유교를 배운 儒者들에게 있었다. 이 점에서 최해는 염치의 도, 즉 유교적 도덕을 실천하는 선비가 드물다는 것을 지적하고 있는 바, 여기에서 修己를 통한 治人의 확고한 경세의식을 읽을 수 있다.

도덕의 실천을 통해 사회의 혼란을 극복하려는 유교의 본질적인 문제의식에 다가가면서 신흥유신들은 지금까지 그렇게 하지 못한 자신들을 반성하기 시작하였다. 자기반성의 모습도 신흥유신들에게서

---

23) 『拙藁千百』 卷 1, 問學業諸生第二道

찾아지는 공통된 특징이었다. 우선 李齊賢(1287~1367)의 경우를
보기로 하자.

> 다행히 休明의 때를 만나 천하가 글이 같고 집에는 程朱之書
> 가 있어 사람들이 性理之學을 알아 이를 가르치는 道가 또한 비
> 슷하다. 그런데도 가난한 선비로서 博學篤行한 자가 과연 누구
> 이며 搢紳으로서 成德達材한 자가 능히 얼마인가. 士도 오히려
> 이러한데 民은 어떠하겠는가.24)

유교를 배웠음에도 이를 실천하지 않는 당시의 유교 관인층을 향
한 통렬한 비판이지만, 이 비판은 곧 이제현 자신에 대한 반성으로
이어진다.

> 홀로 배워 고루하니 道를 들은 것은 의당 늦었다. 불행은 자
> 기로 말미암은 것이니 어찌 스스로 반성하지 않는가. 무슨 德을
> 民에게 끼쳤기에 네번이나 나라의 재상이 되었는가. 요행으로
> 이에 이르렀으니 마침내 뭇 비방을 불러들였다. 떳떳치 못한 모
> 습을 또한 어찌 그리려는가. 네 후손에게 고하여 한번 보고 세
> 번 생각하게 함이니 그런 불행을 경계하여 아침 저녁으로 힘쓸
> 것이라.25)

유교의 도를 깨닫지 못한 결과로서 덕이 부족하고, 덕이 부족한
결과로서 민생에 도움이 되지 못했다는 이제현의 반성에서 그가 인
식했던 유교의 도가 무엇을 의미하는지는 자명해진다. 앞서의 이곡
이나 최해와 마찬가지로 이제현도 도덕의 실천을 통한 치인의 경세
학으로 유교를 이해함으로써 이러한 반성이 가능했던 것이다.
이제현, 최해와 동년생으로 이들과 깊은 교유관계를 가졌던 安軸

---

24)『益齋亂藁』卷 9 下, 「策問」, 問論語曰……

25)『益齋亂藁』卷 9 下, 「讚」, 益齋眞自贊

(1287~1348)을 통해서도 당시 신흥유신들의 자기반성의 분위기를 읽을 수 있다.26)

> 符節을 가지고 關口에 들어섰다가
> 길을 따라 돌아서 나오는데
> 삭풍은 늘어선 창 사이로 불고
> 낙엽은 병졸들의 옷에 가득하네
> 민간의 병폐를 구하지 못하였으니
> 어찌 國體를 튼튼히 했다고 하겠는가
> 비록 동해의 물을 다 쏟아부어도
> 2년간의 허물을 씻기는 어려우리27)

지방관의 임기를 마치고 돌아오는 길에 쓴 이 시에서 안축은 민을 나라의 근본(國體)으로 인식하면서 민생을 구하지 못한 책임을 심하게 자책하고 있다. 또한 홍수가 나서 人家와 곡식이 상하는 것을 보고 두려워하면서 그 죄를 자신에게 돌리는 모습에서도 민생을 자신의 책임으로 느끼는 안축의 마음가짐은 여전하다.28) 이같은 그의 자기반성이 단지 시에만 나타나는 수사가 아님은, 그가 유교 관인으로서 민을 위해 노력한 것에 대한 자부심을 겸손하게 표현한 다음의 술회에서 충분히 짐작된다.

> 나의 평생에 가히 칭찬받을 만한 일은 없으나, 네 번 士師가
> 되어 무릇 민으로서 억울하게 노비가 된 자는 반드시 良人으로
> 처리하였다.29)

---

26) 최해와 안축의 활동과 함께 이들과 이제현과의 교우관계에 대해서는 高惠玲, 『高麗後期 士大夫와 性理學 受容』, 「崔瀣와 安軸」(一潮閣, 2001)이 참고된다.

27) 『謹齋集』 卷 1, 「關東瓦注」, 至順二年九月十七日罷任如京過順忠關

28) 『謹齋集』 卷 1, 「關東瓦注」, 大雨歎

29) 『高麗史』 卷 109, 列傳 22, 安軸

국가의 문제를 자신의 책임으로 돌리고 이를 반성한다는 것은 결국 이들 신흥유신들이 치열한 경세의식을 지니고 있었음을 말해주는 것이다.30) 실제로 이들은 당시의 국가적 문제를 해결하고 새로운 이상사회를 건설하고자 하는 의지와 자신감으로 충만해 있었다. 다음은 鄭永世라는 사람이 漢陽參軍으로 부임하게 되자 그를 송별하는 자리에서 친구들이 지은 시에 대해 序한 이곡의 말이다.

> 或者는 말하기를 "參軍은 微官이니 깊은 폐단을 갑자기 바꿀 수 없다"고 하나 이는 전혀 그렇지 않다. 一家가 仁하면 一國이 興仁하는 것이니 君子는 盡己할 뿐이다. 실로 능히 盡己하여 百姓의 마음을 자기의 마음으로 삼은 즉 비록 적중하지 않더라도 또한 멀리 벗어나지는 않을 것이니 어찌 반드시 관직의 높고 낮음과 풍속의 엷고 질박함을 헤아릴 것인가.31)

이것은 당시 사회 문제의 핵심을 지적한 것이라 해서 인용했던 앞서의 이곡의 언급에 뒤이어 나오는 말이다. 피폐한 민생을 구하기에 參軍은 미관말직에 불과했지만 이곡에게 이것은 전혀 장애가 되지 않았다. 미관말직이나마 백성의 마음을 자신의 마음으로 삼는 仁을 실천한다면 언젠가는 국가도 '興仁'할 것이라는 확고한 믿음이 있었던 것이다. 국가의 혼란을 바로잡을 수 있다는 이곡의 자신감과 함께 유교 관인으로서의 자부심이 동시에 느껴지는 대목이다. 한편 다행스럽게도 『稼亭集』에는 이 모임에서 그가 지은 시도 함께 남아 있다.

---

30) 고려 후기 신흥유신들이 생각했던 경세론의 구체적인 내용에 대해서는 다음의 저서가 참고된다. 金仁昊, 『高麗後期 士大夫의 經世論 硏究』, 혜안, 1999.

31) 『稼亭集』 卷 8, 「序」, 送鄭參軍序

南江의 風雨에 漁火가 어지럽고
北嶺의 烟霞에 佛刹은 밝구나
한많은 居民의 눈가 주름은 붉어지고
울타리는 쓸쓸하니 사는 것이 괴롭구나
그대는 돌아가 신음하는 몸을 어루만져
무엇보다 우선 한 마을을 소생시키소서
근래의 세상사 차마 들을 수 없어
나 또한 남쪽으로 돌아가기를 결심하였다오
봄물에 삿대가 반 정도 떠오르기를 기다려
한강에 조각배 띄우고 돛대를 두드리리[32]

　　미관말직을 마다하지 않고 지방으로 떠나는 친구에게 민생의 피곤함을 어루만져 주기를 부탁하면서, 한편으로는 자신도 민생의 어려움을 외면하지 않고 지방으로 내려가겠다는 의지를 표현하고 있다. 관직의 고하나 경외를 가리지 않고 민생을 구하겠다는 이들의 경세의식에서는 차라리 소박함마저 느껴진다. 그렇지만 시간이 흐르면서 신흥유신들의 경세의식은 점점 더 원대해지고 구체적인 현실감을 지니게 된다. 이곡보다 한 세대 후에 해당하는 조선 건국의 주역인 趙浚(1346~1405)과 鄭道傳(1342~1398)의 글에서 이를 알 수 있다.

내 평생의 소원은 장대한 계책을 펼쳐
人主에게 三代를 회복케 하고
커다란 黃金印을 차고는
일거에 도적 멸하기를 술잔 들 듯하며
장대한 위엄을 風雷처럼 떨쳐서
천하를 먼지 하나 없이 하고
칼과 화살촉을 녹여 쟁기와 호미를 만들어

잡풀만 무성한 밭을 개간하여
文物을 펼치고 태평성대를 열어
적막한 蒼生을 한번 위로하는 것이다.[33]

위의 조준의 시에서는 그가 지방의 한 고을이 아니라 국가 전체의 경영에 뜻이 있음을 숨김없이 드러내고 있다. 그의 궁극적인 목표도 민생을 구하는 것이었다. 그러나 이같은 목표가 순수하고 소박한 의지만으로 이루어질 수는 없었다. 이를 정도전은 다음과 같이 말하고 있다.

異端은 날로 성하고 吾道는 날로 쇠하니 民은 금수처럼 몰리고 도탄에 빠졌습니다. 천하가 滔滔하여 기강이 없으니 오호, 통탄할 뿐입니다. 이것을 누가 바르게 하겠습니까. 반드시 학술이 바르고 도덕과 지위가 높아 사람들이 믿고 복종할 만한 자라야 가히 바르게 할 것입니다 …… 다행히 하늘로부터 품부한 본성은 없어지지 않아 비록 퇴폐한 가운데에도 한 두명의 明經之士가 있어 (이단의-인용자) 폐해를 알아 가만히 논의하며 탄식합니다. 가끔 사람들에게 분변한 즉 혹 들은 바를 믿고 깨닫는 자가 있으니 이는 理義之心을 사람들이 모두 지니고 있기 때문입니다. 그러나 (지위가-인용자) 낮아 우러러 보지 않으니 민은 마침내 따르지 않습니다.[34]

이것은 정도전이 鄭夢周 (1337∼1392)에게 보낸 편지의 일부이다. 정몽주가 楞嚴經을 탐독한다는 소문을 듣고 쓴 이 편지는 고려 말의 신흥유신들이 불교에 경도되어 있었다는 근거로 흔히 인용되는 것이다. 그러나 여기서 주목하고 싶은 것은 국가를 바로잡기 위해 정도전이 현실적으로 필요하다고 생각한 것은 무엇인가 하는 점이

---

33) 『東文選』 卷 8, 「七言古詩」, 趙浚, 春日昭陽江行

34) 『三峯集』 卷 3, 「書」, 上鄭達可書

다. 그는 먼저 유교가 쇠퇴했기 때문에 민생이 도탄에 빠진 현실을 지적하고, 이어 이 같은 현실을 바로잡기 위해서는 도덕과 지위가 높은(德位之達) 사람이 필요하다고 한다. 그런데 당시 明經之士가 없는 것은 아니지만 이들은 정치적 지위가 낮아 민이 따르지 않는다고 말하고 있다. 명경지사의 개인적인 도덕적 실천만으로 현실을 개혁하기란 쉽지 않고, 이와 함께 민이 복종할 수 있는 정치적 지위가 있어야 한다는 점을 정도전은 깨닫고 있었던 것이다.

국가의 문제를 민생의 피폐로 규정하고 그 책임을 도덕적 실천이 없었던 유교 관인층의 탓으로 돌리는, 자기반성을 전제로 한 신흥유신들의 경세의식은 확산되었다. 그리고 이 경세의식이 국가의 차원으로 확대되고 현실 정치에서 구체성을 가지게 되면서 이들의 민에 대한 인식도 점차 바뀌었다. 민생을 구하는 것이 경세의 최종적인 목표가 된 이상, 과거와 같이 민을 외면할 수는 없었던 것이다.

> 신이 듣건대 "天民을 잘 양육하는 자는 흥하고 天民을 잔혹하게 다루는 자는 망한다" 하였습니다. 이로써 人主가 天命을 받아 天位에 있는 것이니 반드시 위로는 天心에 순응하여 天民을 양육하기를 부모가 자식을 사랑하는 것같이 한 후에야 民心이 붙좇고 天命이 공고해지는 것입니다.35)

공민왕에게 올린 尹紹宗(1345~1393)의 상서에서는 天命을 民心과 등치시키고 있다. 추상적인 천명의 내용을 구체화시킬 수 있는 수단으로 민심이 제시되고 있는 것이다. 따라서 민심을 어기는 군주는 천명을 어기는 것이 되어 天位를 잃을 수밖에 없었다. 이를 정도전은 보다 구체적으로 언급하고 있다.

---

35) 『東文選』 卷 53, 「奏議」, 尹紹宗, 上恭愍王書

> 人君의 지위는 높은 것으로 말하면 높고 귀한 것으로 말하면
> 귀하다. 그러나 천하는 지극히 넓고 만민은 지극히 많다. 한번
> 그 心을 얻지 못함이 있으면 대개 크게 우려할 만한 일이 있을
> 것이다. 下民은 지극히 약하지만 힘으로 위협할 수 없고, 지극
> 히 우매하지만 지혜로 속일 수 없다. 그 心을 얻은 즉 그들이
> 복종할 것이고, 그 心을 얻지 못한 즉 그들이 떠날 것이니 거취
> 의 사이는 터럭만큼도 용납되지 않는다.[36]

군주의 지위가 아무리 높고 귀해도 지극히 약하고 우매한 민의
마음을 얻지 못하면 안된다는 점을 준엄하게 표현하고 있다. 민심을
외면한 결과로 초래된 국가적 혼란을 경험한 신흥유신들이었기에 이
들의 爲民의 표현은 이전 시기처럼 상투적인 것이 아니었다. 그것은
이들이 이전과는 달리 군주와 민, 그리고 그 중간에 위치한 관인층
의 상호 관계와 역할에 대한 치밀하고도 분명한 인식을 가지고 있었
던 데에서 알 수 있다.

> 堂宇는 비유하면 군주이고, 棟樑은 비유하면 재상이며, 터는
> 비유하면 민이다. 터가 견고하고 두터워 동량이 안전하게 우뚝
> 선 후에야 당우가 튼튼하고 치밀해질 수 있는 것이다. 동량은
> 위로 그 집을 받들고 아래로는 터를 의지하니 마치 재상이 君父
> 를 받들고 民庶를 위무하는 것과 같다.[37]

정도전의 이 말은 재상의 역할을 집에 비유한 것인데, 집터에 해
당하는 민이 견고해야 동량인 재상이 안전하고, 결국에는 군주에 해
당하는 집도 튼튼해진다는 것이다. 민과 재상, 그리고 군주로 이루
어진 국가에서 삼자의 관계는 어느 누구도 없어서는 안될 상호 유기
적으로 연결되어 있는 관계인 것이다. 그런데 정도전은 이 유기적으

---

36) 『三峯集』 卷 13, 「朝鮮經國典」 上, 正寶位

37) 『三峯集』 卷 4, 「記」, 高麗國新作都評議使司廳記

로 연결된 관계가 어떤 연유에서 형성된 것인지에 대해서도 보다 진전된 인식을 가지고 있었다.

> 옛 聖人이 賦稅의 법을 세운 것은 다만 民에게서 취하여 自奉하려고 한 것이 아니다. 민이 서로 모이게 되면 음식과 의복에 대한 욕구가 밖에서 공격하고, 남녀에 대한 욕망이 안에서 공격하여 견줄 만하면 다투고 대적할 만하면 싸워서 서로 죽이는 데까지 이르게 된다. 爲人上者는 法을 가지고 이를 다스려 다투는 자로 하여금 평화롭게 하고 싸우는 자는 화해하게 한 후에 民生이 안정되는 것이다. 그러나 이러한 일은 농사를 짓는 자가 겸해서 할 수 없기 때문에 민이 1/10을 내어 其上을 봉양하는 것이다. 그 취하는 몫이 큰만큼 웃사람이 봉양하는 자에게 보답하는 것 역시 중하다. 후세의 사람들이 이와 같은 입법의 뜻을 모르고는 말하기를 "민이 나를 공양하는 것은 그 직분상 당연한 것"이라고 한다. 가렴주구를 하면서도 오히려 남보다 뒤처질까 걱정하고 민도 역시 이를 본받아 일어나 쟁탈하니 禍亂이 생기게 되었다. 先王이 법을 세운 것은 天理이지만 후세에 그 폐단이 생긴 것은 人欲 때문이다.[38]

정도전은 '권력'의 발생 과정과 사회의 갈등 원인에 대해 치밀하고도 합리적인 인식을 가지고 있던, 아마도 유일한 여말선초의 사상가였던 것으로 생각된다. 자연상태에서의 '민'(廣義의 민으로 모든 인간)은 끊임없이 쟁투를 벌이는데 이는 인간의 생존을 위한 본능적 욕구에 기인하는 것이다. 따라서 공존을 위해서는 이를 법으로 제재해야 하지만, 이를 생산활동을 하면서 겸행할 수는 없기에 누군가 전담하는 자가 있어야 한다. 그리하여 '爲人上者'가 이를 전담하고, 대신에 민은 생산물의 1/10을 稅로 내어 '爲人上者'를 봉양한다는 것이다. 그런데 후에 '爲人上者'가 이러한 天理를 망각하고 가렴주구

---

38) 『三峯集』 卷 13, 「朝鮮經國典」 上, 賦典, 賦稅

를 행함으로 민과 갈등을 일으키니 이는 인욕 때문이라고 한다.

정도전의 이 같은 인식은 여러 측면에서 중요한 의미를 갖는 것으로 생각된다. 특히 여기서 주목하고 싶은 것은 관인층이 민을 '지배'할 수 있는 '권력'이 '민'의 공존이라는 필요에 따라 사회적 역할을 분담하는 과정에서 생겨난 것이라는 인식이다. 그것은 관인층이 天으로부터 부여받은 본래적인 것도 아니고, 또는 힘에 의해 스스로 쟁취한 절대적인 것도 아니었다. 따라서 관인층과 민과의 관계는 일방적인 지배↔피지배의 관계가 아닌 사회적 분업에 따른 '相報'의 관계였다고 할 수 있다.39) 정도전은 이 양자의 '상보적 관계' 자체를 天理라 함으로써 절대화하였던 것이다.

관인층과 민의 관계에 대한 정도전의 인식은 유교정치사상사에서 대단히 의미있는 진전을 이룬 것으로 생각된다. 사실 고려는 건국 초부터 유교를 통치이념으로 삼았다. 이에 따라 민을 위한 爲民의 정치가 적어도 선언적으로는 행해졌다. 그러나 이 위민의 정치는 군주나 관인층의 일방적인 '施惠'의 성격을 지닌 것이었다. 다음의 사료는 이를 말해준다.

> (鄭文이-인용자) 國子監試에서 君爲民天賦를 지었는데, 이르기를 "만약 만물이 초췌하여 시들면 나는 비와 이슬의 은택을 베풀겠고, 만약 풍속이 완악하고 흉포해지면 나는 우레와 천둥의 노여움을 나타낼 것이다" 하였다. 文宗이 이를 듣고 몇번이나 칭찬하고 감탄하였다.40)

---

39) 정도전은 「朝鮮經國典」의 다른 곳에서도 관인층과 민의 관계를 '相報'의 관계로 설명하고 있다. "夫力者 下之所以事上 恩者 上之所以撫下 交相報也"(『三峯集』 卷 14, 「朝鮮經國典」 下, 政典, 存恤) 두 사료를 통해서 볼 때 정도전이 말하는 상보의 관계라는 것은, 관인층과 민의 구분이 사회적 역할을 분담하는 과정에서 생긴 것이기 때문에 서로 도움을 주고받지 않으면 안되는 관계이면서도, 한편으로는 在上者와 在下者의 신분적 尊卑의 차등을 부정하지 않는 관계였다고 할 수 있다.

40) 『高麗史』 卷 95, 列傳 8, 鄭文

여기서 군주는 天과 같은 절대적 권위를 지니면서 민에게 일방적인 시혜와 함께 위엄을 드러내는 존재로 묘사되고 있다. 민을 위해 은택을 베푸는 위민의 정치를 행하지만, 그것은 어디까지나 군주의 시혜로 인식되었던 것이다. 이같은 '君爲民天'의 인식에서는 군주와 민의 관계가 일방적인 지배↔피지배의 관계일 수밖에 없었다. 그러나 양자를 相報의 관계로 보는 정도전의 시대에 이르면 '君爲民天'의 인식은 '民爲君天'의 인식으로 전환된다.

> 대개 군주는 국가에 의존하고 국가는 민에 의존한다. 민은 국가의 근본이면서 군주의 天이다. 고로 『周禮』에서는 民數를 군주에게 봉헌할 때 군주가 절을 하고 받도록 하였으니 이는 군주의 天을 중히 여긴 때문이다. 人君이 된 자가 이 뜻을 안다면 愛民하는 바가 불가불 지극해야 한다.[41]

'君爲民天'의 인식에서는 군주의 시혜를 강제할 수단이 없었기 때문에 민이 외면될 수 있었다. 그렇지만 '民爲君天'의 인식에서는 민이 국가의 근본이면서 군주의 天이기에 결코 외면해서는 안되었다. 외면했을 경우 '民爲君天'의 인식은 '혁명적' 사상으로까지 발전할 수 있는 것이었고, 실제로 고려의 멸망과 조선의 건국은 이를 증명하는 것이었다. 이제 위민의 정치는 시혜가 아니라 군주를 포함한 관인층이 민으로부터 부세를 거둔 대가로 마땅히 행해야 할 사회적 의무가 되었다. 신흥유신에게 민은 국가의 유지를 위해 외면해서는 안되는 정치적 실체로 인식되었고, 이로써 마침내 민은 현실 정치의 장에 그 모습을 드러내게 되었던 것이다.

---

41) 『三峯集』 卷 13, 「朝鮮經國典」 上, 賦典, 版籍

4. 도덕 능력 下劣者로서의 民

민이 정치적 실체로 인정되고 이들에 대한 위민정치가 관인층의
의무이자 동시에 국가가 당면한 가장 시급한 과제로 인식되면서 관
인층과 민을 구분하지 않고 똑같은 인간이라는 차원에서 동일시하는
경향이 나타났다. 이는 두 가지 측면으로 나타났는데, 하나는 양자
를 통칭하는 용어가 빈번하게 사용된다는 점이고, 다른 하나는 인간
의 본성은 양자가 동일하다는 성리학적 인식이 확산되었다는 사실이
다. 물론 이 두 가지는 상호 인과관계에 있는 것이지만, 여기서는
나누어 살펴보도록 하겠다.

우선 관인층과 민을 구분하지 않고 모두가 같은 인간이라는 의미
에서 사용된 용어로 '同胞'를 들 수 있다. 다음은 李崇仁(1349~
1392)이 쓴 樓記에 나오는 말이다.

> 소위 즐거움이라는 것은 사람이 그것을 自得하는 것인데, 그
> 즐거운 바를 밀어 확장시키면 민은 同胞이고 사물은 나와 더불
> 어 존재하게 되므로 薰蒸·融液하여 이르지 못할 바가 없게 된
> 다. 저 한갓 놀며 구경하는 것에만 힘쓴다면 그 즐거움은 이미
> 狹隘한 것이 아니겠는가. 그러므로 牧民官이 된 자는 그 즐거워
> 하는 바가 어떠한지를 살펴야 할 것이다.42)

여기서 이숭인이 말한 '민은 同胞이고 사물은 나와 더불어 존재한
다'는 구절은 朱熹의 성리학에 커다란 영향을 미친 張載의 유명한
'民吾同胞 物吾與也'43)라는 말을 그대로 옮긴 것이다. 잘 알려진 바
와 같이 장재가 이 말을 한 것은 天地를 부모에 비유하면서 천지가

---

42) 『東文選』 卷 76, 「記」, 李崇仁, 星州夢松樓記
43) 『正蒙』, 乾稱篇

낳은 인간을 포함한 만물이 모두 천지의 같은 '氣'로 이루어졌다는 점을 설명하기 위한 것이었다. 그런데 이같은 장재의 형이상학적 우주론을 그 자체로 받아들이지 않고 이숭인은 당시 고려 사회의 과제와 관련하여 목민관으로서의 수령과 민의 관계라는 현실의 경세론에 주체적으로 적용하고 있다.[44] 즉 수령과 민은 '동포'이므로 수령의 즐거움이 곧 민의 즐거움이 되어야 한다는 것이다. 이처럼 관인층과 민을 함께 '동포'로 지칭하는 것은 고려 후기 이전에는 찾아보기 어려운,[45] 이 시기의 새로운 경향이었던 것으로 생각된다.

한편 '동포'와 같은 의미로 '同類'라는 용어가 사용되기도 하였다. '동류'의 용례는 權近(1352~1409)에게서 찾아진다.

> 君子의 즐거움에는 本과 末이 있으니 흉중에 얻어진 것은 本이고, 드러나 사물에 미치는 것은 末이다. 흉중의 즐거움에서 미루어 사물에 미치기까지 이른다면 천지만물이 오히려 나와 일체가 되어 나의 즐거움 가운데 있지 않은 것이 하나도 없을 것이다. 인간은 同類이니 (사물 가운데서도-인용자) 마땅히 먼저 미쳐야 할 것이다.[46]

---

44) 고려 후기 성리학의 특징을 우주론적인 理氣論보다 持敬을 위주로 한 실천윤리 =경세론을 강조한 데에서 찾을 수 있다는 지적은 이미 제기되어 있다(文喆永, 앞의 논문(1999), 351~374쪽). 형이상학적 우주론을 현실의 경세론에 주체적으로 적용한 이숭인의 언급도 당시 신흥유신들에게 풍미했던 치열한 경세의식이 낳은 특징적인 현상의 하나라고 생각된다는 점에서 주목된다. 이같은 경우는 더 찾아지는데, 예컨대 주자성리학의 인식론과 심성론에서 주로 언급되는 '體用' 의 개념도 고려 말의 신흥유신들은 경세론과 관련해서 많이 사용하고 있다. 한 두 가지 사례를 들면 다음과 같다. "猗歟雲兮 性靜情動 實兼體用 自下而上 以望 行天施雨 以澤下土 君子是則 成己成物"(『東文選』 卷 49, 「銘」, 李詹, 雲軒銘) "主上殿下 順天應人 驟正寶位 知仁爲心德之全 愛乃仁之所發 於是正其心以體乎 仁 推其愛以及於人 仁之體立 而仁之用行矣 嗚呼 保有其位以延千萬世之傳 詎不 信歟"(『三峯集』 卷 13, 「朝鮮經國典」 上, 正寶位)

45) 고려 후기 이전에는 '同胞'가 말뜻 그대로 같은 어머니의 자식이라는 의미로 사용되었다. 다음의 기록이 이에 해당한다. "(肅宗-인용자)五年二月詔 太祖內玄孫 之孫 外玄孫之子及太祖同胞昆弟玄孫之子及外玄孫 後代正統君王玄孫之子及外玄 孫 各戶爵一人"(『高麗史』 卷 75, 「選擧」 3, 銓注, 敍祖宗苗裔)

이숭인과 마찬가지로 권근도 君子＝儒臣의 즐거움이 혼자만의 즐거움이 되어서는 안되고 군자와 '同類'인 인간 모두와 함께 하는 즐거움이 되어야 한다는 점을 말하고 있다. 결국 민과 함께 하는 즐거움을 강조하기 위해서 군자와 민을 '동류'로 표현한 것이라 할 수 있다. 정도전의 경우에는 아예 '동포'와 '동류'가 같은 의미로 함께 사용되고 있다.

> 사람은 다른 사람과 더불어 同類이니 마치 나의 同胞와 같은 것이다. 그러므로 마땅히 서로 친해야 하고 서로 해쳐서는 안된다. 서로 해치는 것을 금하지 않으면 人類는 멸망할 것이다.47)

이처럼 신흥유신들은 민을 '동포'·'동류'로서 자신과 함께 해야 할 존재로 받아들였다. 관인층과 민이 극복할 수 없는 차별적인 관계에 있는 것이 아니라 일체적 관계에 있다고 생각한 것이다. 뿐만 아니라 민은 자신들과 똑같은 인간의 本性을 지니고 있다는 인식도 확산되었다.

> 이에 말하기를 '天은 곧 理이다'라고 한 연후에야 비로소 人事가 天이 아닌 것이 없음을 알았다. 무릇 性이라는 것은 人과 物에 모두 있다. 人과 物을 가리켜 부르기를 '人이다' 또는 '物이다'라고 하는데 이는 드러난 흔적일 뿐이다. 그 所以然으로써 말한 즉 人에게 있는 것도 性이고 物에 있는 것도 역시 性이다. 동일한 性인즉 동일한 天이다. 어찌 의심하겠는가.48)

이색의 이 말은 '性卽理'라는 성리학의 명제를 전제로 하면서 사람

---

46) 『陽村集』 卷 13, 「記類」, 獨樂堂記

47) 『三峯集』 卷 14, 「朝鮮經國典」 下, 憲典, 人命鬪毆

48) 『牧隱文藁』 卷 10, 「說」, 直說三篇

과 사물 모두가 동일한 性을 지니고 있음을 지적한 것이다. 사람뿐만 아니라 사물도 天으로부터 동일한 性을 갖고 생겨났다는 것은 주자성리학의 일반적인 인식인 바, 이를 받아들인 신흥유신들도 마찬가지의 인식을 갖고 있었다. 때문에 그들은 민이 죄를 범하는 것도 그들의 본성과는 무관한 것이라 말하고 있다.

> 人性은 모두 善한 것이며 羞惡之心은 사람마다 모두 가지고 있는 것이다. 도적이 되는 것이 어찌 사람의 情이겠는가. 恒産이 없는 자는 인하여 恒心이 없는 것이니 飢寒이 切身하면 禮義를 돌아볼 겨를이 없어 대부분 부득이 그렇게 될 수밖에 없는 것이다. 그러므로 民의 어른된 자는 능히 仁政을 베풀어 民이 그 業에 안정할 수 있도록 해야 한다. 그들을 부릴 때에는 그 시기를 빼앗지 말아야 하고 그들을 취할 때에는 그 힘을 손상시키지 말아야 한다.49)

여기서 정도전은 인간의 선한 본성은 모두 같기 때문에 仁政을 통해 민생을 안정시키면 민의 선한 본성이 드러나 유교적 도덕을 실천할 수 있다고 말한다. 문제는 민의 본성이 아니라 역시 관인층의 인정이라는 것이다. 신흥유신들이 이처럼 민을 자신들과 동일한 범주에 있는 인간이라는 사실을 강조하면서 관인층의 위민정치를 역설한 것은 물론 성리학의 영향 때문이기도 하지만, 보다 근본적으로는 당시의 사회가 직면했던 과제를 해결해야 한다는 시대적 상황에 기인하는 것으로 보아야 할 것이다. 이는 앞서 언급한 바와 같이 성리학을 수용하면서도 이를 자신들의 필요에 따라 주체적으로 받아들였던 데에서 단적으로 드러난다.50)

---

49) 『三峯集』 卷 14, 「朝鮮經國典」 下, 憲典, 盜賊

50) 성리학을 수용하면서도 신흥유신들이 이를 주체적인 입장에서 받아들였다는 것은 邊東明, 『高麗後期 性理學受容研究』(一潮閣, 1995)의 제2장, 「受容初期 性理學의 性格과 受容의 動機」에서도 지적되고 있다. 이 글에서도 당시의 신흥유신

이처럼 신흥유신들은 자신과 같은 본성을 지닌 민을 '동포'·'동류'로 표현하면서 양자를 상보의 관계로 보았지만, 그렇다고 자신들과 민을 완전히 동일시한 것은 아니었다. 여전히 민은 상하·존비·귀천의 측면에서 자신들과 분명하게 구분되는 존재였다. 이 구분을 가능케 하는 근거로 신흥유신들이 내세운 것은 유교적 도덕의 실천 능력이었다. 민도 자신의 선한 본성을 드러내는 도덕의 실천이 불가능한 것은 아니지만, 그것은 관인층의 도움이 없이는 어려운 일이었다.

> 타고난 본성을 지키고 덕을 좋아하는 어진 마음은 모든 사람들이 가지고 있는 것이다. 그러나 위에 있는 자가 앞에서 이끌지 않으면 아랫사람은 보고 느껴서 (어진 마음을-인용자) 興起시키는 바가 없을 것이다.[51]

> 또한 下民은 어둡고 우매하여 취할 것과 버릴 것을 알지 못합니다. 만약 한 시대의 뛰어난 사람이 있어 (이단을-인용자) 물리치면 그것을 떠나고, (이단을-인용자) 주창하면 그것을 따릅니다. 이는 대개 뛰어난 자가 하는 것을 믿고 복종할 줄만 알지, 道에 邪와 正이 있다는 것은 모르기 때문입니다.[52]

위에서 민은 덕성을 지니고 있지만 어둡고 우매하여 이 덕성을 제대로 발현시키지 못하기 때문에 在上者가 앞에서 이끌어주어야만

들이 현실을 개혁하기 위한 經世濟民의 정치적 이념으로 성리학을 수용하였다는 결론을 내리고 있다. 다만 신흥유신들의 경세제민＝治人을 위한 노력을 지나치게 강조함으로써 이를 治人의 전제인 개인적 도덕의 실천＝修己와 구분하는 느낌이 든다. 신흥유신들은 이미 언급한 바와 같이 자신들의 도덕적 실천을 통해서만 사회를 개혁할 수 있다는 사실을 절실하게 깨닫고 있었다. 다시 말하면 修己는 治人의 전제가 되는 것이지 양자를 구분하여 어느 한 쪽을 다른 쪽보다 더 중시했다고 말하기는 어렵다는 것이다. 이같은 문제는 文喆永, 앞의 논문(1999)의 주 (51)에서도 지적되고 있다.

51) 『三峯集』 卷 13, 「朝鮮經國典」 上, 禮典, 旌表
52) 『三峯集』 卷 3, 「書」, 上鄭達可書

하는 존재로 묘사되고 있다. 민은 스스로 도덕을 실천할 수 있는 능력이 下劣하다는 점에서 재상자로서의 관인층과 구분되는 것이고, 그 결과로 관인층의 통치를 받아야 하는 타율적인 존재라는 것이다. 이는 고려 말에서 조선 초기에 이르는 시기의 관인층이 갖고 있던 일반적인 인식이었다.53) 민을 天民이라 하면서도 한편으로는 항상 유교적 道理를 모르는 無知한 존재로 생각하였다. 무지한 민은 자신의 욕망대로 행하다가 끝내는 죄에 빠질 수밖에 없었다. 때문에 민은 끊임없이 관인층에 의해 교화되어야 했다.

> 민은 가르치지 않으면 안된다. 하늘이 내린 天性이 있어 이를 지키고 덕을 좋아하니 이 민은 곧 三代의 민과 같다. 人欲이 있어 욕심을 다투고 無知하여 어찌할 줄 모르다가 형벌에 떨어지고 금수에 빠지는 것은 민의 죄가 아니다. 민의 어른된 자가 능히 學校를 일으켜 敎化를 밝히지 못한 까닭이다.54)

이것은 유교적 이상사회였던 三代의 민과 당시의 민이 같은 본성을 지녔지만 교화의 여부에 따라 구분된다는 점을 지적하면서 민에 대한 교화를 강조한 말이다. 그렇지만 이 시기에 민에 대한 교화가 적극적으로 이루어진 것은 아니었다. 민은 분명 교화되어야 했지만, 도덕적 능력이 하열한 그들을 직접 가르쳐 알게 하기는 어렵다고 생각하였다. 대신에 在上者의 행위를 보고 따를 줄만 아는 민이었기에 그들을 교화시키기 위해서는 관인층의 도덕적 실천이 우선되어야 했다. 이같은 점은 관인층의 도덕적 실천이 없음을 반성하던 당시의 분위기와 맞물려 더욱 강조되었다. 따라서 이 시기에는 민에 대한 직접적인 교화보다는 관인층의 도덕적 실천이 보다 시급한 과제일

---

53) 李碩圭, 앞의 논문(1996), 52~57쪽.

54) 『陽村集』 卷 14, 「記類」, 利川新置鄕校記

수밖에 없었다.55) 그렇게 되면 민은 자연스럽게 교화될 것이라 생
각하였던 것이다.

> 天地의 道가 혹은 動하고 혹은 靜하면서도 어긋나지 않는 것
> 은 誠일 뿐이다. 사물의 이치가 한번은 굽기도 하고 한번은 곧
> 기도 하면서도 잘못되지 않는 것은 敬일 뿐이다. 誠과 敬의 이
> 름은 비록 다르지만 그 이치는 하나이다. 易에 이르기를 '敬으로
> 써 안을 곧게 한다'고 하였다. 대개 곧다는 것은 이치의 당연한
> 것이며, 敬이라는 것은 곧음을 기르는 도구이다. 이를 미루어
> 德을 밝히고 民을 새롭게 하는데 이용한다면 어디를 가든지 天
> 理에 어긋나겠는가.56)

이곡은 誠과 敬이라는 도덕의 실천을 강조하면서, 이를 통해 德을
밝히고 민을 교화시키는 것이 天理와 일치하는 것이라는 사실을 말
하고 있다. 민을 교화시키기 위해서는 도덕의 실천이 중요하다는 것
이다. 이같은 인식은 이들보다 한 세대가 지나 초창기의 조선을 이
끌었던 관인층에 이르면 보다 명료하게 표현되고 있다.

> 同知經筵 李之剛이 『大學衍義』를 進講하고는 또한 아뢰기를,
> "人君의 학문은 正心을 근본으로 삼는 것이니, (人君의-인용자)
> 마음이 바른 연후에야 百官이 바르고, 百官이 바른 연후에야 萬
> 民이 바르게 되는 것입니다. 正心의 요체는 오로지 이 책에 있
> 습니다." 하니, 왕이 말하기를, "經書의 구절을 해석하는 것으로
> 는 배움에 무익하니 반드시 마음을 끌어올리는 공부가 있어야
> 이에 유익할 것이다." 하였다.57)

---

55) 李碩圭, 앞의 논문(1998), 163~183쪽.

56) 『稼亭集』 卷 7, 「說」, 敬父說

57) 『世宗實錄』 卷 1, 世宗 卽位年 10月 戊子條

世宗과 經筵官과의 이 짧은 대화는 조선 초기의 사회가 상대적으로 안정될 수 있었던 이유를 압축해서 보여준다. 경연관이 민을 교화시키기 위한 전제로 군주와 관인층의 正心이 중요하다는 것을 지적하면서 『大學衍義』를 언급하자, 세종은 경서를 읽는 것에서 한걸음 더 나아가 正心을 위한 구체적인 실천이 있어야 함을 강조하고 있다. 신하의 말을 듣고 군주 스스로가 실천적인 도덕을 다짐하는 이 대화에서 유교국가의 이상적인 군신관계의 모습을 찾을 수 있다. 군주→관리→민으로 이어지는 교화의 단계에 대해서는 董仲舒가 이미 말한 바 있다고 하지만, 조선 초기의 군주와 신하는 이를 유교적 언설로만 받아들이지 않고 스스로의 책임으로 인식했던 것이다. 자신들이 이 책임을 외면하지 않는다면 민은 교화될 것이고, 민이 교화된다면 그들은 자신의 분수에 따라 국가에 役을 제공하는 존재가 될 것으로 생각하였다.

> 國脈을 배양하는 것은 禮俗을 기르는 데 있다. 고려 말에는 政敎가 陵夷해지고 禮制가 크게 무너져 士習과 民風이 함께 아름답지 못하여 망함에 이르렀다. 지금부터 士大夫가 된 자는 몸을 닦고 직책에 부지런하며 民庶가 된 자는 분수를 지키고 役을 바쳐, 僥倖으로 苟得하지 말고 放僻함으로 自逸하지 말아 禮義의 풍속을 이루도록 하라.58)

위의 조선 太祖의 교서에서 사대부는 '飭身勤職'하는 자로, 그리고 민은 '守分供役'하는 자로 각각의 역할이 분명하게 구분되어 있다.59) 이 구분에 따라 각자의 역할에 충실할 때, 그것이 곧 禮義의

---

58) 『太祖實錄』卷 8, 太祖 4年 10月 乙未條

59) 사대부와 민의 역할이 분명하게 구분되어 있었다고 해서 양자간에 역할의 이동이 불가능했던 것은 아닌 듯하다. 특히 사대부로서 관직을 얻지 못한 경우에 '守分供役'하는 것은 오히려 떳떳한 일로 여겨졌다. 다음의 두 사료가 이를 말해준다. "余惟在野且久 其爲野人也 非禮樂之野人也 乃出租賦 養君子之野人也"(『東

풍속이 이루어진 것이라 한다. 도덕을 실천하는 것은 사대부의 일이지만 도덕적 능력이 하열한 민에게는 단지 '수분공역'하는 것만이 요구되었고, 이 요구를 따르는 것이 바로 교화된 민의 모습이었다. 이는 당시 민에 대한 일반화된 인식이었다.

> 위로 天子와 公卿大夫는 民을 다스리는 것으로 먹고 살았고, 아래로 農工商賈는 열심히 힘쓰는 것으로 먹고 살았으며, 중간의 士는 들어와서는 효도하고 나와서는 공경하여 先王의 道를 지키면서 후일의 배우는 자를 기다리는 것으로 먹고 살았다.60)

여기서도 정도전은 사대부를 '入孝出悌'하여 先王의 道를 실천하는 존재로 여겼지만, 민은 역시 '勤力而食'하는 존재에 불과하였다. '근력이식'하면서 '수분공역'하는 것이 당시의 가장 바람직한 민의 모습이었다. 민을 자신들과 같은 본성을 지닌 '동포'·'동류'로 인식하면서 현실 정치의 장으로 끌어들였던 신흥유신들이었지만, 그들은 도덕을 실천할 수 있는 능력에서 자신과 민을 구분하였다. 도덕적 능력이 하열한 민은 유교적 도덕정치에 근거한 자신들의 통치를 받아야 하는 존재였다. 이 통치하에서의 민은 '근력이식'하면서 '수분공역'하는 존재일 수밖에 없었다. 민은 유교의 도덕정치에서는 결코 그 정치의 주체가 될 수 없는 자로 인식되었던 것이다.

5. 맺음말

지금까지 고려 말에서 조선 초기에 이르는 시기의 정치를 주도했

文選』卷 77, 「記」, 李詹, 野望亭記) "戊寅夏 (金篤이란 자가-인용자) 使人請於陽村曰 生民之本 莫重於農 士之不得於朝者必歸(農-인용자)焉 予之務此亦久矣"(『陽村集』卷 13, 「記類」, 農隱記)

60)『三峯集』卷 5, 「佛氏雜辨」, 佛氏乞食之辨

던 신흥유신들이 민을 어떻게 인식했는가를 살펴보았다. 신흥유신들이 뚜렷하게 자신의 모습을 드러내기 이전인 고려 중기의 사회는 왕권과 귀족세력, 그리고 귀족세력 상호간의 대립과 갈등이 끊임없이 계속되던 시기였다. 지배층 내부의 대립은 이 시기의 유교에도 영향을 미쳤다. 비록 科擧制의 정착과 더불어 유교가 발전하고 있었고 더욱이 北宋으로부터 수용된 신유학으로서의 性理學은 고려의 사상계에 커다란 영향을 미치기도 했지만, 이 같은 발전은 한계를 지니는 것이었다. 지배층이 상호 대립하는 구도 하에서 유교의 역할은 제한적일 수밖에 없었고, 성리학을 수용하면서도 중국에서 그것이 등장했던 배경과 지향점까지를 이해하지는 못했던 것이다.

유교의 한계는 곧 '民惟邦本'이라는 정치이념의 빈곤을 의미하였다. 민에 대한 국가의 배려가 왜 필요한 것인지를 심각하게 고민하지 않았던 당시의 지배층에게 민은 객관적으로 실재하는 정치적 실체로 받아들여질 수 없었다. 그들에게 민은 단지 수탈의 대상일 뿐이었다. 유교 관인층이라 하더라도 별반 다를 것이 없었다. 그들에게 유교는 관직에 진출하기 위한 수단에 불과하였기 때문에, 그것이 궁극적으로는 修己를 통한 治人의 經世學이라는 사실을 주목하지 못하였다. 李奎報의 예에서 보듯이 민생의 비참함을 직접 목도했음에도 불구하고 이것이 爲民의 경세의식으로 이어지지는 못했던 것이다. 국가가 민을 외면한 결과, 최소한의 재생산기반도 유지하지 못하게 된 민의 유망과 항쟁은 끊이지 않았고 국가의 기반은 여지없이 무너져 내렸다.

민을 외면한 결과로 초래된 장기간의 사회혼란을 경험하고 원 간섭기가 되면서 점차 관인층 내부에 변화가 나타나기 시작하였다. 이 변화를 주도한 것은 이른바 신흥유신들이었다. 그들은 국가체제를 부정할 정도로 심각한 민의 항쟁을 경험함으로써 이제 성리학의 문제의식에 보다 가까워질 수 있었다. 우선 신흥유신들은 당시 사회의 문제를 민생의 피폐로 규정하고, 민이 피폐하게 된 책임을 도덕적 실천이 없는 유교 관인층 스스로에게 돌렸다. 이 자기반성은 곧 유교적 도덕의 실천을 통해 민생을 안정시키려는 경세의식의 표현이었다. 신흥유신들은 자신들의 修己를 전제로 한 治人을 통해 국가를 개혁하겠다는 의지와 자신감이 충만하였다.

민생을 구하는 것이 경세의 최종적인 목표가 된 이상, 이들의 민에 대한 인식도 점차 바뀌었다. 민에 대한 가장 진전된 인식은 鄭道傳에게서 나타난다. 그는 군주를 포함한 관인층이 민을 '지배'할 수 있는 근거가 天으로부터 부여되거나 또는 관인층 스스로가 쟁취한 것이 아니라, '민'의 공존을 위해 사회적 역할을 분담하는 과정에서 생겨난 것이라고 생각하였다. 관인층과 민의 관계가 '相報'의 관계라는 것이다. 이같은 정도전의 인식은 유교정치사상사에서 중요한 전환점을 이루는 것이라 할 수 있다. 종래 양자의 관계는 일방적인 지배↔피지배의 관계였다. 군주는 天과 같은 절대적 권위를 가지고 민위에 군림하였다. 이같은 '君爲民天'의 인식에서는 爲民의 정치가 행해지더라도 그것은 군주의 일방적인 '施惠'의 성격을 지닌 것이었다. 그러나 정도전에 이르러 양자의 관계가 '相報'의 관계로 바뀌면서 '君爲民天'의 인식도 '民爲君天'의 인식으로 전환되었다. '民爲君天'의 인식에서는 爲民의 정치가 시혜가 아닌, 관인층이 민으로부터 부세를 거둔 대가로 마땅히 행해야 할 의무였다. 이제 민은 국가의 유지를 위해 외면해서는 안되는 정치적 실체로 인식되면서 현실 정치의 장에 그 모습을 드러내게 되었던 것이다.

민을 정치적 실체로 인정하면서 관인층과 민을 구분하지 않고 동일시하는 경향이 나타났다. 우선 양자를 통칭하는 용어로 '同胞'·'同類'라는 표현이 빈번하게 등장하였다. 원래 '동포'는 성리학의 형이상학적 우주론에서 천지가 낳은 만물이 모두 같은 氣로 이루어졌다는 점을 설명하기 위해 사용된 것이지만, 고려 말에는 현실의 경세론에서 사용되고 있다. 즉 관인층과 민은 '동포'이므로 '相樂'하고 '相親'해야 한다는 것이다. 이는 신흥유신들이 성리학을 수용하면서도 그것을 자신들의 필요에 따라 주체적으로 받아들였다는 점에서도 의미 있는 것이지만, 무엇보다 관인층과 민의 관계가 극복할 수 없는 차별적인 관계가 아닌 일체적 관계로 볼 수 있는 단초를 열었다는 점에서 중요한 인식의 변화였다. 이 변화가 단순히 표현상의 변화에만 머무는 것이 아니라는 것은, 이 시기에 인간의 본성은 관인층이나 민이나 모두 동일하다는 점이 강조되고 있다는 사실에서도 드러난다.

그렇지만 신흥유신들이 자신들과 민을 완전히 동일시한 것은 아니었다. 여전히 민은 상하·존비·귀천의 측면에서 자신들과 구분되는 존재였다. 구분의 근거로 내세운 것은 민이 스스로 도덕을 실천할 수 있는 능력이 하열하다는 점이었다. 민은 비록 덕성을 지니고 있지만 어둡고 우매하여 이를 제대로 발현시키지 못하기 때문에 자신들에 의해 교화되어야 하는 존재로 인식되었던 것이다. 그렇다고 민을 직접 가르치는 일에 적극적이지는 않았다. 민은 다만 '勤力而食'하는 자로서 '守分供役'하기만 하면 되는 존재였고, 이것은 도덕을 실천할 수 있는 능력이 있는 자신들의 '飭身勤職'으로 해결할 수 있다고 생각했던 것이다.

고려 말에서 조선 초기에 이르는 시기에 민은 정치적 실체로 인정받는 성장을 이루었다. 물론 사회경제적 측면에서 보면 이것은 직접생산자층인 민이 생산력을 발전시킨 결과로 얻어낸 것이었다. 그러나 유교적 도덕정치를 지향하는 국가에서 도덕적 능력이 하열한 민이 주체적으로 행동할 수 있는 공간은 없었다. 민은 여전히 정치의 객체에 머물러 있었다. 그들이 정치의 주체로 인식되려면 아직도 많은 시간을 기다려야 했다.

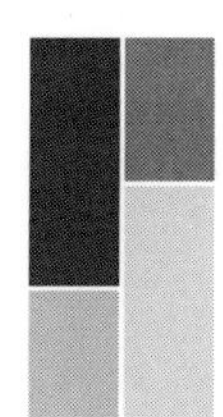

朝鮮中期 士林의 民에 대한 인식
－己卯士林을 중심으로－

金 昌 鉉*

1. 머리말

조선왕조는 16세기 이후로 새로운 변화를 겪게 되었다. 성리학을 지배이념으로 하였던 조선왕조는 중종반정으로 커다란 전기를 맞이하게 되었다. 중종반정은 신하들의 힘으로 왕을 축출하고 새로운 왕을 옹립한 왕조 초유의 정치적 사건이었을 뿐 아니라, 기존의 관인층에 비해 보다 성리학적 이념에 충실한 사림세력이 중앙정계에 등장하게 되는 계기가 되었기 때문이다.

사림은 훈척의 탈법적 수탈로 말미암은 사회경제적 모순을 극복하고 유교적 이상사회를 구축하고자 하였다. 그 당시 사림이 훈척을 비판하면서 내세운 구호는 민본이념의 회복이었다. 훈척의 비리는 민의 토지 이탈과 노비로의 전락을 가속화시켰고, 이러한 사회 현실을 사림은 민본이념의 실천을 통해 극복하고자 하였다. 사림은 유교

* 한양대학교 역사철학부 강사

적 왕도정치의 실현을 목표로 하고 있었던 것이다.

유교-성리학에서의 왕도는 치우침이 없어야 하는 것이었다.[1] 왕도정치 하의 민은 곧 王民이며 公民인 것이고, 왕도는 모든 민에 대해서 치우침이 없는 것이어야 했다. 왕은 '代天理物' 하는 자로서 天民, 곧 하늘이 낳은 백성을 다스릴 권한을 가지고 있는 유일한 존재였다. 노비를 포함한 모든 민은 천민으로서 왕민, 즉 공민임을 천명하고 있었던 것이다.[2] 그럼에도 불구하고 당시 훈척세력에 의해서 많은 수의 민이 私民化되고 있는 것이 현실이었다. 이에 대해 사림은 사민화된 민을 공민으로 되돌리는 것이 민본 이념을 회복하는 것이라고 생각하였다.

사림의 민[3]에 대한 인식은 훈척의 그것과 다를 수밖에 없었다. 사림의 농업경영은 훈척과 달리 소경영 농민에 기반하고 있었기 때문이다. 사림에 있어서의 민은 단순히 억압과 수탈의 대상이 아니었다. 그들은 사림의 동반자이자 협력자였던 것이다. 사림은 천민인 노비에 대해서도 훈척과는 달리 상대적으로 적극적인 인식을 가지고

---

1) 이는 『書經』, 「周書」, 洪範에 "無偏無黨 王道蕩蕩 無黨無偏 王道平平"이라고 한 것에서 단적으로 알 수 있다.

2) 이러한 점은 다음과 같은 世宗의 언급을 통해서도 알 수 있다. "상주고 벌주는 것은 임금의 대권이지만, 임금이라 할지라도 한 사람의 죄 없는 자를 죽여서, 善한 것을 복 주고 지나친 것을 禍 주는 하늘의 법칙을 오히려 함부로 하지 못하는 것이다. 더욱이 노비는 비록 賤民이나 天民 아님이 없으니, 신하된 자로서 天民을 부리는 것만도 만족하다고 할 것인데, 그 어찌 제멋대로 형벌을 행하여 무고한 사람을 함부로 죽일 수 있단 말인가."(『世宗實錄』卷 105, 世宗 26年 閏 7月 辛丑條)

3) 조선시대 '민'이라는 용어는 다양한 의미로 사용되었다. 민은 넓은 의미로 왕을 포함한 모든 사람을 지칭하기도 하고, 좁게는 관인층을 제외한 사람만을 의미하기도 하였다. 후자의 경우라 하더라도 그 내부에 良人과 賤人, 公民과 私民이라는 구분이 다시 지어졌고, 양인도 직업에 따라 다시 士·農·工·商 등 四民으로 구분되었다. 이렇듯이 민의 존재 양태는 다양하고 복잡하였다. 본고에서의 민은 관인층을 제외한 사람을 지칭하는 의미로 사용하였다. 민의 용례에 대해서는 李碩圭, 「朝鮮初期 官人層의 民에 대한 認識」, 『역사학보』 151, 1996, 37~48쪽에 자세히 언급되어 있다.

있었다. 훈척세력이 노비종모법을 통해서 자신의 기득권을 유지하려
는데 비하여, 사림은 이에 비판적이었다. 연산군대 사림의 핵심인물
이었던 金馹孫이 종모법을 유지하게 되면, "그 결과는 노비가 많아
지는데 불과합니다. 이것을 논의하는 자가 '아비를 좇으면 밝히기
어렵고, 어미를 좇으면 구별하기 쉽다' 하나, 이것은 그렇지 않습니
다. 어찌 良女가 賤夫를 좇으면 능히 남편을 분별하고, 賤女가 良夫
한테 출가하면 분별하지 못하겠습니까. 다만 지아비를 정하고 정하
지 않은 차이가 있기 때문이며 良賤에 있는 것은 아닙니다"[4]라고
한 데에서 잘 알 수 있다.

그런데 이들 사림은 그 자신이 왕의 신하이면서 민이기도 하였지
만, 피지배층으로서의 민에 대해서는 지배층이라는 이중적 성격을
가지고 있었다. 때문에 그들 자신도 민으로서 교화의 대상임과 동시
에 민을 교화하는 주체가 되었다. 이들은 왕에 대해서는 스스로를
公論의 주체, 또는 民心의 대변자로 자처하면서 그 권한을 견제하였
고, 민에 대해서는 교화의 주체임을 자처하며 민을 규율하였던 것이
다. 이들 사림은 향약과 그 실행 기구인 유향소 등을 통하여 향촌
사회에서의 자신의 지배권을 공고히 하고, 민을 교화함으로써 안정
적 질서를 유지하려고 노력하였다.

이처럼 사림은 훈척과 달리 민과 상보적 관계에 있었다. 따라서
민에 대한 인식도 훈척이나 이전의 관인층과는 차이가 있을 것으로
생각된다. 사림의 민에 대한 인식이 훈척이나 이전의 관인층과는 어
떻게 다른가를 알아보는 것은 민의 성장과정을 이해하고 해명하는
데 중요한 문제라고 할 수 있다. 하지만 이에 대한 본격적인 연구는
거의 없는 실정이다. 지금까지 사림의 민에 대한 인식은 주로 공론
정치와 정치 참여층의 확대, 유향소·향약과 같은 향촌자치, 그리고

---

4) 『燕山君日記』卷 5, 燕山君 1年 5月 庚戌條.

신분제와 관련하여 부분적으로 연구되어 왔을 뿐, 이를 주된 주제로 다룬 연구는 찾아보기 어렵다.5)

본고에서는 조선중기에 새로이 대두한 사림세력이 민에 대해 어떻게 인식하고 있었는가를 알아보고자 한다. 특히 사림의 鄕約論, 敎化論을 살펴봄으로써 公民·私民의 차별 등 민에 대한 인식의 변화를 검토해 보고자 한다. 이를 통해서 고려시대나 조선초기와 다른 민에 대한 인식의 변화상이나 민이 성장 발전하는 모습이 드러나기를 기대한다. 또한 조선중기 사림의 민에 대한 인식이 그 이후의 조선후기 실학자들의 민에 대한 인식으로 어떻게 변화 발전되는지를 이해하는데 도움이 되었으면 하는 바람이다.

2. 향약과 民

중종반정은 "성리학이 인간의 개인적·정치적 행동의 기본이념으로 급속히 수용"6)되는 계기가 되었다고 이해된다. 연산군대의 학정이 반정이라는 방식으로 종식됨에 따라 그에 의해 억압되었던 사림의 정치원리, 즉 성리학은 이전보다 오히려 더욱 강조될 수밖에 없었다. 중종 역시 비정상적인 방법으로 즉위하였기 때문에 어쩔 수

---

5) 사림의 민에 대한 인식과 관련하여 참고가 되는 논고로는 다음과 같은 글이 있다.
　金勳埴, 「16세기 '二倫行實圖' 보급의 社會史的 考察」, 『역사학보』 107, 1985.
　＿＿＿, 「中宗代 "警民編" 보급의 고찰」, 『이재룡박사환력기념 한국사학논총』, 1990.
　＿＿＿, 「15세기 後半期 鄕黨倫理 보급의 배경」, 『한국사연구』 99·100, 1997.
　＿＿＿, 「"三綱行實圖" 보급의 社會史的 고찰」, 『진단학보』 85, 1998.
　高英津, 「15·16世紀 朱子家禮의 施行과 意義」, 『한국사론』 21, 1989.
　崔異敦, 「16세기 사림 중심의 지방정치 형성과 민」, 『역사와 현실』 16, 1995.
　＿＿＿, 「16세기 士林의 身分制認識」, 『진단학보』 91, 2001.
　李碩圭, 「朝鮮初期 敎化의 性格」, 『한국사상사학』 11, 1998.
　＿＿＿, 「麗末鮮初 新興儒臣의 民에 대한 인식」, 『조선시대사학보』 31, 2004.

6) Edward E. Wagner, 「정치사적 입장에서 본 이조 사회의 성격」, 『역사학보』 85, 역사학회, 1980, 145쪽.

없이 불안정한 자신의 정치적 기반을 성리학적 이념을 통하여 강화시키고자 하였던 것이다.7) 이로써 조선왕조의 지배이념으로 내세워진 성리학은 정치이념으로서 보다 확고히 자리잡게 되었고, 보다 투철한 성리학적 성향을 가진 사림세력이 중앙 정계에 진출하게 되었다.

연산군대의 정치가 강력한 왕권에 의한 폭정이었던 만큼 사림세력의 정치적 지향은, 성리학적 정치이념 그대로 '君臣共治'에 두어졌다. 기묘사림의 핵심이었던 趙光祖는 그의 관료 생활의 시발점이 된 중종 10년(1515) 謁聖文科에서의 對策文에서 다음과 같이 말하였다.

> 법도를 크게 정하고 기강을 크게 세우려면 大臣을 공경하여 그 정치를 위임하여야 합니다. 임금은 홀로 다스리는 것이 아니라 반드시 대신에게 위임한 이후에야 治道가 세워졌던 것입니다. 임금은 하늘과 같고 신하는 四時와 같습니다. 하늘은 스스로 행하지만 四時의 운행이 없으면 만물은 이루어질 수 없습니다. 임금이 스스로 자임하고 대신의 보좌가 없다면 萬化가 흥하지 못할 것입니다.8)

君臣의 관계는 하늘과 四時의 관계와 같아 治道는 임금 홀로 다스리는 것이 아니라 대신에게 위임함으로써 세워질 수 있다는 것이다. 정치를 대신에게 위임하는 것은 선택이 아니라 필수적인 것이라고 반복해서 강조하고 있다. 물론 여기서 그가 정치를 위임해야 한다는 대신이 당시의 훈구 대신을 가리키는 것은 아니었다. 오히려 당시의 훈구 대신들에 대해서는 僞勳削除를 주장하며 그들의 행위를

---

7) 위의 논문, 144~145쪽.

8) 『靜庵集』 卷 2, 對策, 謁聖試策 乙亥, "若法度之所以粗定 紀綱之所以粗立者 未嘗不在乎敬大臣而任其政也 君未嘗獨治 而必任大臣而後 治道立焉 君者如天 而臣者四時也 天而自行 而無四時之運 則萬物不遂 君而自任 而無大臣之輔 則萬化不興焉."

개나 돼지에 비유하기도 하였다.9)

그가 정치를 위임할 수 있는 대상으로 꼽은 것은 바로 君子였다. 올바른 정치를 하기 위해서 임금은 마땅히 군자와 소인을 판별하여 군자에게 나라의 일을 맡기고 추호도 의심하지 말아야 한다고 주장하였다.10) 군자란 有德者로서 스스로 교화된 자이면서 타인을 교화시킬 수 있는 자 이어야 했다. 조광조의 선배 사림으로 연산군대 무오사화의 피화자인 김일손은 저속하지 않은 세상의 저속하지 않은 사람이라면 敎化가 행해질 것11)이라고 말한다. 또한 다스리는 자는 자기 자신으로부터 시작하여 타인에 미치는 것으로, 궁극적인 목표는 민〔赤子〕을 교화시키는 것이라고 하였다.12) 이는 사림이 스스로를 교화의 대상이자 주체로서 자기 존재의 의미를 분명히 규정한 것이라 할 수 있을 것이다.

유교 성리학에서 통치권은 하늘로부터 위임받아 '代天理物' 한다고 일컬어지는 국왕의 고유 권한이었다. 그렇다고 해서 왕이 자의적이고, 사적으로 통치해도 된다는 의미는 아니었다. '天理之公'이라는 말이나, "하늘은 사사로이 덮지 아니하며 땅은 사사로이 싣지 아니하며 일월은 사사로이 비추지 아니한다. 때문에 왕된 자는 三無私를 받들어 천하에 노고한 즉 박애를 겸임하여 확연히 大公하여 천하인이 마음으로 기뻐하고 진실로 복종한다"13)고 하는 朱子의 말에서

---

9) 위의 책, 卷 2, 啓辭, 兩司請改正靖國功臣啓三, "柳洵年高位極 一不規諫 委靡苟容 及其反正 乃參勳籍 如金勘具壽永之類 邪媚廢主 行如狗彘 雖明正典刑 可也 而亦參錄功 雖一家之事 尙可維之以正 況國家正始之道 豈可如此乎."

10) 위의 책, 卷 3, 經筵陳啓, 侍讀官時啓 一, "人君當辨君子小人 知其爲君子 任之不疑."

11) 『濯纓集』卷 1, 雜著, 敎化說 送權子汎, "不卑世不卑人 則敎化行矣."

12) 위의 책, "抑古之善治者 莫不推己以及物 君當因己之無室 而思一邑之鰥寡者 因己之嬰孩失乳 而思一邑之赤子待哺者 眷眷焉先厚其生 而後敎之 推此以往 其於敎化 庶乎其可也."

13) 『性理大全』卷 65, 君道, "天無私覆 地無私載 日月無私照 故王者奉三無私 以勞於天下 則兼臨博愛 廓然大公 而天下之人 莫不心悅而誠服."

보듯이, 天의 성격이 公的이므로 왕권의 행사도 마땅히 공적이어야 한다고 생각하였다.

연산군대의 정치는 마땅히 공적이어야 할 왕권이 사적·자의적으로 행해질 때, 사림 자신들에게나 민에게 얼마나 큰 위해를 가할 수 있는지 보여주었다. 중종반정 이후 중앙 정계에 진출한 사림은 바로 이러한 사태의 재연을 막기 위해 자신들의 공론에 의하여 왕권의 사적·자의적 행사가 견제되고 제한되어야 함을 강력하게 주장하고 있었다. 성종대에 儒生의 정치적 상소가 허용된 이래,14) 사림은 정치의 한 주체로서 점차 자리 잡게 되었다. '군신공치'의 이념이 국가의 정치적 지향으로서 확고히 자리 잡게 되었고, 사림이 정치의 한 주체가 되면서 사림은 무엇보다도 스스로의 교화와 민에 대한 교화가 자신들에게 부여된 가장 중대한 사회적 임무임을 보다 분명히 하였던 것이다.

이들 사림 역시 넓은 의미에서는 사·농·공·상의 四民 중 하나로서 민이었다. 같은 왕민이면서도 좁은 의미에서의 민, 즉 피지배층에 대하여 지배자의 위치를 점할 수 있었던 근거는 그들 자신이 교화의 주체라는 점이었다. 교화의 원칙이 '天理之公'에 있는 것이므로, 사림의 민에 대한 지배 역시 공적 지배라는 모양새를 갖추지 않을 수 없었다. 이는 이들이 왕권의 행사에 대하여 공적이어야 한다는 제약을 현실화시킨 만큼, 자신들의 권력 행사 역시 최대한 공적인 것이어야 한다는 제약을 스스로 지게 되었음을 의미하였다.

이들 사림 역시 재지중소지주로서의 기반을 가진 세력이므로 향촌 사회에서 나름의 사적 이해관계를 가지고 있었다. 그러나 이들이 토호들과 구분되는 것은 다름 아닌 그 지배 방식의 공공성을 현저히 높였다는 데 있었다. 사실 토호와 재지 사족은 그 경제적 기반 면에

---

14) 김훈식, 「15세기 민본 이데올로기와 그 변화」, 『역사와 현실』 창간호, 1989, 201
　　쪽 ; 설석규, 『조선시대 유생 상소와 공론정치』(선인, 2002), 23~24쪽.

서 별다른 차이가 없었다고 생각된다. 중종 10년 대간에 의해 전라도 남원의 土豪로 지목되어 탄핵되었던 金世基·黃愷·金楹 등은[15] 조선 중·후기 남원의 대표적 사족 세력이었던 것으로 알려져 있다.[16] 재지 사족과 토호의 구분은 그 경제 규모의 차이가 아니라 향촌에서의 권력 행위, 혹은 지배 방식에 따라 다른 것이었다고 생각된다.

> 대사헌 宋千喜가 아뢰기를, "신이 전일에 경상도 감사로 있을 때 토호·품관 가운데서 가장 세력이 강한 자들을 추문하고 검색하여 변방으로 옮겼습니다. 그 후에 孫仲暾이 신에게 말하기를 '토호 가운데 아직 제어되지 않은 자들이 있는데, 昌寧·靈山 등지에 있는 토호 두·셋은 관청에 전세조차도 바치지 않는다'고 합니다. 나라의 토지를 경작하고도 전세조차 바치지 않으니, 성질이 이보다 더 흉악할 수가 없습니다. 참으로 마땅히 추문하여 징계해야 되겠습니다. 金安國이 전일에 말하기를 '咸安에 李季賢이란 자가 있는데, 집에 才人과 白丁을 30여 명이나 숨겨 두고 남의 牛馬를 공공연히 끌어가지만 그 주인이 이를 보고도 두려워서 감히 호소하지도 못하였고, 또 어떤 전라도 사람이 도망한 종을 그 집에서 찾아서 잡아가니, 그 자가 길에서 기다리고 있다가 그를 죽여서 강물에 던져 버렸다'고 합니다. 토호의 강하고 포학함이 이와 같으니, 엄하게 죄를 다스려 징벌하지 않을 수 없습니다" 하였다.[17]

위의 인용문에서는 토호를 첫째, '전세조차 바치지 않는 자' 둘째, '재인과 백정을 은닉한 자' 셋째, '타인의 재물과 생명을 무단으로 빼앗는 자' 등으로 묘사하고 있다. 여타의 『실록』 기사에 나타나는 토

---

15) 『中宗實錄』 卷 21, 中宗 10年 4月 丁未條.

16) 金炫榮, 『朝鮮時代의 兩班과 鄕村社會』, 집문당, 1999, 52~53쪽.

17) 『中宗實錄』 卷 21, 中宗 9年 12月 丁未條.

호의 모습 또한 여기에서 크게 벗어나지 않고 있다. 이 세 가지 모두 국가의 공적 지배로부터 일탈하여 사적으로 행사되는 권력을 묘사하고 있지만, 특히 왕토=왕민 사상과 관련되어 있다는 점을 지적해 둘 필요가 있다고 생각된다.

첫째, '국가의 토지를 경작하고도 전세조차 바치지 않는다'는 것은 "普天之下 莫非王土"[18]라는 왕토사상의 직접적 표출이다. 둘째, '재인과 백정을 은닉한다'는 것은 비록 賤役에 종사하는 民이지만 또한 王民인 이들을 사사로이 사역한다는 의미라고 생각된다. 세번째의 지적 역시 왕민에 대한 사적 지배의 의미이다. 이들 토호의 행위는 모든 토지가 왕토임을, 모든 민이 왕민임을 부정하고 개인의 이익만을 위하여 행사되는 사적 권력 행사였다고 할 수 있다. 이러한 토호의 사적 권력 행사에 대한 사림의 비판은 그들이 주도하는 향촌 질서가 보다 공적인 것이어야 한다는 당위로 귀결될 것이었다.

조광조 등 기묘사림의 향약 보급 운동은 바로 이러한 향촌에서 공적 지배질서의 확립을 목표로 한 것이었다고 생각된다. 그는 "향약을 행하는 고을에서는 良民을 강압하여 賤人으로 만들고, 官債의 납부를 막는 이러한 일은 모두 보지 못하였습니다"[19]라고 하여 향약 실시의 한 목적이 압량위천이나 국세 탈루와 같은 토호의 행위를 향촌에서 추방하려는 데 있음을 분명히 하였다. 물론 토호에 대한 이러한 비판이 사림세력의 고유한 것이었다고는 할 수 없다. 그러나 사림과는 정치적으로 대척점에 서 있던 훈구파의 경우는 그 사회경제적 기반이 토호와 마찬가지로 향촌에서 권력의 사적 행사를 통해서 유지되고 있었다는 점에서 사림과 구분될 수 있다고 생각된다.

잘 알려져 있듯이 세조대의 공신 洪允成은 충청도 鴻山 지역의 군졸과 장정을 다수 은닉하여 고을 대부분의 사람이 그에게 귀속되

---

18) 『詩經』, 小雅.

19) 『中宗實錄』 卷 34, 中宗 13年 9月 壬寅條.

었고,[20] 성종대 사림의 留鄕所 復立 운동시에도 훈구 대신들은 兼掌制度를 이용하여 자신들과 조그만 관련이 있는 지역이라면 유향소를 장악함으로써 이 운동을 실패로 돌아가게 만들기도 하였던 것이다.[21] 압량위천에 의해 향촌민을 私賤化한다든지, 유향소나 경재소를 장악하여 향촌을 사실상 사적 지배하는 행위는 사림에 의해 배격 대상이 되었던 토호들의 행위와 본질면에서 큰 차이가 없는 것이었다고 할 수 있다. 사림은 향약의 시행을 통해 훈구파와 토호들의 이러한 행위를 방지하고 향촌에서 자신들이 공동으로 주도하는 공적 지배질서를 확립하려고 했던 것이다.

공적 지배질서의 확립을 위해서는 '君臣共治'의 이념에 따라 중앙에서는 국왕권의 사적 행사를 제한하고, 지방에서는 국왕으로부터 위임받은 수령권을 보장하는 것도 한 방법일 수 있었다. 그러나 수령권은 관찰사·어사 등의 공적 제도·기구를 통하여 견제·감시한다고 해도 그 부당한 행사를 견제하기 어려웠다. 중종이 관찰사 久任制의 재시행을 검토하며 백성을 잘 다스리고 다스리지 못하는 것은 제도에 있는 것이 아니라 오직 사람에 달린 것이라고 언급하고 있는 것에서도 이를 잘 알 수 있다.[22] 국초부터 部民告訴禁止法이나 관찰사 구임제 등이 치폐와 논란을 반복한 것도 수령권의 부당한 행사를 견제하기가 쉽지 않았음을 보여주는 것이라 하겠다. 수령권이 수령 개인에 의해 남용되는 경우와 더불어 몇몇 권세가들에 의해 사실상 장악 당할 우려가 있었던 것이다.

국왕－관찰사－수령으로 이어지는 지방통치체제는 끊임없이 많은 문제를 야기하고 있었다. 수령들의 탐학은 빈번히 적발되었으며 심

---

20) 『世祖實錄』 卷 45, 世祖 14年 2月 癸丑條.

21) 李泰鎭, 「士林派의 留鄕所 復立運動」, 『韓國社會史研究』(지식산업사, 1986), 177~179쪽 ; 朴翼煥, 『朝鮮鄕村自治社會史』(삼영사, 1995), 38~40쪽.

22) 『中宗實錄』 卷 35, 中宗 14年 2月 戊寅條.

지어는 이를 감찰할 어사가 출발도 하기 전에 그 행로가 노출되는 일도 적지 않았다. 정부의 공적 기구만으로는 수령의 비리와 탐학을 예방하는데 한계가 있는 것이 분명해 보였다. 수령권의 남용이 국왕의 입장에서도 결코 바람직한 현상이 아닌 이상, 국왕-관찰사-수령으로 이어지는 일원적 지방통치체제는 향약과 같은 공적 원리를 그 내용으로 하는 체제에 의해 보완될 필요가 있었다.

그렇지만 거꾸로 향약이 수령권을 능가하는 일도 국왕의 입장이나 훈구세력의 입장에서는 허용할 수 없는 것이었다. 훈구대신인 南袞은 중종이 향약에 대하여 호의를 보이자 향약의 폐단을 지적하면서, "나라에 본래 형조가 있습니다. 가령 여남은 사람이 마음을 같이 하여 서로 착한 일을 하도록 규계하는 것은 좋지만, 만일 많은 사람이 모여 都約正이니 副約正이니 하며 국가의 금법은 따르지 않고 도약정의 명령만 따른다면 이는 매우 불가한 일"23)이라고 하여 향약의 실시로 권한이 아래로 옮겨가는 것을 반대하였다.

같은 시기에 司諫 南世準의 상소에서도 이와 비슷한 내용이 찾아진다.

> 향약을 설치한 것이 아름답지 않은 것은 아닙니다. 하지만 德으로 인도하고 禮로 정제하여 자연스럽게 젖어들게 함으로써 백성으로 하여금 스스로 不善을 부끄럽게 여겨 善으로 나아가게 하여야 합니다. 그런데도 안으로는 卿相의 지위에 있는 자가 스스로 約正이 되고, 밖으로는 方面을 맡은 자가 오로지 督責을 일삼아, 향약의 본의는 준행하지 않고 번거롭고 가혹하게 하기만을 힘썼습니다. 이리하여 笞杖의 權柄이 賤隷에게 옮겨지게 되었고 是非의 의논이 鄕豪에게서 나오게 되어 인류의 기강이 문란해지고 讐怨이 엇갈려 일어났습니다.24)

---

23) 『中宗實錄』 卷 36, 中宗 14年 5月 壬子條.

24) 『中宗實錄』 卷 38, 中宗 15年 1月 戊申條.

위에서 보듯이 남세준도 향약을 실시한 결과 笞杖의 權柄이 賤隷에게 옮겨지게 되었고 是非의 의논이 鄕豪에게서 나오게 되었다고 하여 권력이 아래로 옮겨가 있음을 비판하고 있다. 이와같이 이들은 향약의 실시를 비판하고 있으나 수령권의 남용을 방지할 대안을 제시하지는 못하였다. 때문에 중종은 조광조 일파가 실각한 후에도 대간의 향약 금지 요구에 대하여, "『소학』과 향약은 모두 좋은 것이다. 단 근래에 조광조 등의 소위가 명실상부하지 않았으므로 이른바 좋다는 것이 도리어 좋지 않은 것으로 되고 말았다. …… 그렇다고 다시 영을 내려 금하게 할 수는 없다"[25]고 하여 향약과 조광조 일파의 처리 문제와는 구분하여 생각하였던 것이다. 훗날 선조 역시 향약의 시행보다 급한 것으로 민의 먹고사는 문제를 해결하는 것을 지적하고 있을 뿐, 향약의 필요성에 대해서는 분명하게 긍정하고 있었다.[26]

그러나 향촌에서 향약을 주도한 계층이 사족층인 이상, 향약에는 사족층의 이익이 주로 반영되어 있었다. 이 점에서 향약 질서는 사족층의 사적 질서일 수 있었다. 그러나 그 운영원리가 성리학이라는 국가 이념에 근거한 것이고 국왕-관찰사-수령으로 이어지는 중앙집권적 지배체제에 대해 충분한 존중을 하고 있었으므로 이를 '공에 포섭된 사의 질서'라 규정할 수 있다고 생각된다.

향약이 향촌민에 대하여 최대한 생존을 보장해 주려는 모습을 보이는 것도 이러한 성격에서 비롯된 것이다. 이러한 방식의 지배를 통하여 재지 사족층 자신들의 이익을 보호하는 한편, 그들의 경제적 기반인 민의 생존을 도모하고, 국가의 일원적·중앙집권적 향촌 지배와도 모순되지 않는 질서를 구축해 갔던 것이다. 이러한 체제 하에서의 민은, 비록 천민이라 하더라도, 그 公民化 정도가 더욱 향상

---

25) 『中宗實錄』 卷 38, 中宗 15年 1月 癸巳條.

26) 『宣祖實錄』 卷 8, 宣祖 7年 2月 壬子條.

되어 갈 것이었다. 다음에서는 교화론을 통하여 민의 공민화 정도를
살펴보고자 한다.

3. 교화와 民

조광조는 '선비란 학문을 업으로 삼아 마음에 품은 바를 펼쳐 生
民에게 보탬이 되어야 하는 존재'라고 보았다.27) 품은 바를 펼치고
생민에 보탬이 되는 것은 곧 治道와 敎化로 요약될 수 있다. 士는
記誦·詞章이 아닌 義理之學을 배워 卿相·方伯 등의 다스리는 자리
에 임해야만 치도와 교화가 바로 설 수 있는 것이었다.28) 군신공치
의 이념에 따라 정치에 참여하는 한 주체로 자리잡은 사림은 향약을
통하여 향촌에서 교화의 주체가 되고자 하였던 것이다.

기묘사림이 전국적 실시를 주장하였던 향약은 재지 사족층이 주
도하는 향촌 지배질서를 수립하려는 것이었다. 여기서 무엇보다 가
장 먼저 목표로 내세워진 것은 민에 대한 교화였다. 조선초기에는
민에 대한 직접적인 교화보다는 관인층의 도덕적 실천이 보다 시급
한 과제로 인식되었다.29) 조선초기의 신흥유신들은 관인층이 인욕
을 억제할 수 있는 존재인데 반하여, 민은 이를 억제 할 수 없는,
즉 도덕적 능력이 하열한 존재로 인식하고 있었다. 따라서 교화의
대상도 관인층에게 한정되어 있었고, 민에 대해서는 교화보다는 感
化와 刑政이 우선시 되었다.

---

27) 『靜菴集』 卷 2, 啓辭, 因不從改正功臣事辭職啓三, "士生於世 業爲學問者 冀得展
其懷抱 有補於生民耳."

28) 위의 책, 附錄, 卷 2, 語類, "先生嘗謂 國家取士 旣無鄕學里選之風 專倚科第 而
世道漸下 士習日偸 學擧子業者 唯務記誦詞章之習 而不知義理之如何 敎化不興
治道日卑 良由於此 誠非細故 倣漢家明經孝廉之科 內自卿相 外及方伯 各薦其人
作爲一科 庶有益於國家矣."

29) 李碩圭, 「朝鮮初期 敎化의 性格」, 『한국사상사학』 11, 1998, 163~183쪽.

하지만 이와는 달리 사람은 민을 도덕 실천 능력을 지닌 교화의 대상으로 인정하고 있었다. 지배층과 피지배층의 도덕적 능력에 대한 동질성이 보다 강조되고, 이념적으로만이 아니라 실제로도 감화와 형정보다는 교화가 앞세워지게 되었다. 형정보다 교화를 앞세우는 것은 실록 도처에서 확인된다.

> (侍讀官 安彭壽가 아뢰기를) 만약 人主가 몸소 실천하지 않고 다만 법령으로써만 금한다면, 백성들이 어찌 눈으로 보고 감동하여 교화를 알 수가 있겠습니까? 인주가 위에서 몸소 실천하여 모범이 되면 경대부가 化善될 것이요, 경대부가 화선되면 일반 인민이 또한 화선되어 풍속이 순박하고 아름다운 데로 점차 변화할 것입니다.30)

> (記事官 李弘幹이 아뢰기를) 풍속을 고치고 백성을 인도하는 데는 형벌을 우선해서는 안 되고 마땅히 교화를 근본으로 해야 합니다. …… (上이 이르기를) 아랫사람으로서 위를 능멸한 데 대해서는 본래 법률이 있으나, 풍조를 바꾸어 백성을 인도하고자 한다면 형법으로써 할 것이 아니라 위에서 교화를 해야 아래에서 절로 달라지는 것이다.31)

이처럼 이념적으로 형정보다는 교화가 보다 강조되고 있는 것을 알 수 있다. 그런데 형정보다 교화가 강조되는 것은 한갓 이념에 그치는 것이 아니라 현실에서도 그대로 적용되고 있었다. 중종 14년의 실록 기사를 보면 "조광조가 교화에 힘쓰고 형벌을 줄이니 小民이 감복하였다"32)라고 하듯이 단지 이념으로서만이 아니라 현실에 있어서도 형정보다 교화가 강조되고 있었던 것이다. 이는 조선초기

---

30)『中宗實錄』卷 5, 中宗 3年 3月 壬子條.

31)『中宗實錄』卷 20, 中宗 9年 3月 乙亥條.

32)『中宗實錄』卷 37, 中宗 14年 11月 戊申條.

에 형벌보다 교화가 이념적으로 강조되었지만, 실제 통치에 있어서
는 형정이 강조되었던 것과는 다른 것이었다.

한편 사림은 신분이나 귀천에 따라 교화의 대상이 달라진다고 생
각하지 않았다. 예컨대 타고난 사람의 본심은 신분이나 귀천에 따라
다를 바가 없기 때문에 모든 사람이 교화를 통해 잘못된 점을 교정
하는 것이 가능하다고 보고 있는 것이다. 이는 다음과 같은 『실록』
기록을 통해서도 단적으로 알 수 있다.

> 조광조가 아뢰기를 "그가(私奴 呂衡을 가리킴-인용자) 지은
> 글을 보니 또한 일의 선후를 아는 사람입니다. 천한 신분으로
> 이러하니 어찌 아름답지 않겠습니까? 許通할 수는 없다 해도 특
> 별한 은전이 있어야 할 것입니다. 우선 免賤할 것을 허락하소
> 서. 또 들으니 그의 父祖는 대대로 그 상전에게 충의를 다하였
> 다 하니, 呂衡 같은 행실을 천한 사람 중에서 어찌 쉽게 얻어
> 볼 수 있겠습니까? 대개 사람의 본심은 貴賤이 다를 바 없는 것
> 이니, 타고난 천성이야 어찌 차이가 있겠습니까? 이것으로 본다
> 면 사람의 악한 점을 교정하는 것은 오로지 敎化에 달려 있는
> 것입니다" 하였다.33)

교화란 가깝게는 군자, 멀리는 성인을 지향해 가는 것이었다. 군
자의 행위가 있으면 곧 군자인 것이므로 이전보다 '행위'·'실천'은
더욱 중요하게 여겨질 수밖에 없었다. 사림은 『小學』의 道를 실천함
으로써 어느 누구라도 堯舜의 경지에 이를 수 있다고 생각하였다.
이러한 점은 조광조가 실각한 후 대간이 조광조 일파를 논핵하는 기
록을 통해서도 알 수 있다.

> 正言 趙珍이 아뢰기를, "근일에 일이 崎嶇하고 詭異하므로 인

---

33) 『中宗實錄』 卷 33, 中宗 13年 5月 壬寅條.

심이 올바르지 못합니다. 入仕者로서 품계도 없던 사람이 갑자기 6품에 이를 경우에도 저들이 '사람은 누구나 堯舜이 될 수 있다'고 하였으므로, 학자들은 명분만 숭상할 뿐 학문도 않고 제술도 않으면서 '나는 『小學』의 道를 행할 수 있다'라고 하고 있지만, 근본을 모르기 때문에 學校之政이 이로부터 폐하여 졌습니다" 하였다.34)

사간원 정언 趙珍의 말에 의하면 기묘사림들이 '사람은 누구나 堯舜이 될 수 있다'고 했다는 것이다. 이런 풍조 때문에 배우는 자들이 記誦·詞章의 學을 버리고 오로지 『소학』의 도만 행하려고 한다는 비판이다. 위의 비판대로 기묘사림의 한 사람인 金淨은 늘상 "우리 임금으로 하여금 요순같은 임금이 되게 하고 민으로 하여금 요순의 민이 되게 하려 한다"35)고 하였다. 논리적으로는 요순이 되는 것이 목표라면 『소학』의 도를 행하는 것은 그 방법이 된다. 때문에 도덕의 실천이 더욱 중요하게 부각되는 것이다. 도덕 실천의 주체는 '누구나〔人皆〕'라는 표현에서 보듯이 임금에서부터 시작하여 사류인 자신들이었고, 나아가 민도 堯舜之民이 되어야 하는 것이었다.

金淨이 堯舜之民 운운한 말은 『맹자』에 나오는 것으로 伊尹이 湯王에게 출사하며 한 말이다. 이윤이 말한 본 뜻은 탕왕을 요순같은 임금으로 만들어 그 은택이 민에게까지 미치게 한다는 것이었다. 이어서 그는 "하늘이 이 백성을 낳아 先知로 하여금 後知를 깨우치게 하며 先覺으로 하여금 後覺을 깨우치게 한 것이다. 나는 天民 중 선각자이다. 나는 이 도로써 이 백성들을 깨우치게 하려는 것이니 내가 깨우치지 않으면 누가 하겠는가"36)라고 말하였다. 여기에서 선

---

34) 『中宗實錄』 卷 38, 中宗 15年 1月 癸巳條.

35) 『冲庵集』, 冲庵先生集年譜, 附錄, 諸家記述, "爲治在人 有復古之志 唐虞三代可回 使吾君爲堯舜之君 使民爲堯舜之民."

36) 『孟子』, 萬章章句 上, "孟子曰 否 不然 伊尹耕於有莘之野 而樂堯舜之道焉 …… 湯三使往聘之, 旣而幡然改曰, '與我處畎畝之中, 由是以樂堯舜之道, 吾豈若使是君

지로서 후지를 깨우치게 하고 선각으로서 후각을 깨우치게 한다는 것이 곧 교화이다. 교화를 통하여 민은 요순지민이 되는 것이다.

교화의 효과는 행위로써 나타나는 것이다. 때문에 행위와 실천이 중시되고 민도 도덕 실천의 주체로 서게 되는 것이다. 조선초기 신흥 유신들이 민을 "다만 勤力而食하는 자로서 守分供役하기만 하면 되는 존재"로 파악하였던 것37)에 비하면 큰 변화라고 할 수 있는 것이었다. 물론 민은 조선 초기와 마찬가지로 여전히 정치적 객체에 머물렀지만, 도덕 실천의 가능성이 강하게 긍정되기 시작하였다는 것은 큰 변화라 하지 않을 수 없는 것이다.

이처럼 민이 교화를 통해서 도덕 실천의 주체가 될 수 있다고 인식됨에 따라서 16세기에는 교화에 관련된 많은 서책들이 출간되었다.38) 金安國은 『小學』『呂氏鄕約』『正俗』 등의 보급을 통해 유교적인 향당 윤리를 실현코자 하였다. 또한 『警民篇』이나 『正俗』 등을 통한 교화의 대상은 재지사족과 함께 촌락민 일반이었으며, 患難相恤을 주목적으로 하는 율곡의 「社倉契約束」 역시 재지사족과 함께 庶賤의 일반민까지를 포함하고 있다.

이처럼 민에 대한 인식이 변화됨에 따라 庶人의 三年喪 문제도 긍정적으로 수용하게 되었다. 신분이나 귀천에 따른 차별은 있을지언정 '本然之性'에는 차이가 없는 만큼 이제 삼년상도 사대부가에서만 행해질 것이 아니었다.

> 史臣은 논한다. 3년의 喪期는 천하가 통용하는 것이므로, 귀천이 없이 같은 것이다. 비록 미천한 서민일지라도 어찌 3년 동

爲堯舜之君哉　吾豈若使是民爲堯舜之民哉　吾豈若於吾身親見之哉　天之生此民也 使先知覺後知　使先覺覺後覺也　予天民之先覺者也　予將以斯道覺斯民也　非予覺之 而誰也."

37) 李碩圭, 「麗末鮮初 新興儒臣의 民에 대한 인식」, 『조선시대사학보』 31, 2004, 31쪽.

38) 敎化書와 관련된 내용은 金勳埴, 앞의 논문(1985)을 참고하였다.

안 부모의 품에서 자란 사랑이 없겠는가? 만약 그들로 하여금
거행하도록 한다면 孝悌의 마음이 유연히 저절로 일어나, 백성
들의 풍속이 돈후해질 것을 그 자리에서 기다릴 수 있을 것인
데, 人臣의 드린 의논이 옛 법에 구애되어 마침내 시행됨을 보
지 못하였으니, 승정원의 여러 신하들이 어찌 그 책임을 피할
수 있겠는가.39)

중종도 서인의 삼년상문제에 대해서 상당히 전향적인 입장을 가
지고 있었다.40) "간사한 무리들이 役을 피하기 위해 이 제도를 악
용한다"는 관료들의 비판에도 불구하고 중종의 입장은 확고하였다.
그러나 관료들의 비판도 워낙 거세었기 때문에 서인이 삼년상의 시
행을 원할 경우 허용한다는 정도로 귀결되었다.

서인의 삼년상 허용 문제에서 노비도 그 예외는 아니었다. 더욱이
영남과 호남의 관찰사로 재직하면서 처음 향약을 실시했던 것으로
알려진 金安國은 노비의 효행에 대해 상찬을 아끼지 않았으며, 부채
에 자작시를 지어 주기도 하고 더불어 내왕하기도 하였다. 때문에
그 반대자들로부터 관찰사인 김안국이 수령에게 노비의 효행에 대해
서도 포상할 것을 지시하여 견딜 수 없게 만든다는 비난을 들어야
했다.41)

이처럼 민의 도덕 실천 능력이 인정되기 시작하면 민 내부의 차
등 질서는 완화되는 방향으로 나아가게 되는 것이 자연스러운 변화
였다. 사림 자신들이 정치의 한 주체, 교화의 주체라 자임할 수 있
었던 논리적 근거는 다름 아닌 교화된 자라는 것이었고, 신분적 차
별의 논리적 근거는 도덕 실천 능력의 유무에 있었다. 비록 천민이
라 하더라도 교화되어 스스로 도덕을 실천하는 이상 차별의 강화 내

---

39) 『中宗實錄』 卷 5, 中宗 3年 2月 己巳條.

40) 『中宗實錄』 卷 27, 中宗 12年 2月 己巳條.

41) 『中宗實錄』 卷 38, 中宗 15年 1月 癸巳條.

지 유지는 논리적 근거가 없는 것이기 때문이었다. 이로써 민은 단순히 교화의 대상이 아니라 좀 더 적극적으로 도덕 실천의 주체가 될 수 있다는 가능성을 현실적으로 인정받기 시작하였다.

이와 같은 변화의 근저에는 민이 소농으로서 자립해 가고 있었던 현실이 있었다고 생각된다. 재지 중소지주들은 훈구파나 대지주와는 달리 대규모 직영 농장보다는 작개-사경제에 의존하고 있었다. 작개-사경제 하에서의 농민은 생산물의 분배를 놓고 토지 소유자와 갈등하며 적극적으로 자신들의 이익을 주장하였다.42) 자기 책임 하에 경작하며 그 생산물의 분배를 놓고 토지소유자와 갈등을 일으키는 모습은 이들이 이제 막 소농으로서 자립해 가는 과정에 있음을 보여주는 것이라 생각된다. 16세기 접어들면서 지주전호관계는 奴主之分 보다 長幼有序의 명분에 직접 관련되었다. 이는 사회적으로 농민층의 성장과 관련된다고 할 수 있다. 여말이래 집약농법의 발달은 농민의 소농경영을 보다 안정적인 것으로 성장시켰고, 그 과정에서 농민들은 자신들에 대한 인신적 지배를 보다 완화시킬 것을 요구하였다.43)

향약의 교화론에서 민은 요순지민이요, 패도정치 하에 있는 覇民이 아닌 왕도정치 하에서의 왕민이었다.44) 이로써 민 내부의 차별질서는 완화되어 가는 것이며, 민은 균일한 왕민으로 인정되어 가는 중이었다. 민에 대한 사림의 이러한 인식은 李珥의 "公賤 또한 民"45)이라는 인식, 金長生의 "公賤 역시 王民"46)이라는 인식으로

---

42) 김건태, 「16세기 양반가의 작개제」, 『역사와 현실』 9, 1993, 225~226쪽.

43) 金勳埴, 앞의 논문(1985), 49쪽.

44) 李耔, 『陰崖集』, 卷 1, 賦, 王覇賦, "王道平蕩 覇道崎嶇 王民熙皥 覇民驪虞 熙皥者繼行 驪虞者難繼 故王保子孫 覇不及世 揣其高下 夐若天地 尋其差謬 只在誠僞 三代以降 漢得大抵 然縞素之擧 非爲義帝."

45) 『宣祖修正實錄』 卷 8, 宣祖 7年 1月 丁丑條.

46) 『沙溪遺稿』 卷 1, 疏, 辭執義 仍陳十三事疏 甲子六月, "至於公賤每年之貢 則只收

귀결되면서 하나의 매듭을 이루게 되었다. 민은 이제 공민으로서 자립의 길로 들어서고 있었던 것이다.

4. 맺음말

중종반정은 사상적인 면에서 성리학적 질서가 한층 강조되고, 정치적인 면에서 사림이 정치의 중심에 등장하는 계기가 되었다. 연산군대 학정의 반작용이었다. 사림은 성리학의 '君臣共治' 이념을 강조하면서 '王道'의 실현을 목표로 내세웠다. 이는 왕권의 행사가 公的이어야 하고, 그 지배 역시 성리학적 원리에 충실한 공적 지배여야 함을 천명한 것이라 할 수 있다. 이를 통하여 사림은 '군신공치' 이념에 의해 운영되는 정치의 한 축, 즉 정치의 한 주체로서의 위치를 확고히 하게 되었다.

이들이 정치의 한 주체가 될 수 있는 정당성은 자신들이 교화된 자이면서 민에 대한 교화를 행하는 존재라는 데에서 찾아질 수 있었다. 스스로 교화된 자임을 자처하는 이상, 민에 대한 교화의 주체임을 자임한 이상, 국왕권에 대하여 왕도정치의 이념에 따라 천리에 합당한 공적 제한을 가한 이상, 자신들의 향촌 지배 방식도 좀 더 공적인 방식이어야 했다. 향약이 바로 그것이었다.

이들은 향약을 통해 향촌을 지배하려 하였으나, 여기에는 두 가지 딜레마가 가로 놓여 있었다. 첫째는 왕권의 연장선상에 있는 수령권과의 관계였다. 향약 실행의 반대자들이 향약에 대하여, "笞杖의 權柄이 賤隷에게 옮겨지게 되었고 是非의 의논이 鄕豪에게서 나오게"47) 되었다고 비난한 데에서 보듯이, 국왕을 정점으로 하여 아래

一二四　均是王民　而苦歇若是其懸殊　此豈王政之所宜乎　平常無事之時　怨氣盈腹而緩急之際　又且驅於死地　民之逃役　如避虎口者　不亦宜乎."

47) 『中宗實錄』 卷 38, 中宗 15年 1月 戊申條.

로 행사되어야 할 권력이, 구체적으로는 수령권이, 향약에 의해 제한될 수 있었다. 그럼에도 불구하고 그들이 근거하고 있는 성리학의 이념은 국왕에 대한 충성과 수령권에 대한 존중도 요구하고 있었다.

둘째, 민과의 관계에서 발생하는 딜레마도 있었다. 이들 사림의 모집단이라 할 수 있는 재지 사족층은 전직 관료이거나 그 친·인척, 또는 관료 예비자라는 점에서 '官'의 성격도 지니고 있었고, 사·농·공·상을 四民이라 하듯이 관직을 떠나 재지 사족의 위치로 돌아오면 수령권에 의해 제어되는 '민'의 성격 또한 지니고 있었다. 때문에 향약에는 재지사족층이 향촌민에 대하여 지배자로서의 위치와 자신들의 집단적 이익을 지킨다는 점에서 사적 권력의 속성이 포함되어 있었다. 또한 사족층의 지배 행위가 성리학적·공적 원리에 의해 스스로 규율되어야 하는 속성도 가지고 있었다. 바로 이러한 점에서 향약에 의해 유지되는 향촌 질서를 '公에 포섭된 私의 질서'라 할 수 있을 것이다.

'공에 포섭된 사의 질서' 하에서 '민'은 공민으로서의 성격이 점차 강화되었다. 재지 사족층에 의해 주도되는 '사의 질서'인 이상, 사민인 천인이 존재하고 양인도 압량위천과 같은 방식에 의해 사민화될 가능성도 없지 않았지만, '공에 포섭된' 질서인 만큼 공민으로서의 성격이 보다 두드러지게 된 것이었다. 훗날 栗谷 李珥의 "公賤 또한 民"48)이라 하는 인식이나 沙溪 金長生의 "公賤 역시 王民"49)이라는 인식은 이러한 변화의 결과라 생각된다.

향약 시행의 표면적 이유로 내세워진 것은 다름 아닌 민에 대한 교화였다. 사림은 스스로를 교화의 주체로, 민을 교화의 대상으로

---

48) 『宣祖修正實錄』 卷 8, 宣祖 7年 1月 丁丑條.

49) 『沙溪遺稿』, 권 1, 疏, 辭執義 仍陳十三事疏 甲子六月, "至於公賤每年之貢 則只收一二匹 均是王民 而苦歇若是其懸殊 此豈王政之所宜乎 平常無事之時 怨氣盈腹 而緩急之際 又且驅於死地 民之逃役 如避虎口者 不亦宜乎."

자리 매김 하였다. 민이 교화의 대상이 된다는 것은 곧 민을 도덕 실천의 주체로 인정하였음을 의미하는 것이다.

민이 도덕 실천의 주체로 인정된 이상, 민 내부의 차별적 질서에 대한 인식은 차츰 변화되어 갈 수밖에 없었다. 왜냐하면 사림 자신들이 갖는 지배권의 이념적 근거는 스스로 교화된 자라는 데 있었고, 교화 여부는 도덕 실천 여부에 달려 있는 것이었다. 때문에 민도 도덕을 실천할 수 있다면 곧 그들에 대한 차별의 이념적 정당성은 상실되는 것이었다. 실제로 庶人의 삼년상 문제도 장려되는 방향으로 정리되었고, 賤民의 효행도 포상과 장려의 대상이 되고 있었다. 이들은 '堯舜之民', 혹은 '王民'으로서 차츰 公民化되어 가고 있었던 것이다.

조선 초기 신흥 유신들에 의하여 비로소 정치적 실체를 인정받고 정치적 배려의 대상이 되었던 민은 이제 소극적으로는 교화의 대상, 적극적으로는 도덕을 실천할 수 있는 주체로 인정받게 되었다. 이러한 변화는 민이 소농으로 자립해 가는 현실과 짝하는 것이라 생각된다. 작개-사경제 하의 민은 농장주 직영의 농장에서와 달리 토지 소유자에 대하여 자신들의 이익을 적극적으로 주장하고 있었던 것이다. 민의 경제적 자립도가 높아지면 높아질수록 민 내부의 차별적 질서는 동요하게 되었을 것으로 예상된다.

민에 대한 사림의 인식은 '공천 또한 민', 혹은 '공천 또한 왕민'이라는 데에서 하나의 매듭을 이루었다. 이 같은 인식은 이후 민의 자립도가 더욱 높아지는 18세기를 전후한 시기에 출현한 실학자들에 의해 민 내부의 차별적 질서를 대등한 분업적 관계로 인식하는 데까지 발전하였다고 생각된다.

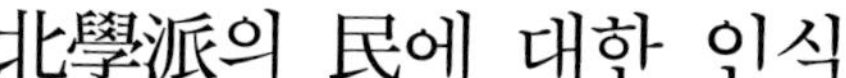

北學派의 民에 대한 인식

金 都 煥[*]

1. 머리말

성리학을 지배이념으로 삼았던 조선왕조는 '民本'을 정치의 이념적 목표로 삼았다. '민본' 이념은 단순히 정치적 구호에 그친 것이 아니라 지배층으로 하여금 '民'을 정치적 실체로 인정하게 하는 역할을 하였다.[1] '민'은 이후 조선 중기 사림파에 의해 적극적 敎化의 대상으로 인정되기 시작하였다. 이는 곧 '민'을 도덕 실천 능력의 보유자로 인정한 것이라 할 수 있다.

이들은 조선사회의 가장 낮은 신분층을 이루고 있던 노비 또한 교화 대상으로 인정하고 있었다. 중종 때 영남과 호남 관찰사로 재직하면서 처음 鄕約을 실시했던 것으로 알려진 慕齋 金安國(1478~1543)은 노비의 효행에 대해 칭찬과 격려를 아끼지 않았으며,

---

73

부채에 자작시를 지어 주기도 하고 더불어 내왕하기도 하였다.[2] 때문에 그 반대자들로부터 "관찰사가 수령에게 노비의 효행에 대해서도 포상할 것을 지시하여 견딜 수 없게 만든다"[3]는 비난을 듣기도 하였다.

이러한 사림파의 인식은 栗谷 李珥(16536~1584)의 "公賤 또한 民"[4]이라는 인식, 沙溪 金長生(1548~1631)의 "公賤 역시 王民"[5]이라는 인식에서 하나의 매듭을 이루었다. 이이는 選上制로 인해 公賤의 고통이 크다는 차원에서, 김장생은 병영이나 수영 소속 군인들의 고통이 公賤보다 크다는 차원에서 '公賤 또한 民', '公賤도 王民'이라고 언급하고 있었던 것이지만, 어느 것이나 민의 고통이 신분이나 職役에 따라 더하고 덜한 차이가 있어서는 안 된다는 의미였다. 이 점에서 '王民'이라는 관념은 '민'에 대한 인식 문제를 분석하는 하나의 키워드가 될 수 있다고 생각된다.

이들 사림이 정치의 한 주체로서 정치에 적극적으로 참여하고, 유생층의 정치 참여 또한 크게 확대된 것은 자신들이 교화된 자이며, 나아가 '민'을 교화하는 주체임을 자임했기 때문이었다. 이 논리를 확장해 가면, 적극적 교화의 대상으로 인정되었던 '민'도 도덕 실천의 주체가 될 수 있다는 가능성을 인정하지 않을 수 없게 될 것이었다. 이는 "人皆可以爲堯舜"[6]이라는 儒敎的 理想의 재확인이었다고

---

2) 『慕齋集』卷 4, 詩, 贈孝子難金, 79面에서와 卷 6, 詩, 贈孔孝子, 109面 등에 실린 두 詩는 金安國이 賤民 難金과 私奴婢 孔番佐의 효행을 칭찬하여 지어준 시이다. 시 앞에는 시를 짓게 된 경위, 즉 두 사람의 효행과 서로 내왕한 일 등이 기록되어 있다.

3) 『中宗實錄』卷 38, 15年 1月 癸巳條, 608面.

4) 『宣祖修正實錄』卷 8, 7年 1月 丁丑條, 437面.

5) 『沙溪遺稿』卷 1, 疏, 辭執義 仍陳十三事疏 甲子六月(민족문화추진회, 1989), 25쪽, "至於公賤每年之貢 則只收一二匹 均是王民 而苦歇若是其懸殊 此豈王政之所宜乎".

6) 『經書』, 『孟子集註』, 告子章句 下(성균관대 대동문화연구원, 1995), 688쪽(이하 四

할 수 있다. 신분이나 직역에 따라 '민'을 차별하는 인식이 극복될 수 있는 단초가 바로 여기에서 마련되고 있었다.

조선후기의 北學派 학자들은 출신 가문으로 보나 학문적 연원으로 보나 이들 사림의 후예였고, 그들의 인식 또한 어떠한 형태로든 계승하고 있었다고 할 수 있다. 그렇다면 이들은 '누구나 성인이 될 수 있다'는 유교적 이상을 어떻게 받아들이고 있었을까. 또한 다른 한편에서, 소농경영이 보다 안정화되어 가고 있던 18세기의 사회·경제적 현실7)과 '北伐'의 대상으로 여겼던 夷狄의 나라 淸이 더욱 융성하고 있는 의외의 현실 속에서, '北伐' 대신 '北學'이라는 가치 역전의 대안을 제시했던 이들은, '민'에 대한 차별적 인식을 어떻게 극복해 가고 있었던 것일까.

북학파의 '민'에 대한 인식의 변화라는 주제를 다룬 기존의 연구는 매우 적은 편이고 실학의 '민' 인식이라는 좀 더 포괄적인 범위에서 연구되었다. 주로 실학의 성격이나 역사적 의의를 구명하는 차원에서 연구되었던 것이다. 이는 실학사상을 전근대와 근대의 연결고리로 파악하려는 의도에서 비롯된 것이라 생각된다. 이에 따라 이에 대한 연구 경향도 전근대와의 연속성에 초점을 맞춘 연구8)와 근대와의 관련성이나 유사성을 강조하는 견해9) 등 크게 둘로 나뉘어졌다.

書의 인용은 모두 이 책의 면 수를 제시하는 것이며, 書名은 『論語』·『孟子』 등으로 略함).

7) 李榮薰, 「조선후기 이래 소농사회의 전개와 의의」, 『역사와 현실』 45, 2002.

8) 韓㳓劤, 「李朝 實學의 槪念에 대하여」, 『震檀學報』 19, 1958.
　全海宗, 「釋實學」, 『震檀學報』 20, 1959.
　柳仁熙, 「洪大容 哲學의 再認識」, 『東方學志』 73, 1991.
　李相益, 「洛學에서 北學으로의 思想的 發展」, 『철학』 46, 1996.
　이봉규, 「유교적 질서의 재생산으로서 실학」, 『철학』 65, 2000.

9) 千寬宇, 「磻溪 柳馨遠 研究」(上)·(下), 『震檀學報』 2·3, 1952·1953.
　趙璣濬, 「實學思想의 社會經濟的 背景」, 『韓國史의 反省』, 1967.
　尹絲淳, 「實學思想의 哲學的 性格」, 『아세아연구』 56, 1976.
　金泳鎬, 「實學」, 『韓國史論』 4, 국사편찬위원회, 1976.

근래에 이르러서는 좀 더 다양한 접근이 이루어지고 있다. 근대성 자체에 대한 새로운 규정을 시도한 연구,[10] 실학에서 오히려 탈근대의 가능성을 찾으려는 연구,[11] 실학을 유학의 자기 혁신과정이라는 측면에서 평가하려는 연구[12] 등이 그것이다. 이러한 다양한 시도는 실학에서 서구적 근대 사상의 특징을 발견하려는 노력이 어느 정도 한계에 도달하였음을 의미하는 것이라 생각된다.

이 논문 역시 실학의 성격에 관한 논의에서 벗어나 실학이 바라본 현실은 어떠한 것이었으며 그것을 어떻게 개혁하려 하였는지를 살펴보려 한다. 이를 위하여 역사 속에서 꾸준히 성장해 온 '민'이 18세기 북학파 실학자들의 인식 속에는 어떻게 반영되어 있었는지, 그들의 그러한 인식은 이전 시대의 무엇을 계승·발전시키고 무엇과 결별한 것이었는지에 주목하고자 한다.[13] 우선 성리학에서의 '민'

尹絲淳, 「實學思想의 哲學的 性格」, 『韓國儒學論究』, 현암사, 1980.
鄭昌烈, 「實學」, 『韓國學研究入門』, 학술원, 1981.
金泳鎬, 「實學에 있어서의 '民'槪念의 새로운 展開」, 『東洋學』 16, 단국대 동양학연구소, 1986.
池斗煥, 「朝鮮後期 實學研究의 問題點과 方向」, 『泰東古典研究』 3, 1987.
신기현, 「실학의 평등 인식」, 『사회과학연구』 16, 전북대 사회과학연구소, 1989.
許南進, 「朝鮮後期 氣哲學 研究」, 서울대 철학과 박사학위논문, 1994.
金容憲, 「西洋科學에 대한 洪大容의 理解와 그 哲學的 基盤」, 『철학』 43, 1995.
趙誠乙, 「洪大容의 歷史認識」, 『震檀學報』 79, 1995.

10) 金相俊, 「조선후기 사회와 '유교적 근대성' 문제」, 『대동문화연구』 42, 2003.

11) 趙誠乙, 「實學의 女性觀」, 『한국사상사학』 20, 2003.

12) 劉奉學, 『燕巖一派 北學思想研究』, 일지사, 1995.
金泰永, 『實學의 國家改革論』, 서울대 출판부, 1998.

13) '민'의 성장과 이에 따른 '민' 인식의 변화라는 측면에서는 李泰鎭, 「18세기 韓國史에서의 民의 사회적·정치적 位相」, (『震檀學報』 99, 1999)이 주목된다. 이 연구는 '민'의 성장이 탕평 군주들의 '民國' 이념에 반영되었음을 주장하였다. '민국' 이념의 주체는 어디까지나 국왕이어서 지식층 일반의 '민'에 대한 인식 변화를 추적하는 데에는 불충분한 점이 있었다고 생각된다. 또한 '민국' 이념의 주체가 국왕이라면 이때의 '民'은 곧 '王民'이었다고 생각된다. '王民' 관념은 1894년 농민전쟁이 한참이던 때에 농민군 지도부가 招討使 洪啓薰에게 보낸 呈文에서 '王法', '王民' 등의 용어를 동원하여 개혁을 요구하고 있는 데에서 보듯이 조선왕조의 마지막 순간에 이르기까지도 개혁의 이념으로 작용하고 있었다. 이 논

관념을 분석할 때 핵심적 키워드였다고 생각되는 '王民' 관념, 그리고 그 기반이 되었던 '天民' 관념의 의미를 분석해 보고, 이것이 湛軒 洪大容(1731~1783), 燕巖 朴趾源(1737~1805), 楚亭 朴齊家(1750~1805) 등 북학파 학자들의 '민'에 대한 논의, 즉 四民論과 '士'의 役割에 대한 논의 속에서 어떤 역할을 하고 있었는지, 그리고 어떤 의미를 가지고 있는지 등을 살펴볼 것이다.

2. '天民', '王民' 용어의 분석

유교·성리학에서의 '民' 관념은 두 측면을 가지고 있었다. 첫째는 민본이념의 근간을 구성하는 '민' 관념으로 '天民', '王民' 관념이 바로 이것이었다. 이때의 '민'은 인간 일반, 혹은 왕을 제외한 인간 일반을 지칭하는 용어로서 사용되었다. 왕은 代天理物의 권한을 가진 자이므로 天의 대행자라는 점에서 天民에 대한 지배자였고, 이 점에서 天民은 곧 王民이었다. '天民'은 "天生蒸民",14) "天之生此民也 使先知覺後知"15) 운운할 때 나타나는 '민'에 대한 관념이었다. 孟子는 天民에 대하여, "有天民者 達可行於天下 而後行之者也"16)라 하였고, 이에 대하여 朱子는 "以其全盡天理 乃天之民 故謂之天民"17)이라 하였다. '천민' 관념은 '天之民', '天之生民'의 뜻으로부터 시작하여 주자

문에서 이 '왕민' 관념을 통하여 '민'의 성장과 그에 따른 인식의 변화를 살피려는 것도 바로 이 때문이다. 농민군이 보낸 呈文은, 黃玹, 『梧下記聞』1, 甲午年 4月 19日, "夫民者 國之本也 本固邦寧 古聖之遺訓 時務之大綱也 方伯守宰 牧民之人也 以先王之法 治先王之民 則雖歷年千載 其國享久 今之方伯守令 不顧王法 不念王民 貪虐無常(下略)"라고 기록되어 있다.

14) 『孟子』, 告子章句 上(성균관대 대동문화연구원, 1995), 669面, "詩曰 天生蒸民", 『詩經』, 대아편에 나오는 말로 『시경』에는 "天生烝民"으로 되어 있다.

15) 『孟子』, 萬章章句 上, 640面, "天之生此民也 使先知覺後知 使先覺覺後覺也 予天民之先覺者也 予將以斯道 覺斯民也 非予覺之而誰也".

16) 『孟子』, 盡心章句 上, 716面.

17) 同上.

에 이르러서는 '天理를 온전히 다하는 자', 혹은 '天理를 온전히 다해야 하는 자'로까지 그 관념이 확장되었던 것이다. 또한 '王民' 관념은 王土思想에 짝하여 나타났는데, "普天之下 莫非王土 率土之濱 莫非王民"18)이라는 말에서 보듯이 땅 위에 사는 모든 인간은 왕의 신하로서 곧 王民이라고 표현되었다.

둘째는 無位者의 칭호로서의 '민', 즉 피지배층을 가리키는 의미에서의 '민' 관념으로, 도덕 능력 下劣者라는 의미에서 '下民'을 의미한다.19) 주자가 이른 바, "民者無位者之稱"20)이라 한 것이 바로 이것이다. 官의 상대 개념으로서의 '民'이라 할 수 있다. 이 때의 '민'은 맹자가, "勞心者 治人 勞力者 治於人"21)이라고 한 데에서 보듯이 남에게 다스림을 받는 자이며, "無恒産者 無恒心 苟無恒心 放辟邪侈 無不爲已"22)라고 하듯이 恒産이 없으면, 放辟邪侈를 하지 않음이 없는 자이다.

無位者稱으로서의 '민' 관념은 愚民觀으로 나타나는 경우가 허다하였다. 우민관은 성리학의 계몽주의적 속성으로 인하여 도덕적 우월자, 혹은 지적 우월자에 의한 지배와 그에 따른 차별적 질서를 정당화하는 논리로 사용되었던 것이다. 조선조의 관료층들에게서도 "이른 바 '민'이란 힘을 써서 일을 함으로써 그 윗사람을 섬기는 자"23)

---

18) 본래는 『詩經』 小雅篇에 나오는 말로 "普天之下 莫非王土 率土之濱 莫非王臣"이라 표현되었다. 여기서 '臣'을 '民'으로 고쳐 표현하는 경우도 다반사였다. 예컨대, 『光海君日記』 卷 143, 11년 8월 甲子條에 "普天之下 莫非王土 率土之濱 莫非王民", 『仁祖實錄』 卷 16, 5년 4월 乙丑條에 "率土之濱 莫非王民", 『仁祖實錄』 卷 43, 20년 2월 壬寅條에 "尺土莫非王土 一民莫非王民" 등의 표현이 보인다.

19) 『論語』, 季氏 第十六, 386面, "孔子曰生而知之者 上也 學而知之者 次也 困而學之 又其次也 困而不學 民斯爲下矣".

20) 『孟子』, 盡心章句 上, 716面.

21) 同上, 滕文公章句 上, 553面.

22) 同上, 546面.

23) 『明宗實錄』 卷 12, 6年 12月 戊午條, 62面, "成均館生員 安士俊等 四百餘人上疏

라는 인식이 흔히 나타나는데, 이러한 인식의 뒤에는 바로 우민관이 자리하고 있었던 것이다.

우민관에 따른 차별적 '민' 인식을 극복할 수 있는 유교 내부의 논리는 전술한 '天民'='王民' 관념이었다. 이러한 관념은 "人皆可以爲堯舜"24)이라거나, "聖人與我同類者", 25) "民爲貴 社稷次之 君爲輕"26)이라고 하는 표현에서 보듯이, 민본이념의 이론적 기반이기도 하였다. 누구나 堯·舜이 될 수 있고, '聖人도 나와 同類'라고 하는 관념은 잠재적으로는 '민' 내부의 차별적 질서에 대한 비판의 근거가 되거나 '민'에 대한 공평성을 주장하는 근거가 될 가능성이 있었다.

주자 성리학 단계에 이르러서는, '민'을 하늘의 '性'이 부여된 존재로 인식하기 시작하였다. 전술한 바와 같이 이러한 인식은 주자가 '天民'에 대하여 말한 바, '天理를 온전히 다하는 자', 혹은 '天理를 온전히 다해야 하는 자'라는 관념으로 발전하였다. 이는 역할론의 차원에서 차별적 '민' 인식을 극복할 수 있는 가능성을 내포한 것이었다. 天理를 온전히 다한다는 것은 '君君臣臣 父父子子'와 같은 표현에서 보듯이 모든 인간이 자기의 역할을 충실히 다하는 것과 다름없는 것이기 때문이다.

물론 현실적으로는 天民=王民 관념과 愚民觀이 대립적인 것만은 아니어서 논자에 따라, 혹은 시기에 따라 때로는 愚民觀이 강조되기도 하고 民本理念이 강조되기도 하는 등, 다양하게 적용되고 있었다. 조선 초기의 민에 대한 관념을 잘 보여주고 있다고 생각되는 세종의 노비남살금지령을 통하여 '민' 관념의 이러한 두 측면이 현실

日 …… 殿下每以天民爲言 而謂枉殺無辜 所謂民者出力作事 以事其上之謂也 而彼僧者 果何爲哉".

24) 『孟子』, 告子章句 下, 688面.

25) 同上, 告子章句 上, 671面.

26) 同上, 盡心章句 下, 741面.

속에서 어떻게 타협되고 있었는지를 살펴 볼 수 있다.

　　형조에 전지하기를, "우리나라 노비법은 上下의 구분을 엄격하게 하기 위한 것이다. 綱常이 이것으로 말미암아 의지할 바를 더하는 까닭에, 노비가 죄가 있어서 그 주인이 그를 죽인 경우에 논의하는 사람들은 상례처럼 다 그 주인을 치켜올리고 그 노비를 억누르면서, 이것은 진실로 좋은 법이고 아름다운 뜻이라고 한다. 그러나 상주고 벌주는 것은 임금된 자의 대권이건만, 임금된 자라도 한 사람의 죄 없는 자를 죽여서, 善한 것을 복주고 지나친 것을 禍 주는 하늘의 법칙을 오히려 함부로 하지 못하는 것이다. 더욱이 노비는 비록 賤民이나 天民 아님이 없으니, 신하된 자로서 하늘이 낳은 백성을 부리는 것만도 만족하다고 할 것인데, 그 어찌 제멋대로 형벌을 행하여 무고한 사람을 함부로 죽일 수 있단 말인가. 임금된 자의 덕은 살리기를 좋아해야 할 뿐인데, 무고한 백성이 많이 죽는 것을 보고 앉아서 아무렇지도 않은 듯이 금하지도 않고 그 주인을 치켜올리는 것이 옳다고 할 수 있겠는가. 나는 매우 옳지 않게 여긴다. 律文을 참고하여 보니, 奴婢毆家長條에 이르기를, '만약 노비가 죄가 있는 것을 그의 家長이나 朞服親, 혹은 외조부모가 관에 고발하지 않고 구타하여 죽인 자는 杖 1백 대의 형에 처하고, 죄 없는 노비를 죽인 자는 杖 60대에, 徒 1년의 형에 처하며 당해 노비의 처자는 모두 석방하여 양민이 되게 한다. 만약 노비가 주인의 시키는 명령을 違犯하였으므로 법에 의거하여 형벌을 결행하다가 우연히 죽게 만든 것과 과실치사한 자는 모두 논죄하지 아니한다'고 하였은즉, 주인으로 노비를 함부로 죽인 자는 일체 律文에 따라 시행해야 옳을 것이다. 그러나 우리나라의 노비는 대대로 서로 전해 내려오는 것으로서 명분이 매우 엄중하여 중국의 노비와는 아주 다르니, 그들을 양민으로 만드는 법은 사세가 시행하기 어려우며, 또 노비의 죄 있는 자를 그 주인이 처벌하는 법도 실행한 지가 이미 오래된 것이니 갑자기 고치기는 쉽지 않다. 더욱이 사사 집의 은밀한 곳에서 죄 지은 노비를 그 주인이 어떻게 하나하나 율문을 상고하여 논죄할 수 있겠는가. 그것이

법에 의거하였는지 아닌지는 考覈하기가 매우 어렵다. 그러나
그가 함부로 무고한 자를 죽이고도 그에 따른 가족은 그냥 계속
하여 부리게 한다면, 이것이 어찌 백성을 사랑하고 형벌을 신중
히 하는 뜻이겠는가. 지금부터는 노비가 죄가 있건 없건 간에
관에 陳告하지 않고 구타 살해한 자는 일체 옛 법례에 따라 科
斷할 것이다"라고 하였다.27)

위의 인용문에서는 임금도 하늘의 법도를 어길 수 없다는 인식,
노비가 비록 賤民이나 또한 天民이라는 인식, 天民이 곧 王民이므로
신하로서 天民을 부리는 것만으로도 만족해야 한다는 인식, 더 나아
가 무고한 사람을 죽이는 일은 임금으로서도 하지 못할 일이니 신하
된 자로서는 더더욱 할 수 없는 일이라는 인식 등이 민본주의적 원
칙론으로서 표방되고 있다. 天民＝王民이라는 관념에서 볼 때, 노비
도 또한 天民이므로 함부로 형벌을 가하거나 죽일 권한이 없다는 인
식이 나타나지만, 현실적으로 조선의 노비는 명분이 매우 엄격하여
중국의 노비와도 다르고 주인의 사적인 처벌도 금지하기 어려운 형
편이므로 다만 官에 고한 후에야 사적인 형벌을 허용할 수 있다는
타협점이 제시된 것이다.28) '천민'＝'왕민' 관념은 이처럼 '민' 내부

---

27) 『世宗實錄』卷 105, 世宗 26年 閏7月 辛丑條, 578~579面, "傳旨刑曹 本國奴婢之
法 所以嚴上下之分 綱常由是而益因 故奴婢有罪 而其主殺之 議者例皆揚其主而抑
其奴 此誠良法美意也 然賞罰 人君之大柄 以人君而殺一無辜 天之福善禍淫 尙且
不僭 況奴婢雖賤 莫非天民也 而人臣而役天民 亦云足矣 其可擅行刑罰 而濫殺無
辜乎 人君之德 好生而已 坐見無辜之民多死 恬然不禁 而乃曰 揚其主可乎 予甚以
爲不可也 稽諸律文 奴婢歐家長條云 若奴婢有罪其家長及家長之朞親 若外祖父母
不告官而歐殺者 杖一百 無罪而殺者 杖六十 徒一年 當房人口 悉放從良 若違犯敎
令 而依法決罰 邂逅致死及過失殺者 各勿論 則其主擅殺奴婢者 一依律文施行可也
然本國奴婢 世世相傳 名分甚嚴 與中國奴婢頓殊 其從良之法 勢難擧行 且奴婢有
罪者 其主論罰之法 行之已久 未易遽革也 況於私家隱密之處 有罪奴婢 其主安能
一一按律論罪乎 其依法與否 考覈甚難 然其濫殺無辜 而當房人口 因仍役使 是豈
愛民恤刑之意哉 自今奴婢 有罪無罪 不告官而歐殺者 一依舊例科斷".

28) 이에 대해서는 金錫亨, 『조선봉건시대 농민의 계급구성』(평양 ; 북한 과학원출
판사, 1957)(서울 ; 신서원, 1993), 67~70쪽에서는, 노비가 "'죄'를 지은 경우에
는 다른 형벌은 마음대로 실시할 수 있으나 죽이려고 할 때에는 관가에 신고하

의 차별성을 완화하는 방향으로 작용할 가능성이 큰 논리였지만, 현실적으로는 사회적·경제적인 여러 조건들과 愚民觀에 의해 제약되면서 노비남살금지령과 같은 형태로 타협되고 있었던 것이다.

『조선왕조실록』에는 다음의 표 1과 표 2에서 보듯이 '天民'이라는 용어가 30회, '王民'이라는 용어가 24회 등장하고 있다. '天民'이라는 용어의 경우, '天'과 '民'이 '하늘과 民'이라는 병렬의 의미로 사용된 경우는 제외시킨 것이다. 양자 공히 모든 '民'을 의미하는 것이었지만, 내용상 구체적으로 지칭하는 대상은 私賤, 公賤에서부터 양민, 사대부, 관료, 오랑캐 등과 심지어는 국왕 자신에 이르기까지 매우 다양하였다.29)

'天民'이라는 용어는 명종 대에 僧徒들을 지칭하는 데 다수 쓰인 것을 제외하면 주로 조선 초기와 중기에 집중되어 있고 발언자가 국왕인 경우가 많았다. '王民'이라는 용어는 조선 중기 이후에 주로 사용되었고 발언자는 관료인 경우가 훨씬 많았다. 이는 조선 중기 이후 士林이 중앙 정계에 등장하여 정치의 한 주체로 자리 잡게 된 사정과 무관하지 않은 것으로 생각된다. '왕민'이라는 용어는 '천민'의 경우보다 더 정치적인 것이어서 王道 政治 下의 '민'을 의미하기도 하였다.30) 때문에 사람들이 국왕에 대하여 그 정치가 '至公無私'한 것이어야 함을 말할 때에는, '천민'이라는 용어보다는 '왕민'이라는 용어가 보다 효율적이었을 것이다.

여 허가를 얻을 것을 규정"한 것으로 파악하였다.

29) 국왕 자신을 포함하여 지칭한 경우는, 光海君이 明 황제의 파병 요청에 대한 응답을 준비하는 과정에서 발언한 것이다. 국왕 자신과 조선의 民이 明 황제의 '王民'이라는 의미였다. 『光海君日記』 卷 143, 11年 8月 甲子條, 255面.

30) 기묘사화에 연루되어 화를 입었던 陰崖 李耔(1480~1533)는 다음의 글에서 王道와 覇道, 王民과 覇民을 대비시켜 사용하였다. 『陰崖集』 卷 1, 賦, 王覇賦, 101面, "王道平蕩 覇道崎嶇 王民熙皥 覇民驩虞 熙皥者繼行 驩虞者難繼 故王保子孫 覇不及世 揣其高下 敻若天地 尋其差謬 只在誠僞"

표 1. '天民' 용어 사용 사례

	『실록』	년	월	일	발언자	구체적 지칭대상	발언 배경
1	태종	15	1	기미	刑曹判書 沈溫 等	양인, 천인	노비 쟁송
2	세종	2	9	병인	左議政 朴訔	양인	補充軍 還賤法
3	세종	26	윤7	신축	세종	노비	노비남살금지령
4	세조	14	6	임인	成均進士 宋希獻	모든 民	治道
5	세조	14	6	병오	세조	雇工, 僧徒, 군역대상자	부역
6	성종	7	6	계미	성종	노비	형벌
7	성종	9	8	갑인	성종	僧徒	진휼
8	성종	19	6	경술	성종	私奴婢	형벌
9	성종	21	3	병인	성종	貧寒者	牧民
10	성종	25	10	병인	獻納 南世聃	僧徒	災異, 賦役
11	연산군	1	5	경술	忠淸道都事 金馹孫	노비, 僧徒	寺田 혁파
12	연산군	3	3	갑인	연산군	오랑캐(島夷)	국방
13	연산군	7	1	기묘	大司憲 成俔 等	모든 民	治道
14	중종	13	2	임오	侍講官 金正國	모든 民	治道
15	명종	1	7	을해	명종	僧徒	부역
16	명종	2	2	갑진	司諫院	內需司 屬人	형벌
17	명종	2	5	무진	명종	僧徒	부역
18	명종	2	8	임오	명종	僧徒	부역
19	명종	2	12	갑자	명종	京商	형벌
20	명종	2	12	을축	명종	京商	형벌
21	명종	3	12	경신	명종	僧徒	부역
22	명종	5	1	경오	명종	僧徒 - 普雨	형벌
23	명종	6	11	신축	명종	僧徒 - 道悟	형벌-승도 구타
24	명종	6	12	무오	成均館生員 安士俊 등 (명종의 말을 인용)	僧徒 - 道悟	형벌-승도 구타
25	명종	6	12	기미	同知成均館事 周世鵬 등 (명종의 말을 인용)	僧徒 - 道悟	형벌-승도 구타
26	명종	8	윤3	무신	弘文館 副提學 鄭裕 등	僧徒 - 守眞	형벌
27	명종	9	3	갑진	명종	僧徒	형벌-승도 피살
28	명종	9	5	병진	명종	內奴, 僧徒	형벌-승도 피살
29	선조	5	10	임오	司憲府	모든 民	治道
30	효종	10	2	임신	兵曹參知 兪棨	양반, 양민	군역

표 2. '王民' 용어 사용 사례

	『실록』	년	월	일	발언자	구체적 지칭대상	발언 배경
1	연산군	8	5	계미	執義 鄭麟仁	요역, 부세 부과 대상 民	부역 부과
2	중종	7	7	경인	국왕(중종)	僧徒	사찰 재산 屬公
3	명종	3	3	계묘	侍講官 鄭惟吉	부자와 빈자	限田 논의
4	명종	7	5	기축	特進官 任虎臣	노비	내수사 노비 변정
5	명종	21	8	무진	국왕(명종)	모든 民	災傷御史 封書
6	선조	31	1	갑진	司諫 南以信	모든 民	부세, 요역 부과
7	광해군	7	7	정묘	右副承旨 韓男	권세가 投託民	柳永慶 탄핵
8	광해군	9	8	신유	국왕(광해군)	내수사 노비	관리 학정
9	광해군	11	8	갑자	국왕(광해군)	모든 明 주변국 民	明에 원군 파병
10	인조	1	9	갑인	司諫院	춘천 지역 民	관리 임명
11	인조	2	1	병자	국왕(인조)	모든 民	부세
12	인조	4	1	기유	司憲府	옹진 지역 民	관리 학정
13	인조	5	4	을축	承政院	모든 民	내수사 노비 復戶
14	인조	9	10	신해	국왕(인조)	사대부, 관료	관리 처벌
15	인조	20	2	임인	正言 河溍	모든 民	賦稅 濫徵
16	효종	0	11	신사	司憲府 執義 宋浚吉 등	內奴 외 모든 民	내수사 노비 復戶
17	효종	5	6	계유	修撰 洪葳	군역 회피 民	군역 정비
18	효종	7	3	갑오	修撰 洪葳	군역 회피 民	군역 공정 부과
19	현종	7	12	정사	執義 李翊	내수사 노비	과도한 身貢 납부
20	현개	4	7	신묘	應敎 李敏迪 等	모든 民	부역 부과
21	현개	9	2	정해	吏曹	내수사 노비	부역 부과
22	숙종	10	8	계축	古阜武人 金南斗	流丐	賑政
23	숙종	37	8	갑술	判中樞府使 李命	모든 民	戶布 논의
24	영조	23	11	기유	국왕(영조)	市廛, 亂廛 등 商人	商人 貢役

이 두 용어의 용례를 검토하여 보면, 현실적으로 존재하는 차별적 처우가 없어야 한다는 의미로 사용되는 경우가 많았다. 이는 '천민'='왕민' 관념이 민 내부의 차별적 관계를 완화하고 공평성을 강조하는 방향으로 작용할 가능성을 시사해 주는 것이라 할 수 있다. 잠재적으로는 제한적이나마 '평등론'으로 발전할 가능성도 있었다고 생각된다.

예컨대 북학파 학자들의 중심 역할을 하였던 朴趾源은 북경으로 가기 위해 길을 떠나 淸과의 국경인 책문을 넘기도 전에 경계 바깥쪽을 살피다가 가옥이며 도로의 규모가 크면서도 세밀한 것을 보게 되었다. 이에 질투하고 부러워하는(妒羨) 마음이 일자 이내, "만일 여래의 혜안으로 시방세계를 둘러보면 '평등'하지 아니함이 없으니 萬事가 '평등'하다면 질투와 부러움은 스스로 없는 것"31)이라고 자책하였다. 이어 그를 수행한 종 張福에게 "네가 만일 중국에 태어난다면 어떠하겠는가" 하고 물었고, 이에 대한 장복의 대답은 "중국은 오랑캐의 나라라 그곳에 태어나고 싶지 않다"는 것이었다. 그 때 마침 한 소경이 일행의 앞을 지나가는 것을 보고 박지원은, "저 사람이야말로 '평등'의 눈을 가진 사람이 아니겠는가"32)라고 하면서 크게 깨닫게 되었다고 밝히고 있다.

박지원이 부러워하고 질투했던 대상은 淸의 생활이나 문화 수준이 높은 것이었으며, 장복이 폄하했던 대상은 중국이 오랑캐의 나라라는 점이었다. 박지원이 가졌던 妒羨之心과 장복의 중국을 폄하하는 마음의 원천은 貧富, 華夷의 차별의식이었다. 여기서 박지원이 말하는 '평등'이란 바로 그러한 차별의식의 탈피를 의미하는 것이었다. 여래의 혜안이란 하늘에서 바라보는 시각과 다름없는 것이며,

---

31) 『燕巖集』 卷 11, 熱河日記, 渡江錄 6月 27日 甲戌, 145面, "若以如來慧眼 遍觀十方世界 無非平等 萬事平等 自無妒羨".

32) 同上, "彼豈非平等眼耶".

박지원의 깨달음은 이 점에서 모든 '민'은 하늘이 낳았다고 하는 '天民' 관념과도 관련되어 있고, 좀 더 정치적 관념인 '王民' 관념과도 관련되어 있는 것이다.

그렇다고 해서 '천민'='왕민' 관념의 확장이 곧바로 박지원에게서 보이는 것과 같은 '평등론'으로 전환된 것은 아니었다. 士・農・工・商 등의 職役이 각기 대등한 가치로서 인식되는 단계를 거쳐야만 했다. 다음에서는 절을 바꾸어 四民의 관계에 대한 인식을 살펴 봄으로써 이들의 '민'에 대한 인식의 변화를 살펴보기로 한다.

3. '四民'의 관계에 대한 인식

'北學派'라는 명칭에서도 드러나듯이 홍대용, 박지원, 박제가 등의 사상은 조선과 淸의 비교에서 비롯되었다. 燕行을 통하여 夷狄인 淸이 융성하는 모습을 본 것이 북학사상 성립의 한 계기가 되었던 것이다. 이들이 목격한 淸은, 夷狄이 '天下를 다스리게 된지 4代 100여 년 만에 漢・唐 때에도 보지 못한 太平'33)을 누리고 있다고 찬탄할만큼 융성한 상태였다. 이에 비해 조선은 비록 17세기 이후 양란의 피폐함을 딛고 일어서고는 있었지만, 청과 비교할 때 우위에 있다고 말하기는 어려웠다.

병자호란 이후 조선의 國是처럼 되었던 '北伐'에의 의지가 강렬하면 할수록 그 격차를 줄이려는 의지 역시 한층 강렬해질 수밖에 없었다. 그리하여 "만약 다시 명나라를 위하여 원수를 갚고 우리가 당

---

33) 『燕巖集』卷 12, 「熱河日記」, 關內程史, 7月 28日, 虎叱, 193面, "燕巖氏曰 …… 然天下有志士 豈可一日而忘中國哉 今淸之御宇纔四世 而莫不文武壽考 昇平百年 四海寧謐 此漢唐之所無也 觀其全安扶植之意 殆亦上天所置之命吏也", 洪大容, 『註解 乙丙燕行錄』, 소재영・조규익・장경남・최인황 註解(태학사, 1997), 19쪽, "쏘제 비록 더러운 오랑캐나 듕국을 웅거ᄒ야 빅여년 태평을 누리니 그 규모와 긔상이 엇디 ᄒ번 보암죽디 아니리오".

한 치욕을 설욕하고자 한다면 20년 동안 힘써 중국을 배운 다음에
함께 논의해도 늦지는 않을 것"34)이라는 북학론적 인식이 성립하게
되었다. 18세기의 사회·경제적 부흥에도 불구하고, 이들이 보기에
조선은 청에 비하여 아직 가난하고 힘도 부족한 나라였다. "지금 나
라의 큰 병폐는 가난"35)이라는 박제가의 인식은 바로 이러한 판단
에 근거한 것이었다.

> "우리나라는 나라는 작고 백성은 가난하다. 현재 우리나라는
> 온갖 노력을 아끼지 않고 전답을 경작하고, 현명한 인재를 기용
> 하며, 상인들에게는 장사를 허용하고 장인들에게는 일정한 혜택
> 을 줌으로써 나라 안에서 이용 가능한 모든 방법을 다 써보아야
> 한다. 그렇게 한다고 해도 오히려 넉넉하지 못할까 염려된다.
> 여기에 그쳐서는 안되고, 반드시 먼 지방에서 산출되는 물건을
> 통상하여 가져와야만 재화가 불어나고 온갖 쓸만한 물건이 만들
> 어진다"36)

朴齊家는 '나라는 작고 백성은 가난한 상황'을 극복하려면 국내 산
업을 균형 있게 발전시켜야 할 뿐 아니라 외국과의 통상이 필요하다
고 주장하였다. 먼 지방에서 산출되는 물건을 통상하고자 하는 것은
주로 청과의 교역을 의미하는 것으로 생각해도 될 것이다. 국가가
작고 백성이 가난하다는 인식이 외국과의 통상론으로까지 확장되고
있는 것은 작고 가난하다는 인식 자체가 청과의 비교로부터 성립한
것임을 보여주는 것이라 생각된다.

---

34) 『楚亭全書』(下), 「北學議」, 尊周論, 562面, "若復爲前明 復仇雪恥之事 力學中國二
　　十年後 共議之未晚也".

35) 『楚亭全書』(中), 「丙午正月二十二日朝參時典設署別提朴齊家所懷」(이하 「병오소
　　회」로 略함), 157面, "當今國之大弊曰貧".

36) 『楚亭全書』(下), 「北學議」, 通江南浙江商舶議, 548面, "我國 國小而民貧 今經田疾
　　作 用其賢才 通商惠工 盡國中之利 猶患不足 又必通遠方之物 而後財貨殖焉 百用
　　生焉".

가난을 극복하기 위한 방안으로 국내 산업의 부흥과 외국과의 통상 등, 기존의 유학자들에게서는 찾아보기 어려운 주장이 제시되고는 있었지만, 대다수의 유학자들과 마찬가지로, 북학론자들에게도 유교적 이상은 그 원칙으로서 여전히 유효한 것이었다. 예컨대 토지제도에 관해서도 이들은 井田制라는 理想을 결코 포기하지 않았던 것이다. 洪大容은 "후세에 정전이 복구되지 않으면 왕도는 끝내 행해지지 않을 것"37)이라고도 하였고 "정전이 행하기 어려움은 선배들이 이미 말하였지만 分田·制産하는 법 없이 나라를 잘 다스린다는 것은 모두 구차할 뿐"38)이라고도 말하였다. 朴趾源 역시, 정전제를 행하기 어려운 점이 있기는 하지만, "井田制를 실시하지 않으면서도 其實은 井田制의 利益을 얻는 것"39)을 최선이라고 여겼기 때문에 限田制와 같은 토지개혁론을 구상할 수 있었던 것이다. 말하자면 발전 일로에 있던 사적 소유의 폐지를 목표로 하는 것이 아니라 일정한 제한을 통하여 정전제라는 이상에 접근해 가는 방식이었다고 할 수 있다.

사적 소유의 발전이라는 현실, 즉 時俗을 전적으로 부인하여 정전제라는 이상을 원형 그대로 재현하려 한 것도 아니고, 또한 사적 소유의 발전(時俗)을 그대로 승인하여 정전제라는 이상을 포기하지도 않았던 것이다. 말하자면 이는 時俗(사적 소유)과 道(정전제)의 共存이요, 통일이었던 셈이다. 때문에 홍대용은 燕行에서 돌아오는 도중,山海關에 이르러, "다만 장차 實心으로 實事를 행하면서 道義 門中에 이 몸을 맡겨야지" 하고 읊었던 것이다.40) 實心, 實事와 道義

---

37) 『湛軒書』(下), 附錄, 從兄湛軒先生遺事(景仁文化社, 1969), 563面, "嘗曰 後世無以復井田 則王道終不可行矣".

38) 『湛軒書』(上), 內集 卷 4, 補遺, 「林下經綸」, 311面, "井田之難行 先輩固已言之 雖然無分田制産之法 而能治其國者 皆苟而已".

39) 『燕巖集』 卷 16, 別集, 「課農小抄」, 限民名田議, 398面, "不用井田之制 而獲井田之利".

는 그에게 통일되어 있는 가치였고 별개의 가치가 아니었던 것이라고 할 수 있다. 유교적 이상과 역동적으로 변화하는 현실, 양자를 종합하면서 현실을 개혁해 가는 것이 바로 북학파의 목표였다고 할 것이며, 이것을 '因時順俗의 道'를 추구한 것이라고 이해해도 좋을 것이다.41)

북학론자들의 현실 개혁에 대한 이러한 자세는 '민'에 대한 인식면에도 그대로 적용되면서 四民에 대한 새로운 인식을 構築해 가고 있었다. 이는 전술한 바 있는 '지금 나라의 큰 병폐는 가난'이라고 하는 인식과 이러한 현실을 극복하고자 하는 그들 고유의 현실개혁안으로부터 도출되고 있었다. 박제가는 1786년(正祖 10) 正祖에게 올린 다음의 글에서 四民의 분업화 방안을 제시하고 있다. 나아가 이러한 방안들이 일시적인 것이 아니라, 바로 근본을 다스리는 일이라고 주장하였다.

> 지금 나라의 큰 病弊는 가난이라 합니다. 가난은 무엇으로써 救할 것인가 하면 中國과 통상하는 길뿐이라는 것입니다. …… 지금 논의하는 자로서, 사치가 나날이 심해진다 하지 않는 사람이 없습니다. 그러나 신이 보기에는 근본을 모르는 말입니다. 대저 딴 나라는 사치 때문에 망하기도 하였거니와 우리나라는 검소함으로써 쇠해졌습니다. 왜냐하면 무늬 있는 비단 옷을 입지 않으므로 비단 짜는 기계가 없고 따라서 女功도 쇠하여졌으며, 音樂을 숭상하지 않으므로 五音과 六律이 맞지 않습니다. 물이 새어드는 배를 타고, 떡 감기지 않은 말을 타며, 비뚤어진 그릇에 밥을 담아 먹고, 먼지가 푸석거리는 방에 거처하므로 工匠과 牧畜과 질그릇 장수의 일이 망해졌습니다. 따라서 농사일

---

40) 『湛軒書』(上), 內集 卷 3, 詩, 回到山海關登望海亭有懷錢塘諸人, 279面, "但將實心做實事 道義門中度此身".

41) 金都煥, 「洪大容 思想의 硏究」, 한양대학교 사학과 대학원 박사학위논문, 2000, 107~110쪽.

도 거칠어져서 제 시기를 놓치고, 장사도 이윤이 박하여서 業을
잃게 되었습니다. 四民이 다같이 곤란하여 서로 돕지 못하는
바, 저 가난한 사람은 날마다 사치하도록 채찍질하여도 될 수
없을 것입니다. 지금 대궐 뜰, 예를 거행하는 곳에는 거적을 깔
았고, 東·西闕門을 지키는 衛士는 무명옷에다가 새끼줄로 허리
를 묶고 서있으니 신은 실로 부끄럽게 여깁니다. 이러한 일은
헤아리지 아니하고 도리어 여염의 높은 대문을 헐고, 市井의 신
발과 저고리를 단속하며, 마졸의 귀마개를 근심하니 또한 말단
이 아닙니까? …… 대저 온 나라 일을 어찌 다 말할 수 있겠습
니까마는 작은 일로써 큰 일에 비유할 수 있는 바, 殿下께서도
가까운 것을 살피시는 총명을 넓히시어 점차 일을 줄이시고 재
물을 절약하는 데 작은 것이다 하지 마시고, 서로 모순된 법령
을 통하게 하시기를 성심으로 원합니다. 이렇게만 한다면 근본
이 맑아지고 성과가 넓혀지는 길이 여기에 있습니다.[42]

박제가는 비단 짜는 일, 음악을 숭상하는 일, 공장과 목축, 질그
릇 장수, 농민, 상업 등 四民의 모든 업이 제자리를 찾지 못하여 서
로 돕지 못하므로 가난은 피할 수 없게 되었다고 파악하고 있다. 이
는 역으로 사민이 각자의 업을 성공적으로 경영하여 서로 도울 수
있게 되는 것이 가난 극복의 길이라 말하는 것이다. '分業的 四民觀'
이라 불러도 좋을 이러한 '민' 인식은 사민 간의 관계를 협조의 관계
로 본다는 점에서 기존의 차별적 '민' 인식과는 분명하게 다른 것이
었다. 다음의 사료는 1750년(英祖 26)의 것으로 기존의 차별적

---

42) 『楚亭全書』(中),「貞蕤閣文集」卷 2, 所懷,「丙午所懷」, 157~165面, “當今國之大
弊曰貧 何以捄貧 曰通中國而已矣 …… 今之議者 莫不曰奢曰甚 以臣視之 非知本
者也 夫他國 固以奢而亡 吾邦必以儉而衰 何則 不服紋繡 而國無織綿之機 則女紅
廢矣 不尙聲樂 而五音六律不叶矣 乘虧漏之船 騎不浴之馬 食窳器之食 處塵土之
室 而工匠畜牧陶冶之事絶矣 以至農荒而失其法 商薄而失其業 四民俱困 不能相濟
彼貧人者 雖日撻而求其奢者 將不可得矣 今殿庭行禮之地 布其棲苴 東西闕守門之
衛士 衣木棉 帶藁索而立 臣實恥之 不此之計 而乃反毀閭巷之高門 捉市井之鞋衫
憂馬卒之耳衣 不亦末乎 …… 夫通國之事 何可盡言 固有小可以喩大者 誠願殿下
恢察邇之聰 省事以漸 節財無小 通政法之矛盾者 則淸其本而功博者 在是矣”.

'민' 인식을 잘 보여주고 있는 사례이다.

> 知敦寧 李宗城이 상서하였는데, 대략 이르기를, "…… 서울과
> 외방의 士庶는 큰 부자나 녹을 먹는 사람 이외에는 대체로 궁핍
> 한 사람이 많은데, 그 중에서도 양반이 가장 많고 또 가장 가난
> 합니다. 사대부의 公卿 자손과 鄕人의 校生 이상을 통칭 兩班이
> 라고 하는데, 그 수효는 거의 모든 백성의 반절이 넘습니다. 조
> 선의 양반은 한번 工匠이나 商人이 되면 당장에 상놈이 되니 공
> 장이나 상인이 될 수 없고 살아갈 길은 단지 농사밖에는 없는
> 데, 만일 몸소 농사나 짓고 아내는 들에 밥 나르기를 농부가 하
> 는 것처럼 하면 閑丁이나 勸農의 직첩이 바로 나오니 이 짓은
> 죽어도 할 수 없는 일입니다" 하였다.43)

위의 인용문은 戶錢 부과정책에 반대하는 상소인데, 반대의 네 가
지 이유 중 하나로서 사대부의 인심을 잃게 되기 때문에 시행 불가
능하다는 주장의 논거로 사용된 것이다. 이 가운데 양반이 가장 가
난하다거나 전 인구의 절반이나 된다는 것은 약간 과장된 표현으로
생각되지만, 대체적인 18세기 중반의 사정은 충분히 파악할 수 있
다고 생각된다. 즉 양반이 공·상에 종사하게 된다면 이는 곧 상놈
이 되는 것이요, 이보다 낫기는 하지만 농업에 종사하는 것 역시 직
접 농사를 짓게 되면 閑丁이나 勸農의 직첩이 나오기 때문에 양반으
로서는 그리 할 수 없는 상황이 그려지고 있는 것이다.

북학론자들은 사·농·공·상을 차별적인 질서로 보는 이러한 전
통적 '민' 인식과는 구별되는 인식을 가지고 있었다. 즉 농·공·상
을 하나의 직업으로서 대등한 것으로 보았던 것이다.

> 대저 商人도 四民 중의 하나인데, 그 하나로서 나머지 셋을

---

43) 『英祖實錄』 卷 71, 26年 6月 癸巳條, 371面.

통하게 하는 것이므로 十分의 三을 차지하지 않으면 안 된다.
해변의 백성이 고기 잡는 것을 농사 삼아 하는 것은 또한 두메
산골 사람이 나무하는 것을 농사 삼아 하는 것과 같은 것이다.
이제 만약 일체의 백성에게 흙을 갈아서 먹게 한다면 그들은 生
業을 잃고 날이 갈수록 더 곤란해질 것이다.44)

위에서 보듯이 상인도 四民 중 하나이며 장사하는 것이나 고기
잡는 것이나 나무하는 것이나 모두 농사짓는 것과 마찬가지로 대등
한 것이라고 파악하였던 것이다. 이러한 인식은 앞에서 보았듯이 백
성들의 삶을 풍요롭게 하여 궁극적으로는 국가적 가난을 극복하려는
목표로부터 성립하였다. 이러한 목표를 이루기 위해서는 사민 간의
사회적 분업을 통해 생산의 효율성을 기해야만 한다고 생각하였던
것이다. 사민은 이러한 사회적 분업의 한 부분으로서, 각기 대등한
가치를 지닌 직업군으로 이해되었다. 이 점은 다음의 자료에서 보다
분명한 형태로 나타나게 된다.

> 어떤 사람은 또 말하기를, '사사로이 벽돌을 만들면 비록 나
> 라에서 이용하지는 않더라도 자기 집만은 쓸 수가 있을 것이다'
> 하나 그것은 틀린 말이다. 民生에 날마다 소용되는 물건은 반드
> 시 서로 도와서 행해야 되는 것이다. 그런데 이제 나라 안에는
> 벽돌이 없는데 내가 혼자 만들려고 하면 굽는 가마도 내가 만들
> 어야 하고, 때우는 灰도 내가 마련해야 한다. 물건을 실어 나르
> 는 수레도 내가 주선해야 되고 온갖 工匠의 일도 역시 내가 해
> 야 한다. 그러니 벽돌을 만든다 해도 그 이익 되는 것이 얼마나
> 되겠는가?45)

---

44) 『楚亭全書』(下), 「進疏本 北學議」, 末利, 379面, "夫商處四民之一 以其一而通於三
   則非十之三不可 海民之以魚爲農 亦猶峽民之以木爲農 今若一切食土 則民失其業
   農日益傷矣".

45) 同上, 「北學議」, 內篇, 甓, 448面, "或曰 私造甓 雖不行於國 猶可用之家 亦不然
   民生日用 必相資而行 今域中無甓 而吾獨造焉 燒之之窯亦吾 縫之之灰亦吾 載之
   之車亦吾 百工之事皆吾 出利其幾何".

민생에 날마다 소용되는 물건은 서로 도와서 행해야 하는 것이고, 혼자의 힘만으로는 이익이 없다는 주장이다. 여기에서 중요한 것, 즉 목표는 이익을 늘리는 것이었다. 이를 위하여 서로 돕는 사회적 분업이 이루어져야 한다는 것이고 이는 곧 생산의 효율성을 확보하려는 것이었다고 생각된다. 즉 사회의 구성원이 각기 한 가지 산업에 종사하며 사회적 분업의 한 자리를 차지함으로써 생산력을 향상시키고 그럼으로써 궁극적으로는 가난을 극복하고 국가적 부를 축적하려 하였던 것이다.

이러한 인식은 박제가뿐만 아니라 다른 북학론자들에게서도 동일하게 관찰되는 것이다. 洪大容은 "대개 人品에는 高下가 있고 재주에는 長短이 있다. 그 高下에 따라 短點을 버리고 長點만 쓴다면 천하에 전혀 못 쓸 재주란 없을 것이다. 面에서 가르치는 데는 그 중 뜻이 높고 재주가 많은 자는 위로 올려 조정에서 쓰도록 하고, 자질이 둔하고 庸劣한 자는 아래로 돌려 野에서 쓰도록 하며, 그 중 생각을 잘하고 솜씨가 재빠른 자는 工業으로 돌리고, 利에 밝고 재물을 좋아하는 자는 상업으로 돌리며, 꾀를 좋아하고 용맹이 있는 자는 武班으로 돌리며, 소경은 점치는 데로, 宮刑 당한 자는 문 지키는 데로 돌리며, 심지어 벙어리와 귀머거리, 앉은뱅이까지 모두 자리를 갖도록 해야 한다. 그리고 놀면서 입고 먹으며 일하지 않는 자는 나라에서 벌주고 鄕黨에서도 버려야 한다"[46]고 하여, 인간의 타고난 자질이나 형편에 따라 가장 적합한 곳에 배치하여 일하지 않는 자가 없어야 한다고 주장하였다.

朴趾源도 "상인은 四民 가운데 비록 천한 직업이지만 상인이 아니

---

46) 『湛軒書』(上), 內集 卷 3, 補遺, 「林下經綸」, 306面, "凡人品有高下 才有長短 因其高下 而舍短而用長 則天下無全棄之才 面中之敎 其志高而才多者 升之於上 而用於朝 其質鈍而庸鄙者 歸之於下而用於野 其巧思而敏手者 歸之於工 其通利而好貨者 歸之於賈問 其好謀而有勇者 歸之於武 瞽者以卜 宮者以閽 以至於暗聾跛躄 莫不各有所事 其遊衣遊食 不事行業者 君長罰之 鄕黨棄之".

면 온갖 물건들이 유통·운용될 수 없으니, 그러므로 상업을 억압하거나 폐해서는 안 된다. 또 富가 민간에 축적한 연후에야 나라의 재용이 풍족해진다"[47) 고 하여 북학론의 사민에 대한 인식을 공유하였다. 상업이 발전하여야 백성이 부유해지고 그 결과 국용이 풍족해진다는 것이다. '비록 천한 직업'이라고 하는 전통적 貴賤 의식 또한 나타나기는 하지만, 민부·국부의 증대를 목표로 삼는 것은 이들의 공통된 인식이었고, 이 목표의 달성을 위하여 四民의 業이 다 함께 협력적으로 진흥되어야 한다는 생각 역시 공유되었다. 民富와 國富의 증대를 목표로 삼은 만큼 차등적 신분 질서의 유지를 전제로 한 차별적 사민관과는 결별하지 않을 수 없었던 것이다. 또한 國富가 民生·民富만큼이나 중요시되고 있다는 것은 그만큼 淸의 존재를 의식하고 있었다는 의미이고, 바로 이 점에서 북학론은 북벌론의 價値逆轉임과 동시에 계승자이기도 하였다.

이러한 주장은 전술한 바와 같이 박지원에게서 보이는 평등론[48)으로 귀결되었지만, 비슷한 시기 유럽의 계몽주의가 더 이상 나누어질 수 없는 개인(individual)과 개인의 이성 및 자유에 근거하여 평등론을 구상했던 것과는 일정한 차이가 있는 것이었다.[49) 이들은 民富·國富의 증대라는 국가적 목표를 위하여 국가의 입장에서 그 구성원인 '民'을 타고난 재질이나 재능에 따라 재배치하고 이를 통하여 사민간의 대등성을 확보해 나가려 하였던 것이다. 예컨대, "재주와 배움이 있는 자라면 그가 농부나 장사치의 자식이라 하더라도 廊廟에 들어가 앉는 것을 참람하게 여기지 말아야 하며, 재주와 배움

---

47) 朴宗采, 김윤조 역주, 『역주 過庭錄』(태학사, 1997), 101쪽, "先君嘗言 商賈在四民之中 雖爲賤業 非商賈 百物莫可以流通運用 所以不可偏廢也 且藏富於民然後 國用豊足".

48) 『燕巖集』卷 11, 熱河日記, 渡江錄 6月 27日 甲戌, 145面.

49) Franklin L. Baumer, 조호연 역, 『유럽근현대지성사』(현대지성사, 1999), 308~334面.

이 없는 자라면 그가 비록 公卿의 자식이라도 가마꾼이 되는 것을 한스럽게 여기지지 말아야 한다. 위와 아래가 죽을 힘을 다하여 함께 그 직분을 수행하고 부지런함과 게으름을 살피어 상벌을 밝게 베풀어야 한다"50)고 한 것이나 "사·농·공·상에 관계없이 놀고먹는 자는 官에서 항상 형벌을 가하여 세상에 용납될 수 없도록 하여야 한다"51)고 한 것 등에서 보듯이 그 주된 관심이 타고난 재질이나 재능에 따른 역할 분담, 부지런히 힘을 다하여 그 직분에 충실해야 한다는 것 등에 있었음을 알 수 있다. 국가 입장에서의 인간 재배치론52)이라 할만한 이러한 사유는 인간의 타고난 재질의 차이가 인정되고 貴賤 의식 또한 남아 있다는 점, 노비 문제에 대한 적극적 언급을 찾아 볼 수 없다는 점 등에서 전면적인 인간 평등론이라고 평가하기 어려운 점이 없지 않지만, 이러한 사유를 확장함으로써 모든 인간의 대등성을 확보할 수 있는 가능성만큼은 내포하고 있었다고 할 수 있을 것이다. 즉 아직 良·賤과 같은 신분상의 貴賤 의식은 남아 있었지만, 職役이나 職分에 의한 차별만큼은 극복해 가고 있었다고 할 수 있다.

이러한 북학론자들의 분업적 사민관은 '천리를 온전히 다해야 한다'고 하는 '天民'='王民' 관념의 연장선상에 있는 것이기도 하였다. 타고난 재질과 재능에 따라 적재 적소에 배치되는 것, 맡은 바 직분을 다한다는 것은 곧 '천리를 온전히 다하는' '민', 즉 '天民'이었던 것이다. 유교적 이상이라 할 수 있는 '天民'='王民' 관념은, 민부·국부의 증대가 국가적 목표가 되어야 했던 현실 속에서 차별적인 전통적 사민관을 극복하고 대등한 직업군이라는 의미에서의 分業的 四

---

50) 『湛軒書』(上), 內集 卷 3, 補遺, 「林下經綸」, 307面, "有才有學 則農賈之子 坐於廊廟 而不以爲僭 無才無學 則公卿之子 歸於輿儓 而不以爲恨 上下戮力 共修其職 考其勤慢 明施賞罰".

51) 同上, "其不係四民 而遊衣遊食者 官有常刑 爲世大蠹".

52) 金泰永, 『實學의 國家改革論』(서울대학교 출판부), 1998, 125~164面.

民觀을 構築해 가는 이념적 근간이 되었다. 이를 변화하는 가변적인 현실 속에서 불변적이고 보편적인 理想=道를 관철시키려는 '因時順俗之道'의 추구였다고 말해도 좋을 것이다. 朴齊家가 말한 바, "대개 利用하고 厚生하는 것(時俗)이 하나라도 빠진 것이 있으면 위로 正德(道)을 해롭게 한다"53)고 한 것과 朴趾源이 말한 바, "利用 然後에 厚生할 수 있고 厚生 然後에 正德할 수 있다"54)고 한 것은 바로 이러한 정신의 표현이었다고 할 수 있다. 이처럼 북학론자들은 국부·민부의 증대를 목표로 하여 '天民'='王民' 관념을 확장함으로써 대등한 직업군이라는 의미에서의 分業的 四民觀을 확립해 가고 있었던 것이다.

4. '士'의 역할에 대한 인식

앞에서 살핀 바와 같이 四民이 서로 돕는 사회적 분업망을 형성하고 이를 통하여 백성과 국가를 부유하게 하려는 목표 하에서는 '士' 역시 사민의 하나로서 자기의 역할을 다해야만 한다고 생각되었다. 그렇기에 홍대용은 "사·농·공·상에 관계없이 놀고 먹는 자는 官에서 항상 형벌을 가하여 세상에 용납될 수 없도록 하여야 한다"55)고 하였던 것이다. 그러나 북학론자들이 바라본 당대의 현실은 "우리나라는 본래부터 名分을 중히 여겼다. 兩班의 무리들은 아무리 궁하고 굶주리더라도 팔짱 끼고 편하게 앉아 따비를 잡지 않는다. 간혹 實業에 힘써서 몸소 천한 일을 달갑게 여기는 자가 있다면 모두들 나무라고 비웃기를 奴隷처럼 무시하니, 자연 노는 백성은 많

---

53) 『楚亭全書』(下), 「北學議」, 自序, 418面, "夫利用厚生 一有不修 則上侵於正德 故子曰 旣庶矣而敎之 管仲曰 衣食足而知禮節".

54) 『燕巖集』, 卷 1, 洪範羽翼序, 14面, "利用然後 可以厚生 厚生然後 德可以正矣".

55) 『湛軒書』(上), 內集 卷 3, 補遺, 「林下經綸」, 307面, "其不係四民 而遊衣遊食者 官有常刑 爲世大蠹".

고 생산하는 자는 적다. 재물이 어찌 궁하지 않을 수 있으며, 백성이 어찌 가난하지 않을 수 있겠는가?"56) 하는 것이었다. 사민 중 양반 사대부는 제 역할을 다 하지 못하고 있을 뿐만 아니라 간혹 실업에 힘쓰는 사람이 있으면 이를 비웃어 오히려 '민'의 생산 의욕마저 떨어뜨리고 있다고 생각하였다.

이는 앞에서 제시한 李宗城의 상소57)에서 말한 바, 적지 않은 수의 양반층이 특별한 직업도 없이 공·상은 물론이요 농업에 종사하는 것마저도 꺼려한다는 현실 파악과도 일치하는 것이었다. '士'도 사민의 하나로서 맡은 바 역할과 임무가 있어야 함은 물론이었다. 그러나 당시 '士'와 '士大夫'의 다수는 '아무리 궁하고 굶주리더라도 팔짱 끼고 편하게 앉아 따비를 잡지 않는' 존재에 불과하였다. 1725년 영조에게 올려진 다음의 상소를 통하여 사대부의 역할과 임무에 대한 전통적 이해를 살펴보기로 한다.

> 성균관진사 姜柱宇 등이 상소하기를, "…… 무릇 선비라는 것은 四民의 하나이나 능히 나머지 셋의 머리가 된다. 농사짓지 않으면서 그 곡식을 먹고, 만들지 않으면서 그 그릇을 쓰고 장사하지 않으면서 그 재물을 쓴다. 이와 같은 것이 어찌 일삼는 바 없이 그러하겠는가? 어려서는 君臣·父子의 道와 修齊治平의 道를 강론하며, 자라서는 그것을 행하고자 하는 것이다. 이런 까닭에 畎畝나 저자거리에 처하지 않고 반드시 학교에 처하는 것이다."58)

---

56) 同上, 307面, "我國素重名分 兩班之屬 雖顚連窮餓 拱手安坐 不執耒耜 或有務實勤業 躬甘卑賤者 群譏衆笑 視若奴隷 遊民多而生之者少矣 財安得不窮 而民安得不貧也".

57) 『英祖實錄』 卷 71, 26年 6月 癸巳條, 371面.

58) 『承政院日記』, 英祖 元年 3月 甲辰, "成均館進士姜柱宇等疏曰 …… 夫士者 四民之一 而能首於三 不農而食其粟 不工而用其器 不賈而資其財 若是者 豈無所事而然哉 幼而講君臣父子之義 修齊治平之道 壯而欲行之也 是以 不處于畎畝市肆之間 而必處于學校".

위의 사료에 나타나는 논점을 요약하자면 첫째는 '士'가 四民의 머리가 된다는 점이다. '士'는 사민 중 나머지 셋을 지도하는 역할이라는 것이며, 이는 곧 '士'가 스스로를 교화하는 데에서 그치지 않고 '민'을 교화하는 주체임을 말하는 것이라 할 수 있다. 둘째, 어려서는 군신·부자·수신·제가·치국·평천하의 도를 익히고 자라서는 그것을 실천해야 한다는 점이 지적되고 있다. 즉 '士' 자신이 교화의 주체임과 그 교화의 주된 내용이 군신·부자·수신·제가·치국·평천하의 도라는 것을 밝히고 있는 것이다. 셋째는 '士'가 처할 곳은 논밭이나 시장이 아니라 학교라는 것, 즉 농업이나 상업 등 실업이 아닌 학문에 종사해야 한다는 것을 분명히 하고 있는 것이다. 북학론자들의 경우에는, 첫째의 역할에 대해서는 동의하였지만, 둘째와 셋째의 역할에 대해서는 이러한 기존의 사고와는 구별되는 생각을 가지고 있었다.

> 臣 趾源은 삼가 상고하건대, 옛날에 四民이 있으니, 즉 士·農·工·賈입니다. …… 그러나 士의 학문은 실로 農·工·賈의 이치를 겸한 것이요, 그 세 가지의 업은 반드시 士의 학설을 기다린 뒤에야 이루어지는 것이니 이른바 明農·通商·惠工이라 하는 것입니다. 이같이 明農·通商·惠工하게 하는 것이 士가 아니고 누구이겠습니까? 그런 까닭에 신은 생각컨대, 후세에 와서 농·공·고가 그 業을 잃은 것은 곧 士가 實學을 하지 않은 과실 때문이라 생각합니다.59)

박지원은 위의 글에서 '士의 학문은 農·工·賈의 이치를 겸한 것'이요, '그 세 가지의 업은 반드시 士의 학설을 기다린 뒤에야 이룩

---

59) 『燕巖集』 卷 16, 「課農小抄」, 諸家總論, 344面, "臣謹按 古之爲民者四 曰士農工賈 …… 然而士之學 實兼包農工賈之理 而三者之業 必皆待士而後成 夫所謂明農也 通商而惠工也 其所以明之通之惠之者 非士而誰也 故臣竊以爲後世農工賈之失業 卽士無實學之過也".

되는 것'이라고 하여 '士'가 사민 중 나머지에 대하여 지도하는 입장, 즉 나머지 셋의 머리가 된다는 데에 동의하였다. 즉 '士'가 교화의 주체가 된다는 것이다. 그러나 그 교화의 내용에 대해서는 군신·부자의 도나 수제치평의 도에 그치는 것이 아니라 농·공·상의 업에 대한 학문, 즉 實學이어야 한다는 생각을 가지고 있었다. 그는, "紫陽先生(朱子를 말함-필자)의 배움은 天·人을 꿰뚫었고 그의 道는 여러 聖人에 근접하였다. 천하의 일에 알지 못하는 바가 없었으며 또한 천하의 일에 능하지 못한 바도 없었다. 그 큰 것을 말할 때면, 땅이 짊어진 것과 바다에 실린 것을 말하였고, 그 작은 것을 말할 때면, 누에의 실과 소의 털을 말하였다. …… 儒者는 한 가지 사물이라도 모르는 것이 있으면 이를 부끄럽게 여긴다. …… 聖賢이 本과 末, 정밀한 것과 조잡한 것을 말할 때, 거론되지 않은 것이 없었으니, 功利가 사람에게 끼치는 것이 깊고도 먼 것"[60] 이라고 하여 儒者의 職分은 모든 사물의 이치를 낱낱이 연구하여야 하고 이를 통하여 세상 教化에 기여해야 한다고 생각했던 것이다.

위의 인용문에서 나타나는 실학의 의미에 대해서는 다음과 같은 홍대용의 언급이 좀 더 구체적이다.

> 천하의 英材가 적다 할 수 없지만 다만 科宦에 속박되고 物慾에 가리고 安逸에 빠짐으로 말미암아 脫然히 古學에 종사할 수 있는 사람이 드물다. 詞章에 쏠리고 記誦을 자랑하고 訓詁에 구애됨으로 말미암아 闇然히 實學에 힘쓸 수 있는 사람이 드물다. 功利가 學術을 혼란시키고 老·佛이 마음을 음란하게 하고 陸·王이 진실을 어지럽힘으로 말미암아 탁연히 正學에 굳은 뜻을 두는 사람이 더욱 드물다.[61]

---

60) 同上, "臣趾源曰 …… 紫陽夫子 學貫天人 道接群聖 於天下之事 無所不知 亦於天下之事 無所不能 語其大 則地負海涵 語其細 則蚕絲牛毛 …… 儒者 耻一物之不知 …… 聖賢之言本末精粗 靡有不擧 而功利之及於人 深且遠矣".

61) 『湛軒書』(上), 外集 卷 1, 杭傳尺牘, 與鐵橋書, 379面, "天下之英才 不爲少矣 惟

홍대용은 科宦·物慾·安逸은 古學에, 詞章·記誦·訓詁는 實學에, 그리고 功利·老佛·陸王은 正學에 각각 방해 요소가 된다고 말하고 있다. 그가 말하는 古學이란 禮·樂·射·御·書·數 等 六藝의 學이었다.62) 士大夫는 설령 道에 이르지 못하더라도 日用에 빠트릴 수 없는 일,63) 구체적으로는 律曆·算數·錢穀·甲兵 등과 같은 일에 통해야만 세상 교화에 도움이 될 수 있다고 생각하였다.64) 또한 正學이란 공리, 도교, 불교, 양명학 등과 대비된 것으로 미루어 보아 주자학을 지칭하는 것이다. 즉, 古學·實學·正學이 바로 그가 추구하는 학문이었던 것이다. 결국 북학론자들이 말하는 실학이란, 古學이나 正學과 친화관계에 있고 '사장·기송·훈고'와 대립하는 것으로 '律曆·算數·錢穀·甲兵' 등과 같은 일, 박지원의 말을 빌자면 '크게는 땅과 바다, 작게는 누에의 실과 소의 털'과 같은 것이었다. 비록 日用當行之事 등과 같은 작은 일들이 강조되고 있으나 그 의미는 결코 작은 것이 아니었다.

어떤 자는 말하기를 '…… 縫掖(중국 선비의 옷)의 偉容이 左

科宦以梏之 物慾以蔽之 宴安以毒之 由是而能脫然從事於古學者鮮矣 詞章以靡之 記誦以夸之 訓詁以拘之 由是而能闇然用力於實學者鮮矣 功利以褺其術 老佛以淫其心 陸王以亂其眞 由是而能卓然壁立於正學者尤鮮矣".

62) 同上, 內集 卷 1, 小學問疑, 8面, "古之敎也 於其幼時 已敎以六藝 故及其長也 上而雖未及知道 下而不失爲適用 今人之專務章句 固得其本 而於其末藝 不合專廢 是以知道之人 旣未易得 則誦說章句 雖或無差 而日用之不可闕者 却昧焉不察 往往以疎脫事情爲高致 綜核庶務爲卑俗".

63) 同上, 內集 卷 2, 桂坊日記, 乙未年 2月 18日, 276~278面, "臣曰 睿敎甚當 日用當行之事 切問而近思 隨事體行 則性理亦非別物 卽散在於日用 及其知行竝進 則一原大本 性與天道 可以豁然貫通 初學之坐談性命 非徒無益而有害之".

64) 同上, 內集 卷 3, 書, 與人書 二首, 245面, "竊意 易貴時義 聖稱從周 古今異宜三王不同禮 居今之世 欲反古之道 不亦難乎 窮年累世 縷析毫分 而實無關於身心之治亂 家國之興衰 而適足以來聚誦之譏 則殆不若律曆算數錢穀甲兵之可以適用而需世 猶不失爲稊稗之熟也 況其捃拾於煨燼之餘 而傅會以漢儒之雜 欲其句爲之解 而得聖人之心 多見其枉用心力也".

袵(오랑캐의 옷)의 편리함만 못하고 揖讓의 虛禮가 무릎 꿇고
절하는 참다움만 못하며, 文章의 빈 말이 말타고 활쏘는 實用만
못하고 따뜻하게 입고 더운 밥 먹으면서 몸 약한 것이 털 장막
에서 우유 먹고 몸 강건한 것만 못하다'고 하였다. 이는 혹 지나
친 말인지는 모르겠지만 中國이 떨치지 못한 까닭이 여기서 싹
트게 되었다. …… 南風이 떨치지 못하고 오랑캐의 運이 날로
자라남은 바로 사람의 일이 感應하여 부른 것이요 天時의 必然
이다.65)(괄호 안은 필자, 以下 同)

　日用當行之事의 추구는 설령 '根本＝道'에 이르지는 못하더라도 최
소한 아래로 적용하는데 어긋나지 않고66), 세상에 알맞게 쓰일 수
있다67)는 장점이 있었다. 뿐만 아니라 이것은 國家의 興衰를 결정
하는 하나의 중요한 요인이 되기도 한다고 생각하였다. 위의 인용문
에서 보듯이 홍대용은 중국이 떨치지 못하게 된 직접적인 원인이,
文物의 '便易性·實用性' 不在에 있다고 보았다. 偉容·虛禮·空言·
虛弱은 중국이 떨치지 못한 이유였고, 便易·眞率·實用·剛健은 오
랑캐가 융성하는 이유였다. 즉 문물의 편이성·실용성 여부는 국가
의 흥망성쇠에까지 관계되는 것이었다. 이 때문에 오랑캐의 運이 날
로 자라나게 되었던 것이고 드디어는 하늘도 움직여 '天時의 必然'이
되었다고까지 말하고 있다. 이처럼 국가의 흥쇠를 결정짓는 하나의
중요한 원인이 되는 편이성과 실용성의 추구, 이것이 바로 日用當行

---

65) 同上, 內集 卷 3, 補遺, 毉山問答, 489～490面, "或曰 …… 縫掖之偉容 不如左袵
　　之便易 揖讓之虛禮 不如膜拜之眞率 文章之空言 不如騎射之實用 暖衣火食 體骨
　　脆軟 不如氈幕湩酪 筋脉勁悍 此或是過甚之論 而中國之不振 則所由來者漸矣
　　…… 南風之不競 胡運之日長 乃人事之感召 天時之必然也".

66) 同上, 內集 卷 1, 小學問疑, 60面, "古之敎也 於其幼時 已敎以六藝 故及其長也
　　上而雖未及知道 下而不失爲適用 今人之專務章句 固得其本 而於其末藝 不合專廢
　　是以知道之人 旣未易得 則誦說章句 雖或無差 而日用之不可闕者 却昧焉不察 往
　　往以疎脫事情爲高致 綜核庶務爲卑俗".

67) 同上, 內集 卷 3, 書, 與人書 二首, 245面.

之事가 의미하는 바였다. 박지원이 중국에 대하여 "그들의 장관은 기와 조각에 있고 또 똥 부스러기에도 있다"[68]고 말한 것도 바로 이러한 인식에서 비롯된 것이었다.

전술하였듯이 '士'가 농·공·상의 이치를 겸한 자로서 자기 자신과 세상을 교화하는 주체라는 점은 북학론자들도 인정하는 것이었다. 또한 교화의 내용이 군신부자의 도, 수제치평의 도를 연마하고 실천해야 한다는 점도 인정되었다. 그러나 그들은 여기에서 한 걸음 더 나아가 문물의 편이성과 실용성, 율력·산수·전곡·갑병, 크게는 땅과 바다, 작게는 누에의 실과 소의 털과 같은 일들을 연구의 대상으로 삼았고, 이들 통하여 세상 교화에 도움이 되고자 하였다. 교화의 내용이 道德에서 實業으로 전환되었던 것이다.

> (儒者들은) 반평생 동안 정신을 소모하면서 백여 권의 쓸 데 없는 글을 지었으니 私利를 위하는 문서로서 한갓 사람의 의견만 혼란시켰을 뿐, 마침내 세상 敎化에는 도움이 없게 되었소. 아아! 이것은 실로 近世 儒學者의 마음속에 도사린 不治의 痼疾病이오. 또한 대개 사람의 마음과 힘은 한도가 있고, 義理의 참되고 정성스러움은 끝이 없으므로 일에 따라서 계획을 배우되 밖으로는 사업에 대한 실무가 있어야 하고 고요히 쉬면서 修養하되 안으로는 本源의 참된 공부가 있어야 하는 것이요.[69]

위의 인용문에서 보듯이 홍대용에게도 儒者의 본분은 敎化라고 인식되고 있었다. 때문에 '쓸 데 없는 저술에 힘쓰는 것으로는 세상 교화에 도움이 되지 않는다'고 말하고 그 대신, '밖으로는 사업에 대

---

68) 『燕巖集』, 熱河日記, 馹汛隨筆, 秋 7月 15日 辛卯, "余下士也 曰壯觀在瓦礫 曰壯觀在糞壤".

69) 『湛軒書』(上), 內集 卷 3, 書, 與人書 二首, 251面, "半生耗神 做得百十卷疣贅之書 成就私利之契券 而徒亂人意 卒無補於世敎也 嗚呼此實近世儒學 心腹膏盲不治之疾也 且夫人生之心力有限 理義之眞精無涯 應物發慮 外有事業之實務 靜觀息養 內有本源之眞功".

한 실무, 안으로는 본원의 참된 공부가 있어야 한다'고 말하는 것이다. 이것은 실무에 대한 연구와 본원의 참된 공부가 교화의 주체인 자기 자신을 교화하고 나아가 세상을 교화하는 최선의 방법임을 주장하고 있는 것이라 생각된다. 북학론자들은 이미 언급한 바와 같이, 四民 중 士는 '농·공·상의 이치를 겸한 것'70)이고 '일용당행지사에 대한 연구를 빠트릴 수 없는 것'71)이며, '心身의 治亂이나 國家의 興衰와 관계없는 옛 道만을 고집할 것이 아니라 律曆·算數·錢穀·甲兵 등의 연구를 통하여 세상에 도움이 되는 일을 연구해야 한다'72)고 주장하였다. 이러한 주장은 '士' 계층이 교화의 주체라는 것을 다시 한 번 확인하면서, 그 교화의 내용도 본원의 참된 공부에 그치는 것이 아니라, 여기에 실무에 관한 것, 즉 實業이 더해졌다는 것을 의미하는 것이라고 생각된다.

이러한 인식 전환의 배경에는 일하지 않는 '士' 계층의 증가와 여기에서 비롯된 생산성의 저하라는 현실이 가로 놓여 있었다. 앞서 보았듯이 '士'의 역할에 대한 전통적 인식은 畎畝나 市肆에 처할 수 없고 학교에 처해야 한다는 것이었다. 이에 대하여 북학론자들은 '士'가 단지 학교에 머무는 것에 단호히 반대하였다. 학교는 과거제와 짝을 이루어 '士'가 관료로서 입신하는 기반이 되어야 했다. 그럼에도 불구하고 '인재를 선택하기 위한 과거는 제 기능을 하지 못하여 오히려 제대로 된 인재를 선택하는데 방해가 되었고, 서원은 부역에서 도망하는 장정과 금주령을 어기고 술을 빚는 자들이 숨어 지내는 소굴'73)이 되었다고 보고 있었다. 과거제와 학교제도는 더 이상 관료를 선발하는데 적합한 제도라고 생각되지 않았고, 오히려 실

---

70) 『燕巖集』卷 16, 「課農小抄」, 諸家總論, 344面.

71) 『湛軒書』(上), 內集 卷 1, 小學問疑, 8面.

72) 同上, 內集 卷 3, 書, 與人書 二首, 245面.

73) 『楚亭全書』(中), 「丙午所懷」, 162面.

학을 하는데 중대한 방해 요소라고 파악되었던 것이다.

당시의 과거제·학교제는 그 운영면에서 많은 폐단이 있다는 인식이 널리 공유되고 있었다. 구체적으로는 허다한 '士' 계층이 요행으로라도 과거에 붙기만을 희망하여 遊食한다는 점, 과거에 의해 선발되는 인원이 관직 수에 비해 엄청나게 많아 과거에 합격하고도 관료가 될 수 없는 층이 많다는 점74) 등이 지적되고 있었고 이러한 현실에 대한 인식 역시 널리 공유되었다. 때문에 그 해결 방안에 대해서도 다양한 의견이 제출되고 있었지만, 과거에 매달리는 '士' 계층을 산업 생산 부문으로 돌려야 한다는 주장은 북학론자들 고유의 것이었다고 생각된다.

이제 농업을 장려하고자 하신다면 반드시 먼저 농업에 해가 되는 것을 먼저 제거하고 그 다음에 다른 조치를 논의할 수 있습니다. 첫째는 유생을 도태시키는 일입니다. 현재의 상황으로 따져보면 식년시가 실시되는 해에 크고 작은 과거시험을 치르는데 시험장에 나오는 자가 거의 10만명을 넘습니다. 그러나 10만명 정도에 그치지 않습니다. 이 무리의 부자·형제들은 비록 과거시험에 응시하지는 않았다고 하더라도 그들 역시 모두 농업에 종사하지 않습니다. 농업에 종사하지 않는 것에만 그치지 않고 모두 농민들을 머슴으로 부리는 자들입니다. 똑같은 백성이지만 부림을 받는 자와 부리는 자 사이에는 강자와 약자의 형세가 형성됩니다. 강자와 약자의 형세가 형성되고 나면 농업은 날로 경시되고 과거는 날로 중시되게 마련입니다. 조금이라도 자신의 능력을 자신하는 자라면 모두 과거로 달려들고 그렇게 되면 부득불 농사는 하등의 어리석은 자나 남에게 부림을 받는 머슴에게 맡겨질 뿐입니다.75)

---

74) 『楚亭全書』(下), 「北學議」, 科擧論, 527~530面.

75) 同上, 應旨進北學議疏, 349面, 今欲務農 必先去其害農者而後 其他可得而言矣 一曰 汰儒 計今大比之歲 大小科場 赴闈者殆過十萬 非特十萬 此輩之父子兄弟 雖有不赴擧 亦皆不事農者也 非特不農 皆能役使農民者也 等民也 而至於役使 則强弱

과거에 매달리는 10만명의 유생과 그 가족들은 스스로 농사짓지 않을 뿐 아니라 농민을 머슴으로 사역함으로써 농업이 경시되게 하는 원인이 된다는 것이고, 어리석은 자들만이 농업에 종사함으로써 농업이 장려되지 않는다는 것이 박제가의 판단이었다. 이는 박지원이 말한 바와 같이 '士'들은 四民의 머리가 되며, 그들에 대하여 지도적 역할을 해야 한다는 인식에 바탕한 것으로 생각된다. 즉 '士' 계층이 농업에 종사하며 利用厚生의 차원에서 농업을 연구함으로써 正德에 보탬이 되어야 하고 이것이 곧 '士'의 교화 임무라고 생각했다는 것이다.

물론 '士'도 직접 농업에 종사해야 한다는 儒者稼穡論은 17세기 소론의 朴世堂의 단계에서 이미 성취되었다.76) 그러나 이 경우에도 직접 노동하는 것이 아니라 경영의 차원에 주안점이 있었고, 공업·상업에 종사하는 일 같은 것은 18세기 전반의 星湖 李瀷과 같은 학자도 말하지 못한 것이었다. 널리 알려진 바와 같이 李瀷은 오히려 상업의 억제와 화폐 유통의 중단을 주장했던 것이다.77) 그러나 북학파는 '士' 계층이 농업에 종사해야 한다는 데에 그치지 않고 이에서 한 걸음 더 나아가 상업에도 간여하고 직접 종사해야 한다고 주장하게 되었다.

> 신은 수륙의 교통요지에서 장사하고 무역하는 일을 士族에게 허락하여 입적할 것을 요청합니다. 밑천을 마련하여 빌려 주기도 하고, 점포를 설치하여 장사하게 하고 그 중에 뚜렷한 자를 발탁함으로써 그들을 권장합니다. 그들로 하여금 날마다 이익을 추구하게 하여 점차로 놀고 먹는 추세를 줄입니다. 생업을 즐기

之勢已成 强弱之勢成 則農日益輕 而科日益重 稍欲自好者 悉趨乎科 則不得不農者 下愚而已 人役而已".

76) 金駿錫, 『朝鮮後期政治思想史硏究』(지식산업사, 2003), 549面.

77) 韓㳓劤, 『李朝後期의 社會와 思想』(을유문화사, 1961), 204~236面.

는 마음을 갖도록 유도하며, 그들이 가진 호강한 권한을 축소시
킵니다. 이것이 현재의 사태를 바꾸는데 일조할 것입니다.[78]

위의 인용문에서 보듯이 박제가는 "이제 만약 모두가 흙을 갈아서
먹는다면 백성들은 生業을 잃고 농업도 날이 갈수록 더 곤란해질
것"[79]이기 때문에 농업 이외의 산업도 발전해야 하고, 이를 통하여
과도한 숫자의 遊食 士族層을 생산에 보탬이 되는 방향으로 이끌 수
있다고 생각하였다. 그 구체적 방안으로 제시된 것이 바로 '사대부
상인론'이었다. 이러한 인식은 앞에서 인용한 바 있는, '조선의 양반
은 한번 工匠이나 商人이 되면 당장에 상놈이 되니 공장이나 상인이
될 수 없고 살아갈 길은 단지 농사밖에 없다'[80]는 전통적 인식의
전면적 전환이었다고 할 수 있다. '士' 계층이 상업에 종사할 수 있
게 할 뿐 아니라, 그들 가운데에서 인재를 발탁한다고 한 것으로 보
아 양반의 신분을 유지할 수 있는 길을 열어 두고, 그럼으로써 많은
遊食 士族層을 상업에 종사하도록 유도할 수 있다는 생각인 것으로
보인다.

이러한 사유는 '놀고 먹는 추세를 줄여' 생산성 향상에 기여하게
하고 궁극적으로는 국가적 부를 축적하려는 의지에서 비롯된 것이었
다. 즉 분업적 사민관의 한 부분으로서 구상되고 제시되었던 것이
다. 사대부 상인론은 '士'가 상업에 종사함으로써 산업간의 차별 의
식 자체가 부정될 수 있는 가능성, 그들 중 일부를 관료로 발탁함으
로써 전통적 사민관과 분업적 사민관에서 공히 인정되고 있었던 사

---

78) 『楚亭全書』(中),「丙午所懷」, 161面, "臣請凡水陸交通販貿之事 悉許士族入籍 或
　　資裝以假之 設廛以居之 顯擢以勸之 使之日趨於利 以漸殺其遊食之勢 開其樂業之
　　心 而消其豪强之權 此又轉移之一助也".

79) 『楚亭全書』(下),「進疏本 北學議」, 末利, 379面, "今若一切食土 則民失其業 農日
　　益傷矣".

80) 『英祖實錄』 卷 71, 26年 6月 癸巳條, 371面.

대부 계층의 지도적 위치마저도 부정될 수 있는 가능성까지도 내포한 것이었다고 생각된다.

5. 맺음말

북학파는 民富·國富의 증대라는 18세기 조선 사회의 현실적 요청을 수용하면서 유교·성리학의 '天民'='王民' 관념을 계승·확장하여 四民이 모두 제 직분을 다해야 한다는 分業的 四民論을 제시하였다. 사·농·공·상이 균형 있는 발전을 이루어야만 民富·國富의 증대라는 국가적 목표를 달성할 수 있다는 것이었다. 이러한 인식의 결과 사·농·공·상은 일종의 직업으로서 모두가 대등하다는 인식에 도달하게 되었다. 신분상의 貴賤 의식은 잔존하였으나 적어도 職役, 혹은 職分에 대한 차별 의식만큼은 극복해 가고 있었던 것이다.

이처럼 '천민'='왕민' 관념에 내재한 民本의 이념은 이 시기에 이르러서도 국가 개혁·현실 개혁의 바탕 이념으로서 작동하고 있었다. 민부·국부의 증대라는 현실적 요청과 유교적 이상이라 할 수 있는 민본이념이 하나로 종합되면서 새로운 국가 개혁론을 창출해낸 것이라고 할 수 있다. 현실과 이상의 종합이었다. 홍대용이 말한 바, "因時順俗은 聖人의 權道요 制治의 방법"[81]이라는 말 그대로였다. 權道이긴 하나 道라는 점에서 理想이기도 하였던 것이고, 時俗에 따른다는 점에서 현실이기도 하였던 것이다.

이러한 분업적 사민관에서는 '士' 계층도 하나의 직업으로서 그에 합당한 역할과 임무가 있어야 했다. 이 점에서 북학론자들은 士가 농·공·상의 머리가 되어 지도적 역할을 수행해야 한다는 전통적 사민론을 수용하여 士가 교화의 주체가 된다는 점을 긍정하였지만,

---

81) 『湛軒書』(上), 內集 卷 4, 補遺, 「毉山問答」, 359面, "因時順俗 聖人之權 制治之術也".

교화의 내용이나 실천면에서는 다른 사유를 확립해 가고 있었다. 교화의 내용면에서는 수신·제가·치국·평천하와 같은 도덕적 가치들에 더하여 實業이 추가되었다. 홍대용이 말한 바와 같이, 儒者라면 마땅히 "안으로는 본원의 참된 공부"가 있어야 했고 "밖으로는 사업에 대한 실무"가 있어야 했던 것이다. 농·공·상의 이치도 연구되어야 했고 이러한 연구의 결과는 민부·국부의 증대에 이바지해야 한다고 생각하였던 것이다.

뿐만 아니라 '士' 계층도 실업에 실제로 종사할 필요가 있다고 그들은 생각하였다. 광범한 遊食 士族層의 존재는 국가적으로 큰 부담이었기 때문이다. 사대부 상인론은 바로 이러한 인식에서 출발하였다. 이것은 사대부 계층을 실업에 종사케 함으로써 '놀고 먹는 추세를 줄이고 그들이 가진 권한을 축소'시키려는 의도를 가진 것이었다. 분업적 사민관에 기반하여 성립한 사대부 상인론은 산업 간의 차별 의식 자체와 사대부 계층의 지도적 위치마저 부정해 갈 가능성까지도 전망해 볼 수 있는 국면이었다고 생각된다.

대한제국 말기 의병지도층의 '國民' 인식
- 檄文類에 나타난 '民' 호칭 분석을 중심으로-

김 순 덕[*]

1. 머리말

서구와 같이 일찍 근대국민국가를 형성한 나라에서는 시민혁명 등을 통해 民이 근대국민국가의 주체인 시민으로 성장하였다. 그러나 비서구의 경우는 '위로부터의 개혁'을 통해 국민을 제도적으로 성장시켜 근대국민국가를 완성한 일본을 제외하고는 대개 식민지화되면서 왜곡된 근대화와 근대적 정치훈련 차단으로 말미암아 식민지의 '민'은 정상적인 국민으로서 성장하는데 실패하였다. 한국도 예외는 아니었다. 한말 한국사회는 밖으로 제국주의 열강의 침략을 막아내고 안으로는 봉건적 모순을 극복하여 근대국민국가를 이룩해야 할 과제를 안고 있었다.

개항과 함께 세계 자본주의체제에 강제 편입된 한국사회는 갑신정변, 갑오개혁, 광무개혁에 이르기까지 위로부터 근대국민국가를

[*] 서울大學校 奎章閣 韓國學硏究院 선임연구원

형성하기 위한 시도가 있었으나 실패했고, 아래로는 갑오농민전쟁에서 한말의병전쟁에 이르기까지 반봉건·반침략항쟁이 이어졌다. 전통사회에서 지배층의 시혜 대상이었던 民은 위로부터의 개혁 과정에서 계몽과 동원의 대상일 뿐이었다. 그러나 한말 반봉건·반침략 주체로서 투쟁하는 과정에서는 국권회복의 주체이자 국가 구성의 중요한 한 요소로 성장해 갔다.

한말의 국민주권에 대한 인식은 한국사회에서의 근대국가의 건설과 관련한 대한제국의 광무개혁 성격을 둘러싼 논쟁이나 개화파, 독립협회, 문화 계몽운동가들이 지향한 政體變革論을 연구하는 과정에서 부분적으로 언급되어 왔다.1) 즉 한말 사회변동 속에서 민이 스스로 어떻게 정치적, 의식적으로 성장해 갔는지를 본격적으로 연구한 경우는 거의 없는 실정이다. 대체로 개화파나 독립협회파들은 민을 주권의 실체로 인식하기는 했으나 여전히 전통적인 '愚民觀'에서 벗어나지 못했다. 또 문화 계몽운동가 역시 이러한 우민관의 연장선에서 민을 단지 계몽과 동원의 대상으로 생각했을 뿐이었다.

본고에서는 기존 연구의 한계를 극복하기 위해 한말 '民'의 성장과정을 국권회복운동의 한 주체였던 의병의 檄文類를 통해서 살펴보

---

1) 한말 민에 대한 인식에 참고가 되는 연구 성과는 다음과 같다.
李光一, 1981 「國民形成および國家建設理論の方法と問題」『朝鮮奬學會學術論文集』 11, 朝鮮奬學會 ; 趙東杰, 1981 「民族史的 側面에서 본 近代民族意識의 成長-近代民族意識의 國民的 定着過程-」『人文科學研究』 1, 성신여자대학 인문과학연구소 ; 조동걸, 1982 「舊韓末 國民演說會 小考」『韓國學論叢』 4, 국민대학교 한국학연구소 ; 崔德壽, 1985 「獨立協會의 政體論 및 外交論研究」『韓國近代政治史研究』, 사계절 ; 姜萬吉, 1986 「申采浩의 英雄·國民·民衆主義」『申采浩의 思想과 民族獨立運動』, 단재 신채호선생기념사업회 ; 金漢超, 1991 「近代 國民國家 建設의 社會史的 研究」『韓國의 社會와 文化』 15 ; 金度亨, 1994 『大韓帝國의 政治思想研究』, 지식산업사 ; 정창렬, 1994 「근대국민국가 인식과 내셔널리즘의 성립과정」『한국사』 11, 한길사 ; 박찬승, 1995 『한국근대정치사상연구』, 역사비평사 ; 徐英姬, 1996 「改化派의 近代國家 構想과 그 實態」『근대국민국가와 민족문제』, 지식산업사 ; 왕현종, 2002 「대한제국기 입헌논의와 근대국가론-황제권과 권력구조의 변화를 중심으로-」『韓國文化』 29, 서울대 韓國文化研究所

고자 한다. 각지의 의병장들이 배포한 檄告文, 告示文 등의 격문류에는 擧義의 목적을 비롯하여 의병들의 현실인식이나 對民·對敵認識 등이 잘 반영되어 있다.[2] 특히 격문 작성의 주체인 의병장들은 국권회복의 주체로서 '民'을 다양하게 呼稱하고 있는데 民 呼稱 속에 반영된 의병장들의 對民認識을 통해서 한말 民이 어떻게 성장해 갔는지를 살펴보고자 한다. 의병장의 눈에 투영된 민 인식 또한 민을 직접 대상으로 하지 않는다는 한계는 있지만 한말 의병장들이 항일투쟁 과정에서 의병대중 또는 지역 주민과 생사고락을 함께 하면서 민의 존재를 인식했다는 점에서 한말 민의 성장 과정을 추적하는데 한 걸음 더 나아갈 수 있으리라 생각한다.[3]

본고에서는 1907년 이후 호남의병과 경기의병의 격문류를 분석 대상으로 하였다. 두 지역의 의병운동은 한말 의병의 특징을 상징적으로 보여줄 뿐만 아니라 가장 치열한 항쟁을 벌인 곳이기도 하기 때문이다. 주지하듯이 1907년 7~8월 일제의 군대해산과 고종의 강제양위는 당시 의병항쟁을 전국적 전민족적 항쟁으로 발전시킨 계기가 되었을 뿐만 아니라 의병장과 의병 구성에 있어 농민, 초보적 노동자, 상인 등 민중의 참여가 두드러져 그만큼 민중성이 강화되었다. 이런 특징을 가지고 가장 치열하게 항일항쟁을 벌인 의병이 호남의병과 경기의병이었다. 또 1907년 이후의 현실을 '실질적인 國亡'으로 받아들임으로써 君主와 국가, 그리고 민에 대한 인식도 달

---

2) 격문에는 격문배포의 대상과 내용에 따라 다양한 명칭이 사용된다. 창의의 목적을 알리는 檄文·檄告文 등의 檄文類, 通諭文·通文과 같은 通文類, 특정한 대상을 상대로 자신의 주장을 알리는 廣告文·布告·輪示·告白·聲討文·謹告文·通告·告示와 같은 廣告文類, 致書·寄書와 같은 書簡類 그리고 명령을 전달한 傳令·令·訓令·命令과 같은 傳令類 등이 있는데 여기서는 이들 모두를 檄文이라 하였다.

3) 격문류를 통해서 한말 의병운동의 성격을 분석한 연구 성과는 다음과 같다. 權寧培, 1995 『檄文類를 통해 본 舊韓末 義兵抗爭의 性格』, 경북대학교 박사학위논문 ; 김순덕, 2003 「경기의병의 현실인식과 지향」, 『역사연구』 13, 역사학연구소.

라지기 시작하였다. 따라서 경기와 호남지역 의병이 뿌린 격문류에 드러난 대민인식을 통하여 '민'이 항일투쟁의 과정에서 '근대적' 민족과 국민으로 성장해 가는 과정을 살펴보고자 한다.

2. 檄文類에 나타난 民에 대한 호칭 사례

을미의병이나 1907년 12월 13도연합의병의 경우 의병장이 대체로 척사파계열의 명망 유생이 중심이었으나 후기의병에서는 유생과 농민 등 다양한 계층이 의병장으로 참여하였다.4) 특히 전통적 지배층이자 척사계열이었던 儒生은 "韓末政治圈이나 資本主義的 사회경제의 成長圈에서 탈락해 가고 있던 지식인"이었다. 이들은 현실적으로는 양반이자 지주 위치에 있었더라도 한말 사회변동 속에서 사회주류의 중심권에서 멀어져가면서 일제침략에 대한 민족모순을 감지할 수 있었기 때문에 "전통시대 농민에 대하여 지배층으로서 生民을 위한 施惠的 人道論의 시각이 아니라 농민과 함께 몰락해가는 공통의 처지를 눈앞에 보면서 농민과 함께 의병에 뛰어들 수 있었던 것이다."5)

후기의병은 일제의 우세한 화력에 대응하여 주로 지형지물을 이용한 유격전을 벌였기 때문에 일정 지역을 근거지로 삼아 대부대 중심의 항일전을 벌였던 전기의병의 '진지전'과는 활동방식 자체가 달랐다. 때문에 후기의병의 경우 의병부대 안에서 "儒生이 농민의병과 하나의 義陣을 구성하여 누가 兩班이고 누가 常民인지를 구분하기

---

4) 후기의병의 경우 신분·계층이 분석 가능한 전국 의병장 255명을 대상으로 신분·직업별 구성을 분석한 한 연구에 의하면, 유생·양반이 63명(23%), 농업이 49명(19%), 사병(士兵)이 35명(14%), 무직 및 화적이 30명(12%), 砲軍(13명), 광부(12명), 주사·서기(9명), 장교(7명), 군수·면장(6명), 상인(6명) 기타 25명의 순이었다(朴成壽, 1980 『獨立運動史硏究』, 창작과 비평사, 224쪽).

5) 趙東杰, 「義兵運動의 韓國民族主義上의 位置(下)」, 『한국민족운동사연구』 3, 1989, 18~19쪽.

힘들 정도"였다.6) 이런 가운데 의병부대는 유생, 농민, 해산군인 등 다양한 신분의 계층이 일체감을 형성해 갔고 그러한 일체감에서 전통적 사유체계를 지녔던 유생 등 의병장들의 '民'에 대한 인식도 점차 변해간 것이다.

따라서 한말 격문류에 사용된 民에 대한 호칭에는 유생 등 의병장들의 민에 대한 변화된 인식이 반영되어 있고 그것은 곧 의병항쟁 과정에서 점차 각성된 民의 민족적·정치적 의식의 발현이기도 하다. 한말 의병장들의 민에 대한 이러한 인식 변화를 살펴보기에 앞서 1907년 이후 호남의병과 경기의병의 격문류에 나타난 民의 호칭 사례를 보자. 현재까지 확인되는 격문류는 호남의병의 경우는 123種(부표 1 참조)이며, 경기의병의 경우는 110種(부표 2 참조)이다. 부표 1과 부표 27)를 근거로 이들 격문류에 사용된 民의 호칭을 비교, 분석하면 아래 표 1, 표 2와 같다.

표 1은 1907년 이후 호남의병이 배포한 격문류 123종 가운데 民에 대한 호칭 사례를 조사한 것이다. 民 호칭이 표현된 격문류는 123종 가운데 45종이다. 호남의 의병지도층은 民을 生靈(生民), 人民, 同胞(兄弟), 民衆, 民族, 國民 등으로 다양하게 호칭하였음을 알 수 있다. 이 가운데 生民·生靈이 23종이며, '二千萬同胞', '八域同胞' 등 同胞로 표현된 격문류가 15종이다.8) 그 밖에 人民이 13종, 國民이 9종, 民衆이 2종, 民族이 1종이다. 여기에는 순번 43처럼 하나의 격문에 生靈, 人民, 同胞, 國民 등을 함께 사용한 경우도

---

6) 趙東杰, 앞 논문, 19쪽.

7) 부표 1 '호남지방 檄文類의 유형과 주요내용(1907~1909)'과 부표 2 '경기지방 檄文類의 유형과 주요내용(1907~1910)'은 1907년 이후 경기의병과 호남의병 또는 경기지방과 호남지방에 뿌려진 격문류의 작성주체, 배포지역 및 시기, 격문류명, 주요 내용, 그리고 자료 출처 등을 조사하여 작성한 것이다.

8) 표 1. 순번 11의 '我兄弟'는 순번 9의 '我同胞'와 같은 의미이므로 同胞에 포함시켰다.

표 1. 호남의병 격문류에 나타난 民에 대한 호칭

순번	生靈·生民	人民	同胞	民衆	民族	國民	출처
			民 호칭				
1	生民						2
2				二千萬民衆			3
3					我民族		6
4						我土國民	8
5						我韓國民	10
6	生靈						11
7		人民	同胞			國民	13
8		人民					14
9		全國人民	二千萬同胞				21
10	我國生靈						28
11	生靈						30
12		人民	我八域同胞				31
13	三千里生靈		我同胞				32
14			我同胞				35
15	生民						36
16			我兄弟				37
17						國民	38
18	生民	人民					40
19			同胞				45
20	生民					大韓國民	46
21		二千萬人民		我民衆		我韓國民	47
22			同胞				51
23	生靈						53
24	生靈		二千萬同胞				55
25			我同胞				56
26	三千里生民	人民					59
27	生靈·生民	人民					62
28						大韓國民	66
29			兄弟				70
30	生民						26
31		人民					79
32	生民						82

표 1. 계속

순번	民 호칭						출처
	生靈·生民	人民	同胞	民衆	民族	國民	
33		人民					84
34	生民						94
35			我同胞			國民	95
36	生靈						98
37			我同胞				99
38	生靈						100
39	生靈						101
40	我生靈	我人民	同胞				103
41	生靈						109
42	生靈	人民	同胞			一般國民	111
43	我國生靈						115
44		人民					121
45	生民						122
합계	23	13	15	2	1	9	

비고 : 1. 출처는 부표 1의 격문 순번에 따른 것임.
      2. 한 격문에서 민에 대한 동일한 호칭이 복수인 것은 고려하지 않음.

있으며 순번 7, 13, 21처럼 하나의 격문에 生靈과 同胞, 同胞와 國民 등 둘 이상의 호칭을 동시에 사용한 경우도 있다.

표 2는 1907년 이후 경기지방에 배포된 후기의병의 격문 110종에 표현된 民에 대한 호칭 사례를 조사한 것이다. 경기의병의 경우民 호칭이 사용된 격문류는 110종 가운데 59종이다. 경기 의병지도층 역시 호남의병과 마찬가지로 民을 生靈(生民·生命), 人民, 同胞(兄弟), 民衆, 民族, 國民 등으로 다양하게 호칭하였음을 알 수 있다. 이들 호칭 가운데 '二千萬愛國同胞', '二千萬同胞', '我同胞' 등 同胞로 표현된 격문류가 33종이며,9) 人民이 23종, 生民·生靈·生

---

9) 표 2의 순번 42의 '二千萬兄弟'는 순번 16과 17의 '二千萬同胞兄弟'와 같은 의미 이므로 同胞에 포함시켰다.

표 2. 경기의병 격문류에 나타난 民에 대한 호칭

순번	民 호칭						출처
	生靈(民·命)	人民	同胞	民衆	民族	國民	
1		我人民	二千萬愛國同胞·我同胞			我國民	1
2		我國人民	二千萬愛國同胞·全國同胞			我國民	2
3		人民	二千萬同胞			我國民	3
4	我生靈	我國人民	二千萬同胞				4
5		人民	同胞			我國民	5
6			同胞				6
7		全國人民 三千里人民					7
8		人民					9
9	生靈	人民					10
10	我生靈	我人民	我同胞				13
11	生靈		二千萬同胞·我同胞				14
12		人民	我二千萬同胞				15
13	生民						17
14		人民					18
15		韓土人民					20
16	生靈						21
17		人民	二千萬同胞兄弟	三千里民衆			24
18			二千萬同胞兄弟				26
19						我國民	31
20		人民			大韓民族		33
21		人民					34
22			我二千萬同胞·我同胞				38
23			我二千萬同胞				42
24			我二千萬同胞				43
25	生靈	大韓人民	大韓同胞				44
26		人民	我同胞				46
27		人民					47
28	我生靈·生民					我國民	49
29	生靈		我同胞			國民	50
30						國民	51
31		人民					53

순번	生靈(民·命)	人民	同胞	民衆	民族	國民	출처
32						我國民	56
33	生靈						57
34					民族	國民	58
35						我國民	62
36	我生靈						64
37	二千萬生命		同胞				65
38			二千萬同胞·吾等同胞				67
39	二千萬生命						69
40	二千萬生命		大韓同胞				70
41			二千萬兄弟·八域同胞				73
42	我生靈						74
43			我同胞				75
44			我同胞			我國民	76
45			二千萬兄弟				77
46			二千萬同胞				78
47		大韓人民					79
48	二千萬生民·生靈		我同胞兄弟				81
49						國民	84
50	二千萬生靈		我同胞				87
51		我韓人民	我同胞			國民	88
52	生民		二千萬同胞·我同胞				89
53			大韓同胞				90
54			我同胞				92
55			我二千萬同胞				99
56	生靈						100
57	生靈						101
58		人民					102
59		大韓人民	我二千萬同胞				103
합계	20	23	33	1	2	14	

비고 : 1. 출처는 부표 2의 격문 순번에 따른 것임.
     2. 한 격문에서 민에 대한 동일한 호칭이 복수인 것은 고려하지 않음.

命이 20종, 國民이 14종, 民族이 2종, 民衆이 1종이었다. 순번 1
의 격문에서 人民, 同胞, 國民 등을 함께 사용한 것처럼 경기의병의
격문 역시 하나의 격문에

둘 이상의 호칭을 동시에 사용한 경우가 대다수이다.

표 1, 표 2에서 알 수 있듯이 1907년 이후 호남의병이나 경기의
병이 '民'을 호칭한 사례에는 전체적으로 큰 차이가 없음을 알 수 있
다. 또 '民'을 호칭할 때 그 앞에 '我'(우리), '我國'(우리나라), '二千
萬', '大韓', '三千里' 등의 수식어를 사용하여 '집단적·공동체적 의
식'을 강조한 공통점을 지니고 있다. 이것은 일제 침략에 의해 他者
化되어 가는 민족의식의 반영으로 생각된다.

표 3은 경기의병과 호남의병의 격문류에 나타난 民 호칭의 빈도
수를 호칭별로 조사한 것이다. 여기에서 알 수 있듯이 격문류에 표
현된 민의 호칭 사용 빈도수를 보면 전체적으로 경기의병의 경우는
84.5%, 호남의병의 경우는 51.2%로서 경기의병이 호남의병에 비
해 빈도수가 상대적으로 훨씬 높다. 또 호칭별로 보면, 경기의병은
'民衆→民族→國民→人民→生靈(生命·生民)→同胞'의 순으로, 호남
의병은 '民族→民衆→國民→人民→同胞→生靈(生民)'의 순으로 빈도
수가 높다. 호남의병이나 경기의병의 경우 공통적으로 '민족, 민중,
국민' 등의 호칭에 비해 '생령, 인민, 동포' 등의 사용 빈도수가 높으

표 3. 경기·호남지방 격문류에 나타난 민 호칭별 빈도수　　　　　(단위 : 種)

구　　분		生靈·生民	人民	同胞(兄弟)	民衆	民族	國民	합계
경기 격문류(A)	종	20	23	33	1	2	14	93
(110종)	빈도(%)	18.1	20.9	30	0.9	1.8	12.7	84.5
호남 격문류(B)	종	23	13	15	2	1	9	63
(123종)	빈도(%)	18.6	10.5	12.2	1.6	0.8	7.3	51.2
(A) + (B)	종	43	36	48	3	3	23	156
(233종)	빈도(%)	18.4	15.4	20.6	1.2	1.2	9.8	66.9

나 각각의 호칭 빈도에는 미세한 차이가 있다. 즉 生靈은 거의 같은 비율이나 同胞의 경우 경기의병은 30%인데 비해 호남의병은 12.2%이고 國民의 경우도 전자는 12.7%, 후자는 7.3%로 차이가 있다.

조사된 격문류의 양이나 또 격문류가 어떤 목적으로 사용되었는가에 따라서 호칭 사용 여부가 달라질 수 있기 때문에 민 호칭에 대한 이러한 차이점을 가지고 두 지역 의병들의 민에 대한 인식의 차이를 비교하여 일반화하기에는 무리가 있다. 다만 다음 절에서 상세히 검토하겠지만 동일한 격문에서도 민에 대한 각각의 호칭이 가지는 의미가 다르기 때문에 이런 차이는 당시 격문류 작성주체의 의식 차이를 어느 정도 반영하고 있다고 생각된다.

이상과 같이 경기의병의 격문류가 호남의병의 격문류에 비해 전체적으로 민에 대한 호칭 빈도수가 높을 뿐만 아니라 同胞, 國民 등 구체적 호칭 사례에서 빈도수가 차이나는 것을 알 수 있었다. 이는 격문류 작성 주체인 의병지도층의 현실인식에 대한 차이에서 비롯된 것으로 호남의병이 경기의병에 비해 민에 대한 인식이 상대적으로 보수적인 경향을 띠고 있기 때문이라 판단된다. 여기에는 지역적으로 수도권에 속하여 정치사회적 변동은 물론 어느 정도 문화계몽운동의 영향을 받은 경기의병의 지역적 특성이 영향을 미쳤을 것이다.10)

---

10) 이것은 경기의병과 호남의병의 지도층을 분석한 연구에서도 확인된다. 즉 경기 지방의 후기의병 지도층을 분석한 연구에 따르면 양반·유생의병장의 경우 "신분은 비록 양반·유생이었지만 농업이나 상업 등 생계를 위해 다른 직업을 가져야 하는 열악한 처지에 있어 일반 평민과 다를 바 없는 층이 중심을 이루었고 이념적으로는 13도연합의병의 총대장으로 일시 활동했던 李麟榮, 朴基燮 등을 제외하면 드러낼만한 명망 척사파 의병장이 없었다"고 하며(金順德, 2002 『京畿地方義兵運動研究』, 한양대학교 박사학위논문, 214쪽), 호남의병에 참여한 양반·유생 의병장의 경우도 초기에는 奇參衍이나 高光洵처럼 "비교적 지방사회에서 잘 알려진 명문의 양반가문 출신"도 있었으나 다수는 "잔반 내지 농촌의 소지식층에 속하"여 "경제적으로 열악한 처지에 있었으면서 서당의 훈장이나 한

3. 民族으로서의 民

호남과 경기지역의 의병 격문류에서 의병지도층은 民을 生靈(生民·生命), 人民, 同胞(兄弟), 民衆, 民族, 國民 등으로 다양하게 호칭하였음을 확인할 수 있었다. 이들 호칭에는 의병지도층의 민에 대한 인식뿐만 아니라 조선 후기 이래 반봉건투쟁과 반침략 투쟁의 과정에서 성장해 온 민의 정치적 위상을 일정 부분 반영하고 있다. 먼저 다양하게 호칭된 民이 격문류에서 실제 어떻게 인식되고 있는지 아래 여섯 사례를 통해서 살펴보기로 한다.

> ● 乙巳年에 있어 宣言書와 五條約으로서 我二千萬同胞를 驅하여 奴隷의 悲境에 入하게 한 것이 大罪의 一也 … 스스로 多額의 國債를 借하여 國民增進의 道에 사용하지 않고 顧問輔佐官의 口腹을 위해 消耗한 것이 大罪의 十二也 … 人民의 言論行動을 束縛하여 生機를 斬絶한 것이 大罪의 十三也[11]
> ● 夫唱義者上扶社稷ᄒ고 下濟生灵之意也 嗚呼我國이 雖小東方禮義之邦也요 彼敵倭酋者는 全尚功利之人也요 又況與我國으로 有世讐之國也라 自壬午以後로 又來侵我國ᄒ고 殺我國母ᄒ니 可爲痛哭者此也요 又脅皇太子ᄒ야 斷髮而立之可爲流涕者此也요 欲移大韓人民ᄒ야 將殺之於西海北海之中ᄒ니 可爲太息者此也라 … 故玆以訓令爲去乎令到卽時에 各面面長이 指揮於各里長大小民人處ᄒ야 洋銃二柄式富民에 一一待令ᄒ고 … 一一準備ᄒ야 來納于陣上이거나 付送于派送將卒이거나 兩端의 泛便爲之ᄒ되 如此捧納者可爲大韓同胞之人也요[12]

문교사의 경력을 지닌 경우가 많았다"고 한다(洪淳權, 『韓末湖南地域義兵運動史研究』, 서울대학교출판부, 1994, 236~239쪽).

11) 金鳳基, 1907.7.3, 「討政府諸賊」, 『秘暴徒檄文集』, 253~259쪽(琴秉洞, 綠蔭書房, 1995. 이하 『秘文』이라 함).

12) 成桂銀, 1908.11.2, 「令各邑各面各里面長執綱及大小民人等處」, 『한말의병전쟁자료

❸ …무릇 我韓人民은 愚夫愚婦일지라도 磨養擦掌하여 저 倭
賊의 肓血을 飮喫할 覺悟가 되어 있는 이 때에 該憲兵長의 歸順
勸告는 이것이 무슨 의미인지 알 수가 없다. 感慨가 이에 이르
면 戰氣를 재촉하니 무릇 我同胞는 이 令文에 鼓舞되어 坐忍奮
發하여 增進의 氣를 養成하여 一敗하여도 결코 挫折하지 않고
再三再四 일어나 猛烈히 前進를 試할 뿐만 아니라 여러 번 轉敗
하여도 마침내는 승리를 制하여 陽春이 다시 올 날이 있지 않겠
는가 … 我同胞는 마땅히 저들 凶賊의 奸計術中에 陷함이 없이
自己精神을 强固히 持함으로써 瑞士의 建國과 萬歲의 獨立을 各
自의 念頭에 두고 越南·波蘭의 民과 같은 境遇에 빠지지 않도록
노력하자.13)

❹ 惟願同胞兄弟巡檢巡査도 同心血誠으로 斥殺五百年切齒之
賊하야 雪我君國之羞하며 解我生靈之抑鬱을 千萬幸甚14)

❺ 大韓倡義大將 金東臣은 八域의 忠義之士에게 泣告하니 엎
드려 今日의 我國을 보건대 나라가 있다고 할 수 있는가. … 我
韓 東邦禮義의 나라, 三千里疆土, 二千萬人民은 太祖皇帝가 開
國한 이래 先王先民이 함께 지켜온 곳인데 … 嗚呼悲哉라. 我皇
室은 있으나 없는 것과 같고 我民衆은 마치 저들의 奴隷가 되었
다. … 지금 我韓國民 一般이 同心協力 團結하지 않으면 저들의
强砲暴丸을 어찌 우려하지 않겠는가.15)

❻ 湖南義將 李起㢲 中軍 梁東煥 先鋒 嚴錫雲 後軍 吳鎔根
等이 謹히 檄文을 省內 各位에게 告白한다. 曰 우리 東國은 三
千里 且 人民은 二千萬에 滿하다. 窃惟컨대 我朝는 禮樂文物이
燦然히 各所 備하고 一般國民은 巷間에 滿하여 童稚는 其隷賤을
養하여 君臣의 義 卑尊의 序 있음을 모르는 者 없다. … 方今
大駕蒙塵 生靈이 塗炭의 境遇에 있다. 北을 望하여 痛哭한다.
… 今回 義라 하는 字에 附하여 行하면 上下神紙는 影과 같고
響과 같고 此에 感應한다. … 此로써 同胞에게 바란다. 때는 왔

집-暴徒檄文』, 490~492쪽(한국정신문화연구원, 2000, 선인 이하 『檄文』이라 함).

13) 東韓尊攘倡義司令官 李, 1909.6.15, 「輪示」, 『檄文』, 671~674쪽.

14) 金永燁, 1908.11.7, 「布諭」, 『韓國獨立運動史』(一), 국사편찬위원회, 645쪽.

15) 金東臣, 1908.3, 「八域忠義士에게 泣告함」, 『檄文』, 123~129쪽.

다. 振起하면 國讐는 復할 것이다. 疆土는 還할 것이다.16)

경기 利川의 倡義士 金鳳基는 격문 ❶에서 '우리 이천만 동포를 내몰아 노예의 悲境에 빠지게 한 것', '많은 國債를 차관하여 國民 증진에 사용하지 않은 것', '인민의 언론 행동을 束縛한 것' 등 을사늑약 이후 政府諸賊의 大罪를 비판하면서 민을 동포, 국민, 인민이라 칭하였다. 경기의병장 倡義元帥部總督將兼先鋒將 成桂銀은 격문 ❷에서 '의병을 일으킨 뜻이 위로는 사직을 扶하고 아래로는 生靈을 구하려는 것이며 일제가 大韓人民을 장차 다 죽이려한다'고 하며 洋銃 등을 '義陣에 捧納하는 자가 大韓同胞'라고 하여, 민을 생령, 인민, 동포로 칭하였다. 또 격문 ❸에서 경기의병장 東韓尊攘倡義司令官 李 역시 민을 인민, 동포로 칭하였다.

한편 湖南倡義所 金永燁은 격문 ❹에서 '동포형제인 순검·순사도 함께 5백년 원수를 斥殺하여 우리 군주와 국가의 수치를 씻고 우리 生靈의 억울함을 풀자'고 하며 민을 동포형제, 생령으로 칭하였다. 호남 의병장 大韓倡義大將 金東臣은 격문 ❺에서 '우리 대한 東邦禮義의 나라 삼천리강토는 이천만 인민이 지켜온 곳인데 우리 皇室은 있으나 없는 것과 같고 우리 민중은 마치 저들의 奴隷가 되었으니 지금 우리 대한 국민 일반이 同心協力 단결할 것'을 주장하며 민을 인민, 민중, 국민으로 칭하였다. 또 湖南義將 李起巽 等도 격문 ❻에서 일제 침략의 실상을 알리고 '國讐를 復하고 疆土를 還하기 위해 떨쳐 일어날 것'을 호소하면서 민을 인민, 국민, 생령, 동포로 칭하였다.

이처럼 경기의병이나 호남의병은 민을 生靈(生民·生命), 人民, 同胞(兄弟), 民衆, 國民 등으로 호칭하였다. 의병을 일으킨 목적이 "위

---

16) 湖南義將 李起巽 等, 1909.3.2, 「檄文」, 警收 第2241號의 1 隆熙 3年 5月 14日, 『編冊』 14, 389~390쪽.

로는 社稷을 扶하고 아래로는 生靈을 구제"(三) 또는 "上以保國家之
危 下以恤殘民"이듯이17) 生靈, 人民이란 호칭에는 사직, 국가 등의
개념과 대비되어 "普天之下에 莫非王土요 莫非王民"18) 즉 "我皇化의
生民된 者"라는19) 민에 대한 전통적인 인식이 바탕에 깔려 있다.
그러나 이들 호칭이 또한 同胞(兄弟), 民衆, 國民이란 호칭과 같은
의미로 사용되고 있는 점에서 민 개념은 "한국민 전체를 의미하며
신분과 계급을 초월한 인식"이 우선되고 있음을 알 수 있다.20)

그런데 이들 호칭 앞에는 '이천만', '삼천리', '우리', '대한' 등의 수
식어를 붙여 일제의 침략에 대응하는 항일항쟁에 대한 동질감 내지
공동체적 일체감을 강조하고 있다. 표 3에서 알 수 있듯이 이런 의
미에서 가장 널리 사용된 호칭이 '同胞'였다. 물론 민을 동포라 호칭
한데는 이들을 의병운동에 동참시키려는 동원의 의미가 전제되어 있
지만 여기에는 이전 시기 사용된 동포와는 다른 인식을 엿볼 수
있다.

사실 '同胞'라는 용어는 이미 麗末鮮初에 官人層과 民을 구분하지
않고 모두가 같은 인간이라는 의미로 사용되어 왔다.21) 이 시기
'동포'는 사회 구성원 전체를 뜻하는 용례로 사용되었으나 民은 家父
長的 溫情主義에 의한 동포애의 실현대상에 지나지 않았다. 이런 동
포의 용례는 독립협회 시기 이후 개화운동에 인민들을 적극 동원하
게 되면서 民도 동포애의 실현주체인 동태적 존재로 확대되었으나

---

17) 倡義軍帥府 中軍將 河相泰, 1909.2.3, 「令兎山郡居印主事壽昌三人等處」, 黃警高秘
　　收 第147號 隆熙 3年 3月 8日, 『編冊』 13, 768쪽.

18) 中央倡義大將 金, 「通告于我同胞」, 『大韓每日申報』, 1907년 11월 24일자.

19) 關東大陣餉官所, 1908.10.6, 「傳令永平一東面各里里長」 京警秘收 第450號의 1 隆
　　熙 2年 11月 12日, 『編冊』12, 385쪽.

20) 權寧培, 앞의 논문, 201쪽.

21) 李碩圭, 「麗末鮮初 新興儒臣의 民에 대한 인식」, 『朝鮮時代史學報』 31, 朝鮮時代
　　史學會, 2004.

그것은 문명개화론자들의 문명관에 의해 외세의 침략에 대한 排他意
識이 전제되지 않는 의미의 '동포'였다.22)

그러면 호남의병이나 경기의병의 격문류를 통해서 대한제국 말기
의병들은 '동포'를 어떤 개념으로 인식하여 사용했는지 보자.

경기지방 창의원수부 소속 의병장 權重卨 등은 同胞를 "하늘은 높
고 땅은 아래이며 사람은 그 중간에 위치하여 乾坤父母의 性을 지녔
다면 무릇 生을 우주 안에서 받은 자"라고23) 하며 동포를 같은 부
모로부터 생명을 받은 형제라 정의하였다. 호남지방 六南義陣大將
兪宗煥은 擧義를 촉구하면서 "仰告于列郡縉紳章甫農者同胞"라24) 하
여 동포의 범주를 고관 관리(縉紳), 유생(章甫) 그리고 농민을 포함
한 신분과 계급을 초월한 개념으로 사용하였다.

경기와 호남 의병들은 이런 인식의 연장선에서 항쟁의 한 대상인
일진회원, 순사, 대한제국 군인들도 '같은 동포'임을 강조하였다. 예
컨대 김봉기는 "嗟 爾一進會여 爾도 역시 祖宗의 遺民으로서 역시
聖上의 赤子"라고 하며 동포를 학살하는 일진회를 힐책하였으며,25)

---

22) 權用基는 「『獨立新聞』에 나타난 '동포'의 검토」(『韓國思想史學』12, 1999)에서, 우
리나라의 동포의 語源은 모두 張載의 「西銘」에 나오는 "民吾同胞 物吾與也"에
두고 있고 원칙적으로 체제 내의 모든 구성원을 포괄하는 개념이지만 동포의
표현방식인 동포애의 실현 주체 및 대상은 시대에 따라 다르고 동포의 범위 또
한 달랐다고 하였다. 예컨대 조선시대의 경우 동포애의 실현주체는 국왕과 관
인, 유생들로서 지배층에 한정되었고 그 실현대상은 구제대상인 백성이었다. 따
라서 조선시대의 동포애는 신분제적 지배질서에 기초한 家父長的 溫情主義가
깔려 있었다. 그러나 부국강병을 위한 개화운동이 본격화되는 독립협회 이후에
는 문명개화론자들이 자신들의 운동에 인민들을 적극 동원함으로써 동포애의
실현주체가 인민에게 확대되었고 이 과정에서 '동포'는 문명개화의 대상에 그치
지 않고 자신들까지 포함되는 주체로 확장되었다. 이에 따라 적어도 문명개화
론자들에게 있어 '동포'는 '형식적이지만 동등한 권리와 의무를 가진 인민'으로
서 '文明開化'의 국가 발전에 있어서 '動態的이고 主動的이며, 政治的인 動員의
개념인 運動體로서' 인식되었으나 문명개화론자들의 文明觀으로 인해 동포애가
외국에 대한 排他意識으로 이어지지는 못하였다고 하였다.

23) 權重卨·鄭容大, 1909.3, 「通告于各國領事館諸公」, 『秘文』, 347~352쪽.

24) 兪宗煥, 1909.2, 「廣告各面各里大小人民」, 高秘收 第400號 隆熙 3年4月 9日, 『編冊』
14, 112쪽.

호남의병장 金泰元 역시 "一進會員 역시 한국의 一國民이다. 國家에 다할 道義는 我等義陣과 다를 바 없다"고 했던 것이다.26) 湖南倡義 所 金永燁은 특히 '巡檢, 吏胥, 冒兵, 巡査隊도 韓에서 나서 韓에서 자라 모두 兄이 아니면 동생이고 동생이 아니면 형인 우리 同胞兄 弟'라 하였다.27) 그리하여 13道倡義大將 李麟榮은 의병과 대한제국 군대가 싸우는 것에 대해 "弟兄이 相鬪ᄒ고 骨肉이 相爭ᄒ"는 '同國 同胞相戰' 즉 동포끼리의 전쟁임을 경고했던 것이다.28)

이와 같이 의병들이 일진회원이든 의병을 탄압하는 순검과 대한 제국 군대이든 의병과 다 같은 '동포'임을 강조한 것은 이들을 일제 로부터 분리시키려는 전술적 의도도 있었지만, 여기에는 민은 신분 과 계급을 초월한 '한 핏줄을 나눈 겨레' 내지 '同族'이라는 인식이 깔려 있는 것이다. 동포에 대한 인식은 이러한 혈연적 동족 의식에 그치지 않고 역사·지리·문화적 공동운명체로까지 확장되고 있었다.

⚫ 嗟 爾一進會여 爾도 역시 祖宗의 遺民으로서 爾도 역시 聖上의 赤子인데 어찌 一片의 良心을 이와 같이 모두 失하고 讐 賊에게 附從하여 祖國을 仇視하고 逆臣에 依賴하여 同胞를 虐殺 하는가. 嗟 爾一進會여 人인가 獸인가. … 우리 檀君의 子孫 중 에 爾等이 있음을 생각할 때 嗟 爾 一進會여 我等이 勘忍한 것

25) 金鳳基, 1907.7.3, 「論一進會書」, 『檄文』, 259쪽.

26) 「賊魁金泰元의 投狀에 關한 報告」, 羅州發 第1244號의 1 隆熙 2年 4月 13日, 『編冊』10, 296~297쪽.

27) 金永燁, 「布喩」, 『韓國獨立運動史』一, 국사편찬위원회, 645쪽.
特以巡檢吏胥와 憲兵巡査隊도 亦我同胞兄弟로生於韓長於韓하야 受稟順氣를 以韓之君國으로 養形賦命이라 皆是非兄則弟 非弟則兄이라 何有骨肉相食之理哉아.

28) 李麟榮, 1907.11.15, 「警告狀」原秘發 제50호 隆熙 元年 11月 28日, 『編冊』8, 156~157쪽.
早晩對陣之日에 義旅之砲는 射我軍隊ᄒ고 軍隊之砲는 射我義旅ᄒ야 弟兄이 相鬪ᄒ고 骨肉이 相爭ᄒ야 徒殺我同胞乃已則後有復我國權이며 救我生靈乎아 難免上天之誅이며 其奈列國之恥耶아 同國同胞相戰之說은 派蘭埃及亡國之史에도 所未聞所未見之事也라.

이 이미 오래고 … 爾가 만약 今日 속히 解散하고 前非를 改한
다면 吾 또한 同胞의 情으로 爾를 용서할 것이며29)

　　　⑧ 況吾韓三千里民衆　乃先王先賢四千年禮義服習之餘裔耳　…
故玆以廣告于僉君子　伏願文者　以文　武者　以武　至我二千萬同胞
團心一體則　一倭賊之消滅　可立待矣30)

　　　⑨ 惟我大韓三千里疆土內二千萬同胞　莫非我列聖上半千年教化
中保生之物31)

　　　⑩ 我有國祖檀君　而建國于今四千餘載　而自秦漢以來　累被侵略
終不滅我人類　而國保民生32)

　격문 ⑦은 倡義士 김봉기가 1907년 7월 3일(음력) 一進會 해산
을 촉구하며 뿌린 격문인데, 그는 일진회원도 '祖宗遺民 聖上赤子'로
서 '檀君의 자손'이라고 강조하였다. 격문 ⑩에서 全海山 역시 伊藤
博文을 상대로 일제 침략을 성토하는 글에서 "우리나라 국조 단군이
있어 나라를 세운 것이 지금 4천여 년이나 되었다. 秦漢이래로 여
러 차례 침략을 받았으나 우리 민족을 滅하지는 못하였으며 나라가
보존되고 백성이 생존하였다"고 했듯이 檀君을 國祖 인물로 강조한
것은 이들의 심화된 역사의식을 보여준다고 할 것이다.

　또 격문 ⑧에서 경기의병장 日月山人 裵는 "우리 대한의 三千里民
衆은 先王·先賢의 四千年 禮義와 服習의 후예"라고 하였다. 특히
1908년 나주 의병장 金聿은 격문 ⑩에서 "우리 대한의 삼천리강토
안의 이천만 동포는 우리 列聖上의 오백년 교화 속에 살아가지 않는
자가 없다"고 하여, 여기에는 이천만 동포가 지리적으로는 한반도에

---

29) 金鳳基, 1907.7.3 「論一進會書」, 『檄文』, 181~183쪽.

30) 日月山人 裵, 1908.2 「告示楊根各面各里統長及里長座下」 韓憲警乙 第413號 隆熙
2年 4月 9日, 『編冊』 10, 133쪽.

31) 金聿, 1908.2 「湖南義將 金聿의 書信」, 羅秘發 第52號 隆熙 2年 2月 27日, 『編冊』
9, 290쪽.

32) 『海山倡義錄』 券1, 「致伊藤博文書」.

속하고 문화적으로는 5백년 조선의 유교적 전통을 공유하고 있는 역사적·지리적 공동운명체라는 인식이 집약되어 있다.[33]

동포에 대한 이런 인식 변화는 무엇보다도 일제 침략으로 인한 망국의 현실 즉 민족적 위기의식에서 비롯되었다. 이천에서 창의한 김봉기는 일제가 을사늑약과 정미조약을 전후하여 "재정권, 행정권을 一切引繼하고 玉座前에서 劍을 拔하여 脅迫함으로써 帝位를 讓하게 하고" "우리 4千載의 産業을 占領하고 우리 尺尺寸寸의 土地를 攘奪하고 우리 生活의 道를 絶하고 우리 人民을 魚肉으로 삼"은 것으로 1907년 이후 망국의 현실을 인식했다.[34] 이러한 인식은 경기와 호남 의병이 배포한 부표 1과 부표 2의 격문류 대다수에서도 확인된다. 의병들은 당시 현실을 일제가 재정권·행정권·군사권 등을 모두 장악한 식민지상태나 마찬가지로 인식했던 것이다.[35] 이와 같이 의병들이 인식한 당시 현실은 '我皇室은 있으나 없는 것과 같고 我民衆은 마치 저들의 奴隷가 되었'거나(㊄) "國家는 있으되 그 實은 없는 것과 같"은[36] '亡國'의 상태였던 것이다.

의병은 일제 침략으로 국가도 황실도 없는 亡國의 현실 앞에서 동포를 자연히 국권회복의 주체로 인식하기 시작하였다. 이제 二千萬同胞는 '一心合力 元氣를 振하여 倭를 물리치고 三千里疆土를 回復하고 億兆蒼生을 救濟'할 주체였으며[37] "一身同體가 되어 국가를

---

33) 洪淳權, 앞 책, 335쪽.

34) 金鳳基, 1907.8 「全國同胞에게 布告하는 文」, 『秘文』, 29쪽.

35) 예컨대 倡義元帥部中軍將 李殷瓚도 1909년 2월 양주군 북면 면장 등에게 발한 傳令에서 "我韓의 大勢를 보면 全球가 모두 倭賊의 손에 들어가" "山林과 川澤의 券이 伊藤衙門에게 沒收되었고 土地와 家屋, 戶口成冊도 모두 靑木의 邦國에 돌아갔다"고 했으며(李殷瓚, 「傳令楊根北面面長及饒戶處」 『檄文』, 413~414쪽), 호남의병장 金東臣 역시 "近頃 侵掠이 더욱 심하여 鐵道·鑛山·政權·財務等을 저들이 任意로 한다"고 하였다(大韓倡義大將 金東臣, 1908.3 「大韓國民一般에게 泣告하는 文」, 『秘文』, 53쪽).

36) 湖南義所, 「告示」, 『韓國獨立運動史』 一, 국사편찬위원회, 679쪽.

지키고 民國을 편안히 하는 것'이 人道의 당연한 義務로 강조되었
다.38) 격문 ❸에서 倡義元帥部 總督將兼先鋒將 成桂銀이 '大小民人
에게 洋銃과 軍衣 등 의병활동에 필요한 군수물자를 제공하는 자가
大韓同胞'라고 했듯이 의병을 물질적으로 지원하는 것 역시 동포의
義務였다.

한말 의병에게 있어 동포란, 같은 시기 문명개화론자들과 마찬가
지로 동원적 의미를 내포하고 있지만 국권회복 운동에 있어 더욱 주
동적인 존재로 인식되었다. 즉 동포는 단일민족의 혈연적 역사적 공
동체로서 의병운동에 직접 참여하거나 아니면 物質的으로 의병을 지
원하는 국권회복의 주체였다. 때문에 일제에 대한 排日 여부가 동포
범위를 구분하는 중요한 기준이 됨으로써 한말 民은 의병항쟁 과정
에서 民族으로 성장해 갔던 것이다.

'민족으로서의 민'에 대한 인식은 근대적 의미의 민족 개념으로까
지 발전한 것은 아니었다. 의병지도층은 민을 역사적 문화적 운명공
동체인 민족으로까지 그 인식을 확장하여 국권회복의 주체로 인식하
였으나 전통적인 '民本思想'을 완전히 벗어난 것은 아니었다. 이들은
오히려 의병운동을 통해 민중성을 더해가면서 봉건적 한계를 극복해
가고 있었다.

그러면 의병들은 격문에서 민족을 실제 어떤 의미로 사용하였을
까. 부표 1과 부표 2의 격문류에서 민을 민족으로 호칭한 아래의
사례를 살펴보자.

❿ 右傳令事 國而依民 民而依國 國破民亡 古今之通鑑也 維我
國運將否 賊倭熾勢 蹂我疆土我民族 危急存亡之禍 卽在朝夕 而此
誠臣民痛哭 欲死之時也 以堂堂二千萬大衆 豈可坐受滅亡之境

---

37) 漢南倡義所, 1908.2 「檄文」, 『朝鮮獨立運動』 1(金正明編, 原書房, 1967), 32쪽.

38) 義兵大將 李某, 「檄文」, 『大韓每日申報』, 1907년 12월 14일자.

耶.39)

    現今 我八域의 義子는 大韓民族의 代表者이다. 我皇帝陛下
로부터 特히 民情을 察하시고 騷擾를 解하시어 所持의 兵器는
그 自由에 任하며 農商의 利亦 自主經營케 하는 者 證文으로써
民權을 세우신다면 貴我事를 같이 하여 市에 交함을 可타할 것
이다.40)

    國讐之不可不報 民族之不可不救 疆土之不可不復 大槪已悉
於諸陣檄文矣.41)

격문 ⊕에서 '國은 民에 의지하고 民은 國에 의지하는데 國이 破
하면 民이 亡하는 것은 고금의 通鑑이다. 賊倭가 우리 疆土와 우리
民族을 유린하여 危急存亡의 禍가 朝夕에 있으니 二千萬大衆이 어찌
앉아서 멸망을 당할 것인가'라 하여 國, 民, 土의 관계가 설명되고
있다. 즉 의병은 민족을 강토와 대등한 개념으로 사용하면서 국가의
구성요소를 민으로 규정하고, 그 민은 구체적으로는 이천만 대중을
지칭하고 있다. 또 격문 ⊕에서 '國讐를 報하지 않을 수 없고 民族
을 救하지 않을 수 없고 疆土를 復하지 않을 수 없다'고 하여 민족
을 국가와 강토와 동일한 개념으로 사용하고 있다. 앞서 표 1과 표
2의 민에 대한 호칭 사례에서 생령, 인민, 동포, 민중, 국민 등이
신분과 계급을 초월한 한국민 전체를 가리켰듯이 민족 역시 이와 같
은 의미로 사용되면서도 국가와 강토와 같은 포괄적 개념으로 호칭
되는 것을 알 수 있다. 그런데 경기의병장 沈魯術은 격문 ⊕에서 義
兵을 일컬어 '大韓民族의 代表者'라고 하여 民族을 일제에 대응하는
배타적 저항 주체로 정의하였다.

이와 같이 한말 의병들은 배일항전에 애국심을 촉구하거나 동원

---

39) 湖南倡義所, 1907.11 「傳令」, 『義實齋記』, 290쪽.

40) 沈魯術, 1908.5.7 「歸順勸誘書에 對한 返書」, 韓暴特通 第2號 明治 41年 5月 14
    日, 『編冊』 11, 146쪽.

41) 尹仁淳, 1909.1.3 「曉諭文」, 『檄文』, 495쪽.

의 차원에서 民族을 '同胞' 또는 '愛國同胞'와 같은 의미로 주로 사용하였지만, 투쟁 과정에서 점차 民의 민중적 성격이 강화되면서 일제 침략에 따른 민족모순의 담지자이자 일제에 대응하는 배타적 존재인 民族으로 자각하기 시작하였던 것이다. 이런 점에서 한말 民族이란 의병항쟁 과정에서 형성되어가던 현재진행형의 개념이었다.

4. 근대 국민으로서의 民

한말 의병들이 民을 일제 침략에 의해 他者化된 民族으로 인식하기 시작한 것과 함께 민을 '國民'으로 호칭한 것도 매우 주목되는 현상이다. 물론 이 시기 국민이 서구의 근대국민국가 형성 과정에서 성장한 시민과는 다른 개념이지만 국민을 국가의 실체 가운데 하나로 인식하고 나아가 民을 주권자로서 인식하기 시작하였다는 점만으로도 그 의의가 훼손될 수 없는 중요한 변화라 할 수 있다. 즉 한말 주권재민에 바탕을 둔 국민주의의 내재적 성장을 전망할 수 있는 변화이기 때문이다. 또 격문류에 드러난 의병의 국민에 대한 인식은 같은 시기 입헌군주제를 모색하고 지방자치의 정치운동을 벌였던 문화개화론자들이 국민을 형식상으로 동등한 권리와 의무를 지닌 인민으로 인식하면서도 실제에서는 자본가나 지식인과 같은 일부 계층에 제한하였던 民權論과는 크게 차이가 있었다.42)

그러면 후기 의병들이 民을 어떻게 국민으로 인식해 갔을까. 우선 후기의병의 격문류에 나타난 민에 대한 인식의 가장 큰 변화는 민을 국가의 실체로 인식하기 시작하였다는 점이다. 예컨대 한말 척사파

---

42) 한말 문명개화론의 대표적 이론가 尹孝定은 의회에 진출할 代議士로 '新著作家, 新翻譯家, 신문가, 잡지가, 소설가 등 문필가, 유학생, 망명정치가, 사립학교 설립자 및 교수, 商社·銀行의 主務人員, 척식회사 위원·주주 등 政見과 학문이 있으며 자산이 있을 뿐 아니라 경험이 풍부한 紳士며 學士며 志士들'로 제한하였다(「時局의 急務」, 『大韓協會會報』 2, 63~64쪽).

거두인 崔益鉉은 창의격문에서 "君이 亡하면 臣이 어찌 홀로 남을 것이며 國이 망하는데 어찌 民이 보존되겠는가"라고 하여,43) 국가의 실체를 君과 臣과 民으로 설정하여 그동안 단순한 被治者로 인식해 왔던 民을 국가 구성의 한 실체로 인식하였다. 특히 1908년 나주군 각지에 뿌려진 격문은 이러한 국가와 민의 관계를 집약적으로 보여준다. 이 격문에서 의병들은 "國家가 있은 然後에 君이 있고, 君이 있은 뒤에 民이 있고 稅가 있음은 자연의 定數이다"라고 하였다.44) 즉 국가와 君과 人民의 상호관계에서 가장 상위 개념이 국가이며, 다음은 권력 실체로서 인식된 君이고 그 다음이 국가권력을 물질적으로 뒷받침하는 즉 납세 의무를 지닌 인민 대중으로 정립되고 있다.45)

민을 국가의 실체로 인식한 이런 변화는 후기의병에서 國家를 君主보다 우선하는 국가주의 의식으로 강화되었다.46) '國家는 있으되 그 實은 없는 것과 같다'는 의병들의 현실인식 역시 이러한 국가주의 의식의 반영이었다. 이는 1907년 7월 고종마저 강제 퇴위를 당한 현실 즉 고개를 들어 하늘을 보면 더 이상 "蒼蒼하던 우리 大韓의 天이 아니며" 고개를 숙여 땅을 보면 그 땅 역시 "茫茫하던 우리 大韓의 地이라 할 수 없"는 사실상의 '國亡'이나 다름없는 현실인식의 반영이었다.47)

---

43) 崔益鉉, 「倡義檄文」, 『勉庵集』 卷 16, 400~401쪽.

44) 湖南義所, 「告示」 羅秘發 第8號 隆熙 2年 1月 22日, 『編冊』 8, 523쪽.

45) 洪淳權, 앞의 책, 331쪽.

46) 후기의병운동에서 나타나는 국가주의는 같은 시기 문화계몽운동의 국가주의적 경향과는 구별할 필요가 있다. 즉 문화계몽운동의 국가주의적 경향이 사회진화론의 경쟁의 원리에 영향을 받은 것이라면 의병운동에서의 국가주의는 충군애국이라는 전통적 가치의 재해석을 통해서 성립되어 이른바 서구의 국가주의와는 그 출발점이 다른 것이다. 이에 대한 상세한 내용은 백동현, 「신채호와 '국(國)'의 재인식」, 『역사와 현실』 29, 1998 참조.

47) 金鳳基, 1907.7.3 「全國同胞에게 布告하는 文」, 『秘文』, 32~33쪽.

의병들의 현실인식이 반영된 국가주의 의식이 반일 항쟁 논리와 결합하면서 民은 국가의 실체이자 국권회복의 주체로서 새롭게 인식되었던 것이다. 그리하여 倡義 목적도 왕실 복원과 같은 복벽주의보다는 '爲國爲民'이 강조되고 우선되었다.

湖南倡義所 大將 李錫庸은 일본군 지휘관에게 보낸 격문 「日書反對」에서 "吾人의 倡義는 오로지 국가를 위하고 인민과 토지를 위한 것"이라[48] 했으며, 義所 曺은 '무릇 나의 義擧는 至誠에서 나와서 위로 國家를 輔하여 金石의 安에 두는 것이고 밖으로는 凶賊을 除하여 生靈의 樂을 保하는 것이니', '우리 동지가 각자 그 힘을 다하여 大義를 천하에 彰하는 것이 어찌 爲民의 道가 아니겠는가' 하였다.[49] 이러한 인식은 경기의병 역시 예외가 아니었다. 강화도에 뿌려진 한 격문에서 의병들은 "今日 우리는 國家를 爲하여 盡力하는 者"라고 자신을 내세웠으며,[50] 경기의병장 河相泰는 "上以保國家之危하며 下以恤殘民케 하면 可謂臣民之道며 同胞之義오 若有違令之端則是는 非大韓食土之民心이오 倭賊之類라"[51] 하며 창의 목적이 '爲國爲民'에 있음을 분명히 하였다.

이런 인식의 바탕에서 호남의병장 沈南一은 "무릇 臣은 君의 팔다

---

48) 大韓倡義大將 李錫庸, 1908.3 「日書反對」, 『韓國獨立運動史』 一, 국사편찬위원회, 650쪽.
　　吾人倡義 專爲國爲民地(也) 而一日民散 國不爲國 可愛非國 而可畏非民乎 … 俾我五百年宗社 三千里疆土 大有光於四海 永有辭於後世 則萬萬幸甚.

49) 義所 曺, 1908.8.2, 「廣告」, 『韓國獨立運動史』 一, 국사편찬위원회, 643쪽.
　　嗚呼 夫我義擧 出於至誠 上輔國家 置於金石之安 外除凶寇 保此生靈之樂 … 凡我同志之士 各盡其力 以彰大義 辭於天下 豈不爲民之道乎.

50) 「暴徒에 關한 件」, 仁警秘收 第841號의 1 隆熙 2年 11月 12日, 『編冊』 12, 391面.

51) 河相泰, 1909.2.3 「令兎山郡居印主事壽昌三人等處」, 黃警高秘收 第147號 隆熙 3年 3月 8日, 『編冊』 13, 768쪽.
　　故로 如是更訓하니 令到卽刻에 前飭中排定條를 三人이 一齊如數來納하여 以輔義陣하여 上以保國家之危하며 下以恤殘民케하면 可謂臣民之道며 同胞之義오 若有違令之端則是는 非大韓食土之民心이오 倭賊之類라.

리요 民은 邦의 根本이다"고52) 하면서 민을 '국가의 근본'으로 인식하였던 것이다. 이러한 인식의 기저에는 여전히 '普天之下에 莫非王土요 莫非王民이다'는 전통적인 왕토사상과 民本思想도 자리 잡고 있었다. 그러나 의병들은 이전의 관념적 사유와는 달리 현실적으로 군주권을 상실한 상태에서 이를 대신할 국가의 실체로서 民을 더욱 중요하게 인식하기 시작하였던 것이다. 여기에는 호남의 명망 척사파인 奇參衍이 을사늑약의 책임을 물어 고종에게 "구차스럽게 하루라도 임금의 자리를 누리겠느냐"고53) 상소한 데서도 알 수 있듯이 국가가 국왕 일개인의 소유물이라는 전통적 인식에서 점차 벗어나고 있었던 것이다.54) 이처럼 의병들은 국가와 民의 관계에 대한 인식의 변화를 거치면서 민을 '國民'으로 새롭게 인식하기 시작하였던 것이다.

그러면 의병들이 격문에서 민을 국민으로 호칭한 사례를 통해서 국민을 어떤 의미로 인식하고 사용했는지 보자. 아래 예문은 경기와 호남 의병들이 민을 국민으로 호칭한 사례들이다.

　🉂 吾輩 今日의 倡義는 본래 一朝一夕에 其目的을 貫徹할 수 없지만 단지 우리 愛國同胞가 踵을 接하여 起하여 匕首와 爆藥으로써 處處에 排日하고 … 가까이로는 米國 8年의 血戰과 같이 멀리는 和蘭 37年의 血戰과 같이 한다면 國民의 熱誠이 어찌

---

52) 沈南一, 「檄告文」, 『沈南一實記』, 915쪽.
　　夫臣者君之股肱 民者邦之根本 臣民非后何戴 后非臣民罔使.

53) 奇參衍, 「上疏」, 『省齋奇先生擧義錄略抄』 卷2. 山河者 檀箕之古物也 國家者 祖宗之鴻業也 陛下奄有前聖之古物 嗣守先祖之鴻業 一朝棄遺之 是誠何 心哉 豈陛下以今日國勢 非人事之失 而實爲氣數之所迫 置之無可如何之地.

54) 趙東杰은 앞 논문, 16·25쪽에서 을사늑약 이후 최익현이 상소를 포기하고 의병을 일으킨 것이나 고종의 自盡을 강요한 것 그리고 李錫庸이 이 나라를 단군·기자의 나라라고 한 점 등은 君主主權이 아니라 國家主權意識에서 나온 것으로 이것은 한말 유생의병들이 군주의 無力을 직시하면서 군주가 주권행사를 하지 못하는 것을 전제로 한 固有主權說이라고 주장하였다.

성취되는 날이 없겠는가 … 바라건대 冥冥中에 我同胞의 昏夢을 覺醒하고 我同胞의 能力을 扶助하여 他日 我國民의 獨立戰에서 吾輩의 魂이 마땅히 그 跡을 追隨하여 統監府及軍司令部等을 打破할 때 … 我偉大한 國民이 凱旋하기를 觀한다. 우리 同胞 國民이여 共히 意가 있는가 없는가.55)

> **⑤** 況又度支內帑沒敢彼賊之掌握　戶布結稅盡歸彼賊之資糧矣 鄕遂云稍饒者 畏㤼受害於義陣 屛跡賊藪自安姑息. 此不可以國民待之矣.56)

> **⑥** 現今 倭奴는 我國 五百年來의 根基를 紊亂하여 我君母를 戮하고 我皇上을 勒하고 我太子를 奪하며 我民稅를 勒奪하기에 이르다. 거의 國家는 있으되 그 實은 없는 것과 같다. 君上에 正稅를 捧納함은 곧 由來 國民의 義務이다.57)

> **⑦** 一進會員 亦 韓國의 一國民이다. 國家에 다할 道義 義軍과 撰할 바 없다. … 그러므로 一進會員에 있어서도 國家安危에 關한 此秋를 當하여서는 大擧 써 國家의 柱石을 鞏固히 하여 國民의 義務를 다하는 것이야말로 則其本分이다.58)

> **⑧** 湖南義將 李起巽 中軍 梁東煥 先鋒 嚴錫雲 後軍 吳鎔根等이 謹히 檄文을 省內 各位에게 告白한다. 曰 우리 東國은 三千里 且 人民은 二千萬에 滿하다. 竊惟컨대 我朝는 禮樂文物이 燦然히 各所備하고 一般國民은 巷閭에 滿하여 童稚는 其隸賤을 養하여 君臣의 義 卑尊의 序 있음을 모르는 者 없다.59)

창의사 김봉기는 격문 **㉑**에서 '우리 愛國同胞가 곳곳에서 排日하면 國民의 熱誠이 어찌 성취되는 날이 없겠는가' 하여 同胞가 排日하게 되면 國民이 된다거나, '우리 同胞 國民이여' 하여 同胞와 國民

---

55) 金鳳基, 1907.7.3「全國同胞에게 布告하는 文」,『秘文』, 32~3쪽.

56) 尹仁淳, 1909.1.3「曉諭文」,『檄文』, 496쪽.

57) 湖南義所, 1908.1.22,「告示」羅秘發 第8號 隆熙 2年 1月 22日,『編冊』8, 523面.

58) 金泰元, 1908.8,「寄書于咸平郡咸平邑一進會支部」羅州發 第86號 隆熙 2年 4月 13日,『編冊』10, 296面.

59) 湖南義將 李起巽 等, 1909.3.2,「檄文」警收 第2241號의 1 隆熙 3年 5月 14日,『編冊』14, 389~390쪽.

을 병렬적으로 호칭하고 있다. 湖南義將 李起巽 등은 격문 ㉖에서 2천만 人民을 巷間에 가득한 一般國民으로 호칭하였다. 여기서 국민이란 개념은 同胞, 人民과 같은 의미로서 신분과 계급을 초월한 한국 주민 전체를 호칭하는 뜻으로 사용되고 있다.

국민의 개념이 한 단계 더 진전되는 것은 의병들이 국민에게 국가에 대한 義務를 강조하면서 나타나며, 이때의 국민은 한국 주민 전체를 호칭하는 의미와 크게 구별된다. 경기 의병장 倡義元帥部 右軍將 尹仁淳은 격문 ㉕에서 '稍饒者가 戶布·結稅를 義陣에 납부하지 않고 賊에게 납부하면 國民으로서 대우할 수 없다'고 하여, 국민으로 대우를 받을 수 있는 조건 즉 국민의 자격이 租稅를 義陣에 납부하는데 있다고 규정하고 있다. 호남의병장 金泰元 역시 격문 ㉖에서 '君上에 正稅를 捧納하는 것이 국민의 의무'라고 했듯이 納稅가 곧 국민의 의무인 것이다. 또 국민은 납세의 의무 외에 격문 ㉗처럼 '국가가 위기에 처했을 때 국가의 柱石을 공고히 하는 것'이 한국국민의 의무이자 그 本分이었다. 이처럼 당시 의병들이 호칭한 國民은 동포나 인민과 같이 한국 주민 전체를 가리키면서도 의무를 지닌 국가의 기본 구성원으로 상정되었고 그 가운데서도 특히 납세 의무가 강조되었다.

그리하여 스스로 '大韓民族의 代表者'임을 주장한 의병들은, 租稅를 "賊에게 納하는 것은 盜兵를 도와 적에게 편의를 제공하는 것에 不過하고 義陣에 納하는 것은 國讐를 토벌하여 國權을 회복하는"[60] 것이라며 租稅를 義陣에 납부할 것을 명령하였다. 때문에 창의원수부 중군장 李殷瓚은 '국민을 위하여 죽기를 결의한 의병이 믿을 것은 民穀과 大同結戶뿐'이며 '國結을 引하여 軍用에 補하는 것은 越權

---

60) 尹仁淳, 1909.1.6, 「傳令楊州邑內面面長處」, 『檄文』, 503~504쪽.
   爲星火擧行事　以結稅之收納事　已有所令飭矣　…　納于彼則不過資盜兵而齊盜糧也
   納于此則需用討國讐而復國權也.

도 犯法도 아니라'고 하였던 것이다.61) 즉 이은찬이 상정한 국민은 현 정부에게도 일제에게도 아닌 의병부대에 民穀과 大同結戶를 납부해야 하는 납세 의무자였다.

이와 같이 의병들이 民을 租稅納付의 의무를 지닌 國民으로, 나아가 그 의무를 다함으로써 국민으로 대우를 받는 것으로 인식하기 시작한 것은 "일제 침략으로 인한 국권의 정지 상태라는 역사적 조건 속에서 민족자존의 방어적인 인식의 증대와 공허해진 군주권에 대해, 민이 주체가 되지 않으면 안되었던 자기 인식의 확대에서 가능했던 것이다."62) 즉 국가와 민의 관계에서 租稅를 매개로 國民을 상정한 후기의병의 민에 대한 인식은 전통적인 민본의식과는 근본적으로 다른 것이었다.

나아가 비록 제한적 주장이기는 하지만 국민 의무에 대한 인식은 그에 상응하는 권리 의식으로까지 발전해 갔다. 예컨대 경기도 利川 倡義士 金鳳基는 排日의 방안으로 納稅拒否를 주장하면서 "代議士를 出하지 않으면 租稅를 納하지 않으며 維新도 이로써 하고 革命도 이로써 하는 것이니 원컨대 우리 國民은 日虜를 逐出하고 逆賊을 誅滅하기 위해 租稅를 納하지 말자는 3句語로 相約하자"고 주장하였다.63) 즉 國民은 租稅 납부의 의무를 전제로 代議士를 선출할 권리가 있으며 이 권리를 통해서 維新도 革命도 할 수 있다는 것이다. 이것은 곧 납세의무를 통한 대의사를 선출한 권리 즉 선거권 내지 피선거권 나아가서는 국민에 의한 국정개혁 내지 참여를 전망하

---

61) 李殷瓚, 1908.11, 「訓令各郡各面各里大小民人等」, 『檄文』, 386~387쪽.
爲訓者 義旅方旦於駐四境ᄒ야 號百餘家衆而終謩大擧長駐則 所泛者草餉與財政也라 夫爲國民弼(必-인용자)死者 無食則면 何以集事리오 今我義旅之所恃者ᄂ 民穀與大同結戶耳라 … 旣是爲國民以死로 以爲決案則 引國結補軍用이 以無大段越權犯法矣라.

62) 權寧培, 앞 논문, 204쪽.

63) 金鳳基, 1907.7.3, 「全國同胞에게 布告하는 檄文」, 『秘文』, 40쪽.

는 주권재민 의식의 반영이었다.

그러면 후기의병들이 납세의무를 매개로 민을 국민으로 인식한 상태에서 국가와 민의 관계를 구체적으로 어떻게 설정하고 있는지 보자. 倡義元帥部 中軍將 李殷瓚이 1908년 10월(음력) 各面各里斂座 앞으로 보낸 아래 「告示」에서 국가와 민의 관계가 집약되어 있다.

> 爲告者는 國有民而能保社稷ᄒ고 民有土而能養父母는 萬古以來不易相倚之勢也어늘 不幸于今日ᄒ야 誤以倭賊之奸譎은 將我三千里疆土沒入于賊手ᄒ고 二千萬同胞掃蕩無餘矣리니 夫失土掃民이면 國將 倚誰而能保社稷乎아 嗚呼라 古之亡國者는 國雖革이나 民土는 不變러니 今之殘國者는 國雖名이나 民土難保ᄒ니 言念及此에 毛骨竦然ᄒ야 寧欲折首而倒也 (中略) 今義旅之雖若凋落이나 安知後日之張大歟아 願我同志紳士는 莫作待時笑罵之類ᄒ고 一聲共濟則國讐를 可報而吾道全ᄒ고 疆土를 可復而民權을 庶保矣리니 然則成事는 人心을 不可不團結이요 軍糧은 富穀을 不可不執留이요 財備는 結戶를 不可不收用이요 除要은 倀鬼를 不可不用法이요 撫民은 挾雜을 不可不嚴이니 其外勃然惕勵ᄒ야 共圖大事之地千萬行甚.[64]

이은찬은 '國은 民이 있어 社稷을 보존하고 民은 土地가 있어 父母를 奉養하는 것은 萬古以來의 변하지 않는 相倚之勢'인데 '失土掃民' 즉 '三千里疆土가 賊手에 沒入되고 2千萬同胞가 掃蕩되면' 國이 존재할 수 없고, 또 "옛날의 亡國者(왕조의 교체-필자)는 國은 비록 변개되나 民과 土地는 변하지 않았는데 지금의 殘國者(쇠잔해가는 대한제국-필자)는 國은 비록 이름이 있으나 民과 土를 보존하기 곤란하다"고 하였다. 이은찬은 국민과 토지를 국가 구성의 기본 요소로 인식하면서도 '古之亡國者'와 '今之殘國者'의 차이가 '民土의 보존 여부'에 있다고 강조함으로써 國家와 社稷보다 民과 土의 보존을 우

---

64) 李殷瓚, 1908.10, 「告示各面各里斂座」, 『檄文』, 373~375쪽.

선하였다.

　나아가 이은찬은 '民은 토지가 있어야 부모를 奉養할 수 있다'고 함으로써 土地를 民의 생존권을 보장하는 전제로 인식하였다. 이것은 '民의 土地所有'를 강조한 것이다.65) 왜냐하면 이 격문의 말미에 그는 '同志紳士가 一聲共濟하면 國讐를 報하여 吾道를 全하고 疆土를 復하여 民權을 保할 수 있다'고 하여 결국 疆土 회복의 목적이 곧 民權을 보호(전)하는데 있음을 시사하였기 때문이다. 곧 이은찬에게 民이란 民本思想에서 벗어난 국가의 실체로서 토지를 소유하여 부모를 봉양할 수 있는 권리(民權)를 가진 자인 동시에 납세의무를 지닌 國民이었던 것이다.

　후기의병의 이러한 民權意識은 다른 격문에서도 확인할 수 있다. 예컨대 헌병보조원 출신이면서 이은찬이 체포된 뒤 倡義元帥部 中軍將이 된 姜基東은 1909년 4월 2일 파주군 金村面 面長 및 各里長에게 發한 「傳令」에서 國民이 '生活할 방도'가 없어 그 마음이 혹은 '貪財'하고 혹은 '合倭'하기 때문에 이를 저지하기 위해서 民權의 先進을 강조하였다.66) 이는 앞서 이은찬이 민권을 '民이 토지를 소유하여 父母를 奉養할 수 있는 권리'라고 한 것과 같은 의미임을 알 수 있다. 또 沈魯術이 1908년 5월 일본군의 귀순 권유를 반박하는 「歸順勸誘書에 대한 返書」에서 주장한 民權 역시 궤를 같이 한다. 즉 "우리 皇帝陛下께서 특히 民情을 察하시고 騷擾를 解하시어 所持

---

65) 대한제국의 토지조사사업에 관한 연구에 의하면 이 사업은 비록 일제의 간섭으로 실패했지만, 대한제국은 양전사업과 함께 지계사업을 통해 地契 발행을 통해 民의 '사적인 토지소유권을 국가가 공인'하였고 한다. 이에 대한 자세한 내용은 한국역사연구회 근대사분과 토지대장연구반, 『대한제국의 토지조사사업』(민음사, 1995) 참조.

66) 姜基東, 1909.4.2, 「傳令金村面面長各里長處」京警秘收 第896號의 1 隆熙 3年 6月 4日, 『編冊』 14, 505面. 爲星火擧行事 當今 倭賊專權國勢 三千里疆土 二千萬民終無活計 豈非寒心哉 倡義數年 毫無一利 機械不利 不啻國民各心所意 或貪財 或合倭 反害皇室 天下萬國 如此民心耶 先起倡義者 民權先進也 坐者起者 何不義兵耶 空拳合力 處處蜂起 仰天爲祝然.

한 兵器는 그 自由에 任하며 農商의 利亦 自由經營케 하는 者 證文
으로써 民權을 세우신다면 貴我 事를 같이 하여 市에 交함을 可타
할 것이다"고67) 하여 독립국가로서 證文하여 세울 民權으로서 '農商
의 利를 自由經營케 할' 권리를 강조하였다. 이와 같이 당시 의병들
은 근대 민주정치에서 요구하는 참정권과 같은 정치적 권리로까지
발전하지는 않았지만 최소한 독립국가의 국민으로서 부모를 공양하
거나 생활할 만큼의 토지를 소유하고 農商 등 경제적 활동의 자유를
보장받는 것을 국민의 권리 즉 민권으로 인식하였던 것이다.

이상과 같이 경기·호남 의병의 격문류에 나타난 國民 호칭은 영
토와 함께 국가 구성의 한 요소로서 납세의 의무자이자 토지소유와
경제활동의 자유를 가진 국민으로서 민을 인식하기 시작하였던 것이
다. 물론 이것이 서구의 근대국민국가의 국민처럼 완전한 주권재민
의 국민주의에 미치지 못한 한계는 있지만 전통적인 민본사상에서
벗어나 군주나 국가에 우선하는 국가의 실체로 인식하기 시작했다는
점에서 역사적 의미가 있다고 할 것이다.

5. 맺음말

이상과 같이 후기의병운동 과정에서 경기지방과 호남지방에 배포
된 격문류 각각 110종과 123종에 나타난 민에 대한 호칭과 그 용
례를 분석하여 의병지도층의 눈을 통하여 '民'의 성장과정을 살펴보았
다.

그 결과 의병들은 격문류를 통해서 민을 생령·인민·동포·민
중·민족·국민 등 다양하게 호칭하였다. 이들 호칭은 기본적으로
일제 침략이라는 민족적 위기 상황에서 신분과 계급을 초월한 사회

---

67) 沈魯術, 1908.5.7, 「歸順勸誘書에 대한 返書」, 韓暴特通 第2號 明治 41年 5月 14
日, 『編冊』 11, 146쪽.

구성원 전체를 뜻하였으며 이 가운데 주목되는 호칭은 동포, 민중, 민족, 국민이었다. 의병들이 가장 빈도수가 높게 호칭한 동포는 혈연적 역사적 공동체로서 의병운동에 직접 참여하지 않아도 物的으로 의병을 지원하는 국권회복의 주체였으며, 이때 '排日' 여부가 동포의 범위를 구분하는 중요한 기준이 되었다.

의병들은 민을 배일하는 동포로 개념 지우게 되면서 民은 民族으로 그 인식이 확장되었다. 이때 민족이란 '단군의 자손'이자 '4천년 문화의 후손'으로서 혈연적·문화적·역사적 공동체였다. 특히 義兵을 일컬어 '大韓民族의 代表者'라고 한데서 알 수 있듯이 민족을 일제에 대응하는 항일주체로 인식하였다. 즉 일제에 의해 타자(他者)화된 민족모순의 담지자로서 일제에 대응하는 저항적 주체로서 민족의식을 자각하기 시작하였던 것이다.

민에 대한 이런 인식의 변화는 을사늑약으로 외교권이 빼앗기고 1907년 7월 고종마저 강제 퇴위를 당한 사실상의 식민지('國亡')라는 현실인식에서 가능하였다. 때문에 창의의 궁극적 목적은 국권 회복이 될 수밖에 없었고 民이 그 주체가 되었던 것이다. 의병항쟁이 투쟁을 거듭하며 민중성을 강화해 가면서 民은 전통 사회에서의 '시혜 대상'에서 벗어나 토지와 함께 국가 구성의 한 요소이자 실체인 국민으로 인식되기 시작하였다.

의병들은 '亡國'의 현실 속에서 君主主權뿐만 아니라 통감이 통치하는 현 정부마저 부정하며 스스로를 '대한민족의 대표자' 즉 국가라고 주장하였다. 이에 따라 국권회복의 주체이자 국가의 실체로 인식된 民은 자연히 '대한민족의 대표자'인 義陣에 조세를 납부해야 할 의무를 지닌 국민으로 인식하였다. 이것은 곧 국가와 민의 관계를 납세의무를 매개로 새롭게 설정하고 납세의무를 지닌 民을 國民으로 인식하게 되었던 것이다. 또 납세 의무를 지닌 국민인 민은 토지를 소유하고 農商 경영의 자유권을 가진 민권의 소유자였고 이러한 민권의 증진이 창의의 주요한 목적이 되었다. 나아가 또 다른 격문에서는 '民이 정부에 국민의 대표인 代議士를 出하지 않으면 納稅를 하지 않으며 維新도 革命도 이로써 한다'고 주장함으로써 대의제를 통한 국민참정까지 전망하기도 하였다.

이상과 같이 경기의병과 호남의병의 격문류에 나타난 民에 대한 인식의 변화는 '망국'의 절박한 민족적 위기와 저항 과정에서 민에 대한 전통적 가치관의 재해석과 변이를 통해 나타난 것이었다. 그것은 민에 대한 전통적 민본사상에서 벗어나 내재적인 국민주의로의 발전을 전망하는 것이었다. 그러나 후기의병의 民에 대한 인식 심화 과정에서도 그들의 궁극적 지향의 한 축인 '吾道'의 보존이란 담론은 여전히 역사적 제한성으로 남아있었다. 때문에 의병운동에 내재화된 역사적 제한성으로 인한 民의 '주권재민의 국민주의'의 구체화는 이후 역사 발전 과정에서 극복해야 할 과제로 남겨졌다. 그 과제의 완전한 실현은 오늘도 현재 진형형의 역사를 밟고 있다.

식민지시기 부르주아 민족주의 계열의 '민족' 인식

김 광 운[*]

1. 머리말

지난 20세기는 일반적으로 '국민국가의 세기'로 불려졌다. 20세기 초 60여 개의 국민국가가 있었다면, 20세기 말에는 3배 이상 불어났던 것이다. 국민국가의 사전적 의미는 국경선으로 구별되는 일정의 영역으로부터 만들어지고, 주권을 가진 국가로서 거기에서 살고 있는 주민이 국민적 일체성의 의식을 공유한 국가를 일컫는다. 21세기에 들어선 현재까지도 국민국가는 국민정체성(Nation Identity)의 유지를 통해 개인과 세계를 연결하는 기본단위로 여전히 작용하고 있다.

인간은 자신의 판단에 따라 행동하지만 그들이 바라는 꼭 그대로 살 수 있는 것만은 아닌듯하다. 인간은 스스로 선택한 환경이 아닌, 과거로부터 넘겨받은 상황에서 다양한 사람들과의 관계 속에 살아왔

[*] 국사편찬위원회 편사연구관

던 것이다. 20세기 초 한반도에서 어떤 한 사람이 자신의 처지는 물론, 자아까지도 완전히 변화시켜 새롭게 태어나고자 하는 순간, 그는 죽은 세대들의 유산과 사회구조의 벽에 맞닥뜨렸을 것이다. 그가 물려받은 유산은 반제반봉건운동의 전통이었을 것이고, 그를 둘러싼 현실은 식민지 반봉건적 질곡이었을 것이다. 그는 문제 해결의 주체로 자기 자신을 먼저 떠올렸을 것이고, 나아가 그를 둘러싼 가족과 사회집단 및 또 다른 무언가를 상상했을 것이다. 그 가운데 우리에게 남아 있는 자료를 통해 확인할 수 있는 가장 유력한 주체는 다름 아닌 '민족'이었다.

한반도는 핏줄과 언어 면에서 동질적이며, 단일국가로서 오랜 역사적 전통을 지닌 사람들이 다양한 관계를 맺으며 살아온 세계에서 극히 찾아보기 힘든 지역 중 하나이다. 19세기 말~20세기 초 그곳에서 살던 주민은 이민족의 식민지지배 하에서 여러 층위의 새로운 관계를 자각하고, 자신들을 한 개 집단의 구성원으로 주장하곤 하였는데, 그것이 곧 '민족'이었다. 고려 이후 1천 년 동안 단일민족국가로, 그것도 중앙집권화가 강화되는 형태로 발전시켰으며, 언어와 문화공동체의 발전도 전근대적인 것이었지만 국가의 발전과 궤를 같이하였고, 지리적 위치도 조선 초기에 확정이 되다시피 하였다. 민족의 형성에서 이와 같은 조건은 근대로 넘어올 때 민족의식과 민족주의에 심대한 자양분이 될 수 있었다.[1]

민족은 영어 'nation'의 일본어역이다. 20세기 초반에 활동했던 사람들은 그들이 '민족'이란 단어를 사용할 때 정확한 개념을 규정하면서 사용하지 않았고, 동일한 언어가 전혀 다른 의미로도 쓰여졌던 것 같다. 즉 당시 사람들이 남긴 기록에서 찾아낸 민족 개념을 통해 우리가 쉽게 정리할 수 있는 것은 민족 용례의 문화적, 정치적 의미

---

1) 서중석, 「한국에서의 민족문제와 국가」, 『근대국민국가와 민족문제』(지식산업사, 1995), 112쪽.

를 분류하는 것이 될 것이다.2) '민족'이 인류를 분류하는 구분단위의 하나인 것은 분명하다.

인류의 분류에는 인종·부족·민족 등 여러 가지가 있으며 간혹 혼용되기도 한다. 인종은 피부색, 모발, 눈의 빛깔, 골격구조, 용모, 혈액형 등 여러 가지 유전적·신체적 특징에 의하여 나눈 단위이며, 부족은 일반적으로 일정한 지역에 살며 공통된 언어와 종교를 갖는 등 동질적 문화를 갖는, 어느 정도 우리라는 의식을 가진 사람들의 집단을 일컫는다. 이에 반하여 민족은 나라마다, 학자에 따라 개념 규정이 너무도 다르다. 그만큼 역사적 경험의 다양성을 반영한 용어라고 할 수 있으며, 따라서 앞으로도 그 개념이 계속 바뀌어나갈 것이다.3)

중국에서는 1899년 민족이란 단어를 처음 사용하였으며, 문화적 보편주의에 입각한 정치공동체가 더 이상 중국 지식인에게 설득력을 가질 수 없었던 위기상황을 반영한 지표였다고 한다.4) 물론 초기에는 '종족' 개념과 혼용되었다. 역사적으로 하나의 종족으로 살아온 한민족도 여러 형태의 공동체를 겪어 왔는데, 근대 세계체제에 편입되던 시점에 국민국가 또는 민족국가를 새로운 정치공동체의 모델로 선택하고자 하였다. 이 과정에서 자연스럽게 국민(민족)국가의 집단

---

2) 홉스보움(강명세 옮김), 1994, 『1780년 이후 민족과 민족주의』, 창작과 비평사, 34~35쪽.

3) 민족에 대한 설명 가운데 '문화공동체론'과 '경제공동체론'이 영향력이 크다. 둘의 차이는 혈연과 언어를 중시할 것인가 혹은 문화의 공통성, 경제의 공통성인가의 문제이다. 분단 60년을 맞이하는 한민족의 경우 문화와 경제적 공통성을 우선하면 남과 북의 주민은 이민족이 된다. 때문에 일각에서는 민족의 징표 가운데 혈연과 언어의 공통성을 강조하기도 한다. 민족이 혈연 단위를 기본으로 한다고 할 때, 그것은 생물학적 개념이라기보다는 사회과학적 개념이다.

4) 백영서, 「중국의 국민국가와 민족문제 : 형성과 변용」, 『근대국민국가와 민족문제』(지식산업사, 1995), 86쪽. "전통시대의 중국은 엘리트인 사대부에 의해 주도된 자기완결적인 '문화'를 보편적으로 받아들인 '문화주의'의 세계였고, 19세기 말 서구와 접촉함으로써 비로소 자기정체성을 국민국가에서 찾는 '민족주의'로 전환"하였다고 한다(백영서, 같은 책, 82~83쪽).

적 주체인 '국민'(민족)이 관심의 대상으로 부각되었다. 더불어 '민', '동포', '국민', '민족'이 무엇이며, 누가 포함 혹은 배제되느냐를 둘러싸고 다양한 논란을 불러일으키기도 하였다.

그런데 한 세기가 지난 지금까지도 민족, 민족운동이란 무엇이며, 어떻게 형성 추진되었으며, 그것에 가치 부여를 하는 것이 과연 의미 있는 작업인가에 관한 문제는 학계에서 여전히 논란 중에 있다. 20세기 초두, 이민족의 지배에 맞서 민족운동을 추진하려면 사람들은 먼저 그 담당자인 민족이 이미 실재하고 있어야 했기 때문에 자연스럽게 문제를 제기하였을 것이다. 그런데 '포스트모던'이 논란되는 현재까지도 민족, 민족운동의 개념 규정을 둘러싼 혼란이 왜 여전히 계속되고 있는가? 이와 관련하여 서중석 교수는 "민족주의에 대한 이해가 왜곡되어 불구적으로 되었기 때문"이라고 진단하였다.5)

1920년대 활동한 조선인 사회주의자들부터 민족주의를 이분법적으로 이해하였다. 그 결과 무시할 수 없는 원초적 특징들을 배제함으로써 민족주의의 역사를 불구화하는 데 앞장섰다. 1945년 해방 직후까지도 사회주의자들의 민족주의에 대한 일반적 이해는 "프롤레타리아트에게 민족적 대립은 일체 존재하지 않는다. 따라서 민족주의를 부르짖는 자는 자본가 지주의 이해를 대표하는 '국가주의자' '애국주의자'로서 반동의 흐름"이었다.6)

민족주의자들의 민족관도 모호하고 불연속적이었다. 이광수와 서춘의 예에서 확인할 수 있듯이 그들의 민족에 대한 논설은 역설적이

---

5) 서중석, 「일제시기 사회주의자들의 민족관과 계급관」, 『한국근현대의 민족문제 연구』(지식산업사, 1989), 69쪽.

6) 유영우·장계춘 편, 『사회과학사전(프로레타리아사전)』(노농사, 1947), 93쪽. 코민테른의 경우 '민족적 과제'를 제2회 대회 이후 계속 고민했지만, 계급적 과제와 어떻게 통일시킬 것인가에 대한 논리를 정리하지 못한 채, 1935년 이후 각국의 구체적, 역사적 실천과정에서 논리화되도록 할 수밖에 없었다.

고, 모순된 측면을 갖고 있었다. 이광수는 1932년까지도 자신을 민족주의의 화신으로 묘사하곤 하였다.7) 따라서 사료에 대한 엄밀하고 비판적인 접근이 필요하다. 이 글에서는 각 진영이 소리 높여 제창한 '민족'이라는 용어에 대한 명확한 개념 정리, 또는 그들이 내세웠던 논리에 대한 비교·분석은 많지 않았다고 할 수 있다.

본 연구에서는 부르주아 민족주의자들이 서술했던 여러 문건에 산재한 '민족'이라는 용어의 용례를 비교·검토함으로써 그들이 내세웠던 '민족'의 역사적 실체가 과연 무엇이었는지를 분명히 하고자 한다. 또한 한반도 주민 전체를 하나의 사회생활집단으로 여긴 '민족' 감정 상태와 현실에서 '민족'으로 표방된 정치적 응집체의 특질을 구분해 보고자 한다.

민족주의, 민족운동을 둘러싼 기왕의 논의는 어떠했을까? 이 글에서 다루고자 하는 1920년대 부르주아 민족주의운동과 관련하여 먼저 운동이 대두하게 된 배경에 대해서는 한말 이후 도입된 사회진화론적인 세계관의 영향 지속, 부르주아적 계급기반 및 일제의 문화통치를 통한 유도 등이 공통적으로 거론되었다.

그런데 이 가운데 어느 것을 강조하느냐에 따라 운동의 위상과 평가가 크게 달라진다. 신용하 교수는 사회진화론에 근거한 실력양성운동의 연장선상에서 파악함으로써 "당면의 민족적 과제인 국권회복을 위한 민족주의 이론을 자주적으로 정립하고 발전"시켜 즉시 독립이 불가능한 상황에서 장기적으로 민족의 실력을 길러 민족의 살길을 도모하고자 한 주류적인 민족운동이었다고 긍정적으로 평가하였다.8)

---

7) "近來에 民族이라는 말을 忌하는 사람이 잇다. …… 民族은 永遠의 實在다 …… 이러한 때에 잇어서 民族이란 말을 忌하고 辱하는 者는 마땅히 民族의 罪人이라고 極言하여야 할 것이다" "문화의 向上을 基調로 하는 民族의 運動의 原動力을 作하는 것은 一般 大衆이 아니요 實로 인텔리겐치야層이다"(이광수, 1932 「朝鮮民族運動의 三基礎事業」, 『동광』 제30호, 13~15쪽).

반면에 서중석 교수는 사회진화론을 차용했던 민족개량주의자들
은 "미·일 숭배자, 근대화 지상주의자로서 민족의식이 희박하거나,
제국주의의 침략논리에 동화되어 민족해방운동을 교란·방해"한 반
민족주의자들이었다.9)

1920년대 전반기 부르주아 민족주의운동의 대표 격이라 할 물산
장려운동이 실패로 끝난 이유에 대해서도 일제당국의 탄압을 주된
이유로 보거나, 아니면 사회주의자들의 방해를 주된 이유로서 들어
왔다. 운동을 평가하는 데 추진주체들의 상태를 비껴갈 수 없을 것
이다. 이와 관련하여 최근에는 운동주체들의 약체성 등이 지적되고
있다. 그런데 그들의 약체성이 무엇으로부터 비롯되었는지에 대해서
는 그들의 계급적 기반을 지적하는 수준을 벗어나지 못하고 있
다.10)

부르주아 민족주의 운동주체들의 한계성은 민족의 대동단결을 명
분으로 내걸었으면서도, 민족 구성원들의 조선독립에 대한 요구를
회피할 수밖에 없었던 이중적 자세 내지 동요성에 관한 지적일 것이
다. 선행연구들은 현실에서의 민족주의운동의 복잡한 전개를 재구성
한 점에서 탁월하였지만, 관념적 이념을 기준으로 다양한 정치현상
을 무리하게 해석하고 있기도 하다. 즉 정치사상사의 흐름을 이념형
으로 정리하는 데는 기여하였지만, 당시 조선인들이 겪은 세계관과
민족관의 변화가 어떤 것이었으며, 왜 그렇게 되었는지에 대해서는
설명이 부족하다.

필자는 물산장려운동 내부에 조선인자본 상층을 중심으로 자본가

---

8) 신용하, 『한말 애국계몽운동의 사회사』(나남, 2003), 126쪽.

9) 서중석, 앞의 책, 75쪽.

10) 1920년대 부르주아 민족주의의세력의 계급적 기반과 관련하여 半地主的 경제기
반으로 보거나, 일제에 예속된 자본가층으로 견해가 갈려있다. 최근에는 '문화운
동'과 '자치운동'을 구분하여 조선인 자본 내 상층과 최상층으로 파악하기도
한다.

계급의 육성을 목표로 했던 '문화적 보수주의' 입장과, 조선인자본 하층 혹은 영세소상인을 중심으로 자주독립의 물적 토대 마련을 지향한 '정치적 혁신주의' 입장이 미분화된 상태로 엉켜 있었다고 본다.11) 이 글에서는 민족 혹은 민족주의가 급부상하였던 1920년대 전반기의 상황에서 그것이 '근대성' 혹은 '전통성'의 양면 다시 말하면, '문화적 보수주의'와 '정치적 혁신주의'가 결합된 조선인들이 '바라는 것의 실체'였음을 살펴보고자 한다.

2. 일제의 조선 강점과 조선 '민족'의 자기 재발견

한민족은 조선 후기 이래 반봉건 변혁운동을 고양시켜 나가던 와중에서 타율적 개항을 맞이한 후 새로운 국제관계 질서 속에서 자신의 국가를 근본적으로 새롭게 定位해야 할 과제까지 함께 짊어졌다.12) 그런데 봉건군주국가에서 근대국민국가로의 이행과정에서 한민족은 사회세력간 이해관계의 상충을 드러냈다. 봉건적 토지소유관계의 유지에 집착하는 지배세력은 여전히 강고하였다. 이에 대항하여 농민적 토지소유를 실현하고자 하는 광범한 피지배세력의 운동은 낡은 사회질서를 변혁하는 데 역량의 한계가 있었다. 지배세력 내부에서도 척사위정파와 개화파로, 또 독립협회와 광무정권·광무개혁파의 대립과 갈등이 계속되면서 어떤 집단도 주민 구성원을 '근대국

---

11) 클리포드 기어츠(Clifford Geertz)에 따르면, "전통적인 것으로부터 근대적인 것으로의 단순한 진보는 없을 뿐만 아니라, 그 과정은 뒤틀리고 간헐적이며 불규칙한 것으로 과거의 감성으로부터 절연하는 것만큼 자주 그것을 다시 회복하는 방향으로 나타"난다. 기어츠는 자기자신으로 남아있는 '전통'과 '새로운 시대조류'로 말해지는 것 - 근대화 혹은 시대주의 혹은 문화적 보수주의와 정치적 혁신주의의 긴장된 결합이 민족주의의 중추에 공존한다고 주장하였다(클리포드 기어츠 (문옥표 역), 『문화의 해석』(까치, 1998), 281~287쪽).

12) 정창렬, 「근대국민국가 인식과 내셔널리즘의 전개」, 『한국사』 11(한길사, 1994), 70~72쪽.

민의식'으로 통합시키지 못하였다.

대한제국의 몰락 이후, 민족 최대의 과제는 국가주권의 쟁취였다. 그런데 한민족이 찾고자 했던 주권은 더 이상 왕권의 회복이 아니었다. 주권문제 해결을 위해 투쟁한 세력의 이념적 기초는 당시의 시대 상황, 조류에 따라 공화주의였다. 다만 주권 수호·쟁취운동의 전개과정에서 비롯된 정치이념을 달리하는 자본주의적 공화제와 사회주의적 공화제로의 분화 가능성을 내포하였다. 국권회복운동이 임시정부 수립운동으로 구체화되면서, 그 방략을 둘러싼 운동세력간 차별성도 표출되었다. 이것이 당시에는 큰 대립을 가져오지는 않았지만, 그 결과적 차이는 상당히 컸다.

위로부터의 개혁을 추진한 세력의 세계관은 근대주의에 입각한 것이었다. 그들은 '민족'의식을 결여한 채, 산업화에만 관심을 집중시킴으로써 대중을 결코 역사의 주체로 파악할 수 없었다. 때문에 자신들이 권력의 핵심만을 장악하면 대세를 영도할 수 있다고 믿었다. 또한 대중의 조직화보다는 국제정세의 흐름에 관심을 기울였다.

이에 반하여 밑으로부터의 변혁을 추진한 세력은 자기 대중에 기초하여 국권회복운동을 펼쳤다. 민족 내부의 단합을 통해 민족문제를 해결코자 했던 이들은 무장투쟁에 힘을 쏟았고, 이후 대중을 의식화·조직화하기 위한 새로운 사상적 근거를 찾아나갔다.

1910년 일제에 의한 한국 강점에 따라 사회진화론에 입각한 근대국가 건설 구상과 대한제국시기부터 맹아적으로 나타났던 역사발전주체로서의 '국민' 인식은 파산 당하였다. 일본은 1910년 조선을 강점하면서 '완전히' 그리고 '영원히' 조선을 지배하고자 하였다.13) 일본제국주의에 의한 조선 식민지지배의 특징은 '동화주의'(同化主義)이다. 지배와 억압, 흡수와 합병을 위한 '동화'의 중심에는 천황

---

13) 1910년 8월 29일 「한국병합에 관한 조약」에서 "영구히 한국을 병합한다"고 하였고, "일체의 통치권을 완전히 그리고 영구히" 양여한다고 표현하였다.

제가 자리 잡았다. 근대국민국가의 통합원리로 전혀 설득력을 가질수 없는 천황제가 일본이 아닌 식민지 통치 하에 있는 조선의 주민을 통합할 수 없었다. 일본에 의한 조선 식민지 지배는 물리적 폭압을 항상 동반할 수밖에 없었다.

일제의 조선 주민 동화정책은 조선적인 모든 것의 파괴, 해체였다. 조선 주민의 혈연적·언어적·문화적 동질성과 정체성을 부정하는 것이었다. 일제는 근대화를 내세워 조선 문화와 민족성을 파괴하였으며, 조선어 사용을 금하였고, 창씨개명을 획책하는 방향으로 나아갔다. 언어공동체, 역사공동체를 해체시킨 연장에서 '성'(姓)을 매개로 하는 '각자 조상형'의 다원적인 혈통주의집단인 '조선'을 해체시켜 가족주의적 혈연제인 '씨'(氏)를 단위로 천황을 정점으로 체계화된 일원적 피라미드구조 속에 편입시키고자 했던 것이다.14)

일제의 '조선' 말살통치에 대하여 조선인들은 강렬하게 저항하였다. 일제와의 투쟁과정에서 조선 주민은 더 이상 가족·동족 내 위계질서에 묶여있는 과거의 '촌락 구성원'이 아니었다. 봉건제 해체의 고전적 길은 실제로 농민이 자유로운 상품생산자=소유자의 지위에 근접하는 것이다. 그러나 이 길을 거친 것은 유럽의 두세 나라에 불과하다. 아시아의 대부분의 나라처럼 식민지 조선에서 봉건제의 해체는 다른 길을 걸었다. 즉 봉건적 소유가 지주=부르주아적 소유로, 예속농민=토지점유자가 몸은 자유롭지만 고율의 소작료를 지불하는 소작농으로 바뀌었다. 봉건적 토지소유와 경제외적 강제는 해체되었지만, 사회의 다수였던 직접생산자 농민은 여전히 착취당하였다.

꽤 커다란 집단을 이룬 사람들이 자기 불행의 이유를 이민족의 지배에서 찾으면서 자신들을 한 '민족'의 구성원으로 생각하였다. 또

---

14) 강창일, 「일제 초기 식민통치의 전략과 내용」, 『일제 식민통치연구』 1(백산서당, 1999), 85~86쪽.

이 집단에 대해 그들이 그렇게 생각하도록 설득하는 사람들도 1904년 이후 활동을 강화하였다. 민족국가 건설을 요구하는 '사회적 실체'로 민족이 등장하였던 것이다. 여기서 민족주의운동의 발전과정에서 하나의 획기를 그은 사건은 3·1운동이었다. 그런데 3·1운동을 통하여 부르주아 민족주의세력이 지닌 취약성, 이념의 한계가 드러났다. 그 결과 '민중직접폭력투쟁노선'과 '문화운동' 간의 괴리, 민중운동과 부르주아 민족주의운동 간의 분열이 시작되었다.

1919년 3·1운동은 모든 계급을 초월하는 전민족적인 '선언' 운동으로서 근대민족국가 건설운동의 분기점이었다. 애국계몽운동기에 두 갈래로 분화했던 사회운동의 흐름은 일제의 민족적 억압과 경제적 수탈을 경험하면서 이 시기에 이르러 일본제국주의에 합작 대항하여 공화제국가를 건설하자는 논리로 발전하였다. 그 결과 복벽주의는 청산되었고, 위로부터의 개혁 움직임은 자본주의국가 건설노선으로, 밑으로부터의 변혁 움직임은 사회주의국가 건설노선으로 발전해 나갔다.

3·1운동 이후 조선인들은 일제의 금압을 뚫고 자신들의 문제-민족문제를 공공연하게 논의해 나갔다. 이것을 주도한 세력은 부르주아 민족주의자들이었으며, 신문과 잡지들은 "민족을 발견하고 부활의 송가를 부르기" 시작했다. 1919년 3·1운동을 계기로 한국주민집단은 역사발전의 주체로서 '민족'을 재발견하기에 이르렀던 것이다. 그러나 그것은 단절이 아니었다. 역사발전의 주체로 성장하던 '국민' 인식이 '민족'으로의 결집을 추동하는 힘이 되었던 것이다.

그런데 당시 부르주아 민족주의자들이 포착 혹은 상상한 민족 인식은 '개인과 사회·국가의 유기체'였다. 즉 "민족은 단(單)히 개인이 다수히 집합한 것이 아니오 또한 그 독특한 존재를 구유한 일개 실체니 개인은 대대로 생사변천 할지라도 민족이란 '전체'는 영영 계속하야 흐르는 생명이로다. 개인은 오히려 기중(其中)에 생(生)하며 기중(其中)에서 양육되야 일개 인격을 성(成)하는 것이 아닌가. 개인의 물질적 생명은 물론 자연히 흥하거니와 정신적 그 인격은 그 사회 민족이 여(與)한 바이나 우리의 인격 내용을 형성하는 도덕 지식 종교 등을 실로 사회로부터 획득한 것이로다. 따라 민족의 특성은 곳 이(移)하야 개인의 존재내용이 되는 것이며 민족의 특성은 그 생활의 역사에 의하여 형성되는 것이로다"였다.15) 경쟁의 기본단위를 민족으로 파악하였으며, 그 민족은 개인의 집단이므로 사회 구성원 개개인의 자각과 개성의 발전을 통해 근대화를 실현할 수 있다고 보았던 것이다.

3·1운동에 고무되어 국내외에서는 이른바 '삐라정부'를 포함하여 7개의 임시정부가 선언, 수립되었다. 정부 수립의 주체와 지역은 다르지만 이들이 지향한 정부 형태는 국민 주권에 바탕을 둔 공화제였고, 1919년 9월 이후에는 세 정부가 통합 과정을 거쳐 민주공화제를 헌장 제1조에 명시한 상해 대한민국임시정부로 거듭났다. 상해 대한민국임시정부는 임시헌장 제1조에 민주공화제를 명시함으로써 국민 주권을 규정하고 있다. 중국 안이라는 지역적 제한성이 있지만, 임시의정원 의원을 주민 투표를 통해서 선출하는 등 기본 방향에서는 국민 주권을 실현하고 있고, 여러 하위 법을 제정하여 국민의 기본 권리와 의무를 규정하였다.16)

일제의 정치적 억압 아래 살았던 식민지 민족 성원들은 민족국가 건설문제에 대하여 동일한 이해기반을 가지고 있었다. 그런데 일제와 한국 주민집단 사이의 민족모순은 식민지 내의 계급관계를 매개

---

15) 安廓, 『自覺論』(滙東書館, 1920), 10쪽.

16) 비록 국권을 상실했지만 '민'과 '주권'에 대한 자각은 자연스럽게 민족해방운동의 궁극적 목적이라고 할 수 있는 신국가 건설의 방향으로 이어졌던 것이다. 상해임시정부가 공화제를 채택한 이래, 부르주아 민족주의진영의 국가건설론은 1948년 8월 대한민국이 성립되기까지 일관되게 국민주권론에 바탕을 둔 공화제였다.

로 실현되었다. 자본 대 노동, 식민지권력·지주 대 소작농민이라는
생산을 둘러싼 사회적 관계의 대립은 민족 내부에서 항일운동의 방
법론, 신 국가 건설의 주체와 노선 등을 둘러싸고 갈등을 불러 일으
켰다.

이 과정에서 '민족'의 실체에 대한 파악은 각 세력마다 다를 수밖
에 없게 되었고, 민족운동의 성장, 발전과 함께 민족 인식의 스펙트
럼도 확산되었다. '민족' 혹은 '민족' 문제에 대한 민족주의진영과 사
회주의진영 사이의 극명한 인식 차이는 한국 민족이 앞으로의 한국
사회를 어떠한 모습으로 창출해 나갈 것인가의 목표를 달리하게 했
으며, 주권 쟁취와 신 국가 건설의 주체 및 내부구성을 어떻게 편성
하는가 하는 문제에서도 서로 다른 길을 걷게 하였다.

3. 3·1운동 직후 부르주아 민족주의
계열의 '민족' 제기와 그 의미

이제 1920년대 전반 부르주아 민족주의계열이 사용했던 '민족'이
란 단어의 용례와 그 의미를 살펴보자. "민족을 발견하고 부활의 송
가를" 앞장서서 부른 『동아일보』는 창간사에서 "오즉 공통생활의 역
사로 공통한 문화(文化)를 유(有)한 자는 곳 한 민족(民族)이라 칭
할지니 …… 조선민족을 생(生)한 자도 오즉 4천년 역사(四千年 歷
史)오, 이를 망(亡)케 하는 자도 또한 그 역사(歷史)로다. 조선역사
를 떠나 어데 조선인이 존재하리오. 설혹 자연인은 잇다 할지라도,
대(大)하도다 역사(歷史)의 공효(功效)여 …… 민족은 역사적 발달
이며 역사는 지리와 인종상의 관계를 수(隨)하야 각각히 특수한 발
달을 수(遂)하나니, 따라서 민족은 각각 그 특징을 유(有)하며 또한
단일한 실체를 구성하야 타(他)와 혼합치 않이 하랴는 성질을 유
(有)하니라"라 하여,[17] 신 국가 건설상 '국민'의 운동이 아닌, 역사

학 혹은 인류학 개념으로 '민족' 용어를 사용하였다.

그런데 부르주아 민족주의자들의 민족 인식은 동양의 오랜 전통인 '문화주의 국가관'의 연장선상에 있는 것이었다. 당시 민족 논의를 이끈 사람 중의 하나인 이돈화는 '민족적 특성'의 징표로 "민족 전체를 대표할 만한 즉 언어, 풍속, 종교, 도덕, 습관"을 지적하였다. 이어서 조선민족의 민족성을 말하면서 그는 "조선인은 선으로 능히 동방군자의 국(國)이 되엇던 것이오. 반도예의(半島禮儀)의 방(邦)이 되엇던 것"이라고 서술하여 문화주의국가관을 분명히 하였다. 나아가 그는 "조선인은 과거 세계 현상으로 보아 확실히 열패자(劣敗者)의 일(一)이엇다. 특히 물질문명의 패자엇다. 물질로써 빈혈자이었다. 고로 조선인이 금후행로는 먼저 물질 문명에 착수치 아니함이 불가하니라"고 결론지었다.[18]

『동아일보』는 1차 대전 이후 세계정세에 대해서 "현대는 민족경쟁시대"라고 규정하고, 민족주의의 대사조와 대정신이 지배하는 시대라는 전제하에서 민족주의를 주장하고 스스로 민족주의자임을 천명하였다.[19] 이들의 논리는 인격의 발달 등을 통한 민족운동의 체제 내적인 타협과 계급적으로 일제 권력 및 자본에의 종속적 발전을 지향하였다. 따라서 이러한 입장의 민족 인식은 민중운동의 성장을 경계하였고, 사회주의운동 혹은 직접무장투쟁에 대하여 적대적인 입장을 취하였다. 예컨대 1920년 봄, 여름에 걸친 천마산대의 평북 일대에서의 활동으로 인한 행정 마비 상태를 '중대한 위기'로 규정하고 "현재의 대운동(大運動)은 일조일석(一朝 一夕)에 지(止)할 것이 아니다"라며 민중의 급진운동에 부정적인 견해를 분명히 하였다.[20]

---

17) 『동아일보』 1920년 4월 6일자.

18) 이돈화, 「朝鮮人의 民族性을 論하노라」, 『개벽』 제5호, 1920, 2~10쪽.

19) 『동아일보』 1922년 7월 26일자.

20) 『동아일보』 1920년 8월 25일자.

사회주의 사상의 영향을 받은 학생들의 동맹휴학에 대해서도 "사회
의 병적 현상"이라 인식하였다.21)

 언어는 민족 동질성의 한 요소에 불과한 것이 아니라 그것을 매
개하는 『동아일보』와 같은 신문을 통해 특별한 결속감을 만들며 상
상의 공동체를 창조해 낼 수 있는 능력을 발휘하였다. 이와 관련하
여 당시 '민족'의 재발견과 함께 유행한 용어가 '개조'였다는 사실은
우연이 아니었다. "곳곳마다 팽창하고 사람마다 절규함은 개조"였던
것이다.22) 이 용어를 즐겨 사용한 사람들은 무엇을 바꾸고 싶었을
까? 그것은 조선의 정치적, 문화적 현실이었다. 즉 "조선은 그저 나
체이고 굶주린 창자이고 사막세계일 뿐이었고 문명의 낙오자요 귀머
거리요 벙어리요 장님"으로23) 인식하였던 것이다. 그리고 그곳에
살고 있던 "민중은 우중(愚衆)일 뿐"이었다. 당시 부르주아 민족주의
자들은 바로 자신들만이 "생활의지와 권력의지가 가장 강대한 소수
자, 가장 잘 과거를 해탈하고 가장 잘 자아를 포착하였던 소수신
인"24)으로 민족개조를 지도할 민족의 선각자, 민중의 지도자라고
자부하였다. 미개와 문명의 구도 속에서 민족은 미개한 민중과 이를
지도할 문명으로서의 유식・유산계급으로 분리되어 인식되었던 것이
다. 유식・유산계급에게 민족 내부의 민중이란 동원의 수단, 계몽의
대상일 뿐이었던 것이다.

 『동아일보』의 대표 논객이었던 이광수는 당시 조선 민족을 다음
과 같이 인식하였다.25)

---

21) 『동아일보』 1922년 2월 12일자.

22) 李駿錫, 「生活의 改造와 愛」, 『開闢』, 1920년 8월호, 90쪽.

23) 「發行의 辭」, 『曙光』 1919년 11월호, 2쪽.

24) 金起瀍, 「우리의 出發點과 到着點」, 『開闢』, 1921년 12월호, 17쪽.

25) 魯啞子(이광수), 「少年同盟과 朝鮮民族의 復活」, 『開闢』, 1922년 2월호, 61쪽.

"현재에 있는 것과 같은 조선민족으로는 생존의 능력이 없고
능력이 없으니 권리도 없습니다. 제가 입는 옷감도, 제 몸치레
하는 물품도, 바늘 한 개, 당성냥 한 개비도, 제가 다니는 길도,
대학교 하나, 도서관 하나, 제가 먹는 약 하나 만들 줄 모르는
조선민족, 서로 속이고 시기하고 잡아먹고 용기 없고 주의 없고
게을러빠지고 진취성 없고 따라서 세 놈도 한 데 뭉칠 수 없는
현재의 조선민족은 생존할 능력도 권리도 없는 무리외다"

이광수는 조선민족의 생활을 지배하고 있는 힘이 '팔자설'(八字說)
이며 우리 민족의 현재의 쇠퇴를 초(招)한 원인 역시 조선민족의 근
본사상이었던 '숙명론적 잡신교'에 있다고 단정하였다.26) 그에게 조
선민족은 '참되고 부지런하고 신의 있고 용기있고 사회적 단결력이
있고 평균하게 부유한' 모범민족으로 개조되어야 했다. 그도 역시
민족의 중추계급으로 "식자계급·유산계급"을 지목했으며, 민중은 그
들이 지도해야 할 무식계급·무산계급에 불과했다. 그는 "문화운동
도 결국은 중추계급조성운동"이라고 주장하였다. 만약 현 상황을 개
조하지 않으면, "이대로 가면 백의인종(白衣人種)의 그림자가 영영
조선 땅에서 소멸되리라"고 보았다.27)

이 같은 인식은 부르주아 민족주의세력에게는 일반적인 것이었다.
『개벽』에 실린 논설에서는 "민족의 흥륭(興隆) 여부는 그 민족이라
는 명사 속에 포함된 동포의 머리수의 다과(多寡)에 잇지 아니하고
그 동포 중에 상당한 머리와 상당한 손을 가진 사람의 수가 전 동포
수의 기분(幾分)에 당하느냐 하는 문제 다시 말하면 그 민족의 일반
문화 정도가 어떠하냐 하는 문제에 결정되는 것입니다."라고 주장하
였다.28) 이 역시 민족 구성원을 2천만이라고 보면서도, 내부의 유

---

26) 이광수, 魯啞, 「八字說을 基礎로 한 朝鮮民族의 人生觀」, 『개벽』 제14호, 1921,
    35~45쪽.

27) 魯啞子, 「少年同盟과 朝鮮民族의 復活」, 『개벽』 제20호, 1922, 57쪽.

식자와 무식자를 대비시켰다.

일제의 합법적인 틀 안에서 '산업진흥'과 '교육진흥'을 목표로 하는 '문화적 보수주의'의 입장과 관련해서 주목해야 할 부분은 '실력양성'의 주체로서 이들이 주장한 '중추계급 중심론'이다. 예컨대 민족개량주의 노선의 대표적 이론가였던 이광수가 1921년 7월 『개벽』지에 발표한 「중추계급과 사회」는 "'전 조선민족의 중심계급'으로서 '사회 제직무의 경중대소의 차별'에 근거하여 민중이 '복종할 중심인물'로 규정"하고 있듯이 신 국가건설에서 '국민' 내부의 두 집단을 구분하여 각각 위상과 역할을 달리 규정하고 있다. '국민'에 대한 이런 엘리트주의 인식이 곧 항일운동의 주체와 국가건설 방안에서 차이를 드러나게 하는 요인으로 작용하였다.

이광수는 '중추계급'을 통해 정치적 혁신을 이룰 수 있다고 보았던 것이지, 결코 문화주의에만 탐닉하여 정치운동의 중요성을 무시했던 것은 아니었던 것이다. 부르주아 민족주의 진영은 일제의 '문화정치'가 무단통치에 비해 진일보한 측면을 인정하지만 여전히 조선인 본위의 정책이 아니라 강압적인 동화정책이라는 점을 인식하였다. 그들은 식민지 지배체제 하에서 조선인의 경제적·사회적 힘을 기르고 그것을 토대로 한 정치적 독자성의 확보를 지향하면서 일제가 표방한 내지연장주의에 입각한 동화주의를 비판하였다.[29]

이광수의 논리는 1922년 5월 『개벽』에 발표한 「민족개조론」으로 체계화되었다.

> 나는 만흔 희망과 끌는 정성으로, 이 글을 조선민족의 장래가 어떠할가, 어찌하면 이 민족을 현재의 쇠퇴에서 건져 행복과 번영의 장래에 인도할가, 하는 것을 생각하는 형제와 자매에게 들

---

28) 「民族興替의 分岐點」, 『개벽』 제20호, 1922, 1쪽.

29) 『동아일보』 1920년 8월 15일자.

입니다. …… 시대사조는 우리 땅에도 들어와 각 방면으로 개조의 부르지즘이 들립니다. 그러나 오늘날 조선사람으로서 시급히 하여야 할 개조는 실로 조선민족의 개조외다. 대체 민족개조란 무엇인가. 一民族은 다른 자연현상과 가티 시시각각으로 어떤 방향을 취하야 변천하는 것이니 한 민족의 력사는 그 민족의 변천의 기록이라 할 수 잇습니다. 단군시대의 조선민족, 삼국시대의 조선민족, 고려나 조선시대의 조선민족, 또는 가튼 이조시대로 보아도 임란 이전과 이후, 갑오 이전과 이후, 이 모양으로 조선민족은 끈힘업시 변화하여 나려 왔습니다. …… 무지몽매한 야만인종이 자각 업시 추이하여 가는 변화와 가튼 변화외다.

이광수는 민족의 '열등성'을 극복해서 독립할 자격을 가져야 하며, 그것을 위해 개개인의 인격적 완성을 주축으로 해서 "열악한 민족성"을 개조해야 한다고 주장하였다. 이광수는 민족개조만이 "민족적 경륜"이며, "민족 백년대계"라고 인식했던 것이다. 그런데 그의 글은 시대사조를 논하면서도 조선의 역사적, 문화적 전통에 바탕한 것이었으며, 문화와 정치를 결합시킨 것이었다. 이와 관련하여 동시대에 활동한 신일용이 비판한 바 있다.[30]

이광수로 대표되는 부르주아 민족주의세력이 파악한 민족 불행의 원인은 제국주의 식민지통치가 아니라, "열악한 민족성"에 있기 때문에 민족성을 개조하는 것에서 해결책을 찾았다. 또한 주권 쟁취를 위한 민중의 직접, 폭력 투쟁을 비판하였다. 이광수는 민족과 독립을 언급하였지만, 실제에서 민중을 정치투쟁의 주체로 설정하지 못하고 중추계급의 활동에 기대했기 때문에 자신의 언술과 다르게 현실에서 진행되고 있는 민족운동으로부터 점차 멀어져 갔다.

1923년 3월 부르주아 민족주의자들의 워싱턴회의 인식을 보면, "부국강병을 민족적 이상으로 하던 시대는 이미 잊어 버렷거니와 소

---

30) 辛日鎔, 「春園의 民族改造論을 評함」, 『新生活』 7호, 1922.

위 상의주의적 문화주의(商義主義的 文化主義)를 민족적 이상으로
하던 시대도 벌서 지내 갔다. 금일의 민족적 이상은 세계의 천국화
를 목적으로 하는 자국의 천국화일 뿐이다. …… 이러한 것이 구주
대전(歐洲大戰)의 영향으로 진화된 민족적 이상이다"라고 인식하였
다. 이같은 판단 위에서 그들은 새로운 민족적 이상을 실현해 나가
고 있는 민족으로 노농러시아와 인도 등에 주목하였다.31) 이후 문
화적 보수주의와 정치적 혁신주의의 긴장된 결합은 산업활동에의 참
여를 통한 자본 축적 시도로 방향 전환하기 시작하였다.

『동아일보』는 조선총독부에 '조선인 본위의 산업정책을 수립할 것'
을 이미 요구한 바 있었다.32) 그들은 조선인들에게 "경제문제가 모
든 문제의 근본문제이며 모든 권리의 간선(幹線)이며 모든 생활의
기초로 정치적 자유보다 경제적 권리를 회복하는 것이 더 중요하다"
고 선전하였다.33) 나아가 "민족적 생존을 위하여 전 민족이 일치단
결하여 산업운동에 나설 것"34)을 제안하기도 하였다. 『개벽』역시
민중의 애족심에 호소하였다.35)

일제가 정해준 합법적 틀 안에서의 경제활동을 추구하면서,
1922년 초 『동아일보』는 '자작자급운동'을 펼 것을 제창하였다. 이

---

31) 1923, 「歐洲大戰 以後의 民族的 理想의 進化」, 『개벽』제33호, 16~20쪽.

32) 「朝鮮全道實業家에 告하노라」, 『동아일보』1921년 4월 12일 ; 「産業調査會의 設
置」, 『동아일보』1921년 6월 10일

33) 「産業大會의 發起總會를 보고」, 『동아일보』1921년 8월 2일

34) 「産業運動을 提唱하노라」, 『동아일보』1922년 5월 17일

35) "소자본, 소규모, 미숙련한 기술자를 가진 조선인의 제조업은 오직 조선인 중에
의무적 소비자가 있음이 아니고는 도저히 영원히 발을 부치지 못할 것이다….
그러면 혹자는 말하리라. 이론적으로는 과연 그럴 듯 하거니와 조선인이 의무
적으로 粗하고 비싼 조선인의 제조품을 쓴다 하는 것은 경제학적 법칙에 위반
되니 도저히 실행될 수 없는 것이라고. 이것은 상당한 이유를 가진 반대. 진
실로 이것은 국산운동에 제일 큰 장애다… 첫째로 생각되는 것은 조선인의 의
무관념이다. 민족전체의 생명을 위하여 자기 일개인의 불편과 손해를 忍受하는
의무관념이다. 이것은 도덕적으로 보아서 심히 고귀한 정신이다"(「朝鮮의 特異
한 處地와 이에 對한 特異한 救濟策」, 『開闢』1923년 1월호).

신문은 "조선민중이 힘을 갱신하여 이상을 달성하는 제일의 방법은 부력(富力)의 증진"에 있다고 주장하고, 경제적 자립을 위해 ① 조선인은 조선인 상점에서 물건을 사고 조선인상인을 통하여 팔고 ② 조선인은 조선인이 만든 물품을 사용하며 조선인의 편익을 도모하고 ③ 이 같이 하여 경제적 자립을 기하되 근면·검소·저축·협동을 하고, 경제적 지식을 획득하며, 과학적 경영방법을 채택해야 한다고 주장하였다. 이는 자작자급운동의 방침을 보다 구체적으로 제시한 것이었다. 또 1922년 4월에 열린 조선청년회연합회 제3회 정기총회에서는 조선인은 산업발달에 대한 기본권을 소유한다는 것을 선언하고, 실행사항으로 "조선인은 조선인의 제조품을 사용하며 조선인 상인을 통하여 매매할 것" 등을 의결하였다.

부르주아 민족주의자들은 1923년 1월에 조선물산장려회를 결성하였다. 조선물산장려회의 설립목적은 헌칙(憲則) 제3조에 명시된 바와 같이 "조선물산을 장려하며 조선인의 산업을 진흥하여 조선인 경제상 자립을 도모"하는 것이었다. 취지서에서는 "우리 조선사람의 물산을 장려하기 위하여 조선사람은 조선사람이 지은 것을 사 쓰고, 둘째, 조선사람은 단결하여 그 쓰는 물건을 스스로 제작하여 공급하기를 목적하노라"고 하였다. 생활의 제일조건인 의식주의 문제를 스스로 해결하는 것은 한사회의 산업적 기초가 되는 문제인데, 그 산업적 기초가 파괴될 처지에 있다는 자각에 기초한 것이었다. 산업적 기초가 파괴되면 "그 생활 그 생명 그 인격이 따라 파괴를 당하는 것이 필연한 사실"일 것이었다. 따라서 산업권을 장악하여 "조선사람이 그 생활을 유지하고 그 사회를 발전할 수"있도록 해야 한다는 것이었다.[36]

물산장려운동은 지주·자본가가 주도하는 기존체제와 질서를 중

---

36) 조선물산장려회, 『조선물산장려회보』 제1권 제2호

심으로 자본주의 경제를 진흥하기 위해 조선인이라는 의식 하에 민족단결을 촉구하는 것이었다.37) 그들은 '민족적 단결'을 내세워 서구문명의 수용, 경제발전 등 사회 각 방면의 실력을 충실히 할 것을 고무하였다.

식민지 지배하에 놓인 조선에서 실력을 길러 국권회복운동의 발판으로 삼자는 구상, 그리고 특히 경제적 측면에서의 실력 양성 구상은 처음부터 한계가 있는 것이었다. 결국 물산장려운동은 1년여 만에 실패로 끝이 났다. 일제는 조선인 토착자본이 종속적 발전을 지향해도 한정된 범위 내에서의 성장만을 허용하였던 것이다.

이와 관련하여 당시 물산장려운동 실패의 외적 조건으로 거론되는 일제의 지배정책을 살펴볼 필요가 있다. 일제는 조선에서 천황제를 골자로 하는 일본식 국민의식을 주입하여 효과를 보는 것이 극히 어려웠다. 조선은 오랫동안 독립적인 국가 체제를 유지하는 가운데 조선후기 이래 자주적인 민족의식이 형성되었으며, 갑오개혁 이후 대한제국기를 거치면서 근대적인 국민국가를 지향하는 민족인식·국수인식도 형성하였기 때문이었다. 또한 1910년 강점 당시 시점에 사립학교가 4천여 개에 달할 만큼 민족의식을 주입하는 교육을 해오고 있었던 상황 역시 일제 당국에게 부담이었다.38)

총독부 관리들이 1910년 10월에 작성한 「교화의견서」에는 조선인을 일본의 '충량한 신민'으로 동화하기 어렵다고 파악하였다. 1919년 발생한 3·1운동은 조선인 측에서도 민족이 부상되는 계기였지만, 총독부 관료들의 인식에도 영향을 미쳤다. 그들에게도 "조선은 수천년의 역사를 가진 구국(舊國)으로서 하나의 언어, 문장, 풍속, 관습 등을 갖고 사상성에 있어서 동일 민족이므로 그 민족적

---

37) 『동아일보』 1923년 11월 3일자.

38) 이지원, 「일제하 민족문화 인식의 전개와 민족문화운동-민족주의계열을 중심으로」, 서울대학교 사회교육과 박사논문, 2004, 76쪽.

심리와 전통적 정신을 고려하여 통치의 방책을 강구하지 않으면 안
된다"라고[39] 토로하는 등 조선 민족과 민족정신의 실체를 인식시키는
계기가 되었다.

1919년 7월 조선군 참모부는 「친일 조선인 유력자의 이용 및 보
호」라는 보고서에서 "진실한 친일자로서 전력을 다하고 있는 자는
크게 보호하고 우대해주는 방도를 강구할 필요가 있다. 요컨대 진정
한 친일자에 대한 보호·이용은 앞으로 더욱 더 향상시킬 필요가 있
다"고 제안하였다. 사이또(齊藤實) 총독도 친일파의 육성을 위해
1920년 「조선민족운동에 대한 대책」을 구상하였는데, '친일파'와 '배
일파'를 구분해서 후자에 대해서는 탄압하되 전자에 대해서는 사정
이 허락하는 한 편의와 원조를 제공할 필요가 있다면서 다음과 같은
여섯 항목을 정하였다.[40]

① 친일분자를 귀족·양반·유생·부호·실업가·교육가·종
  교가 등에 침투시켜 그 계급과 사정에 따라 각종 친일단
  체를 조직케 할 것
② 종교적 사회운동을 이용하기 위해 사찰령을 개정하여 불
  교 각 종파의 총본산을 '경성'에 두고, 이의 관장 및 원조
  기관의 회장에 친일분자를 앉히는 한편 기독교에 대해서
  도 상당히 편의와 원조를 제공할 것
③ 친일적인 민간 유지자에게 편의와 원조를 제공하고, 수재
  교육의 이름 아래 조선 청년을 친일분자의 인재로 양성
  할 것
④ 친일적 민간 유지자 중에서 상당한 학식을 지녔으면서도
  '유식자(遊食者)'인 자들을 구제할 것
⑤ 조선인 부호·자본가에 대해 '일·선(日鮮) 자본가의 연
  계'를 추진할 것

---

39) 『朝鮮統治策に關する學說』, 1926, 1面.

40) 박경식, 『일본제국주의의 조선지배』(청아출판사, 1986), 209~210쪽에서 재인용.

⑥ '민간의 유지'에게 편의와 원조를 제공하여 '일선융화'의
'수제회(修齊會)'를 조직시켜, 이에게 국유림의 일부를 불
하해주고 입회권을 주어 농촌지도에 노력케 할 것

일본 제국주의는 친일파와 친일단체를 육성하여 조선 민중에게
타협노선을 침투시켜 식민지 지배에 협력시키려고 하였다. 이에 부
르주아 민족주의 일부 세력은 일제와 야합하고, 그 틀 안에서 물산
장려운동 등을 전개하고자 하였던 것이다.

그렇지만 조선인에게 일제당국의 문화정치란 "조선에서 조선인으
로 살 수가 없다. 군사·경찰에 자유와 권리를 모두 박탈당한 것은
새삼 부연할 필요는 없지만, 최근 재정과 경제 방면에서 보면 더한
층 참혹하다. 총독부의 예산이 매년 증가할수록, 반면에 조선인의
사업과 생활이 파멸하는 것"이었다.41)

부르주아 민족주의자들 가운데 상당수도 각 민족이 갖는 고유한
'민족성'과 '민족문화'는 인위적으로 바꿀 수 없다고 인식하고 있었
다. 즉 "닭의 품에서 부화되어도 오리는 오리요, 개젖에 길러도 범
은 필경 범일 것을. 그런다고 조선인이 일본인이 될 것 아닌데 쓸데
없이 조선인 노릇 못하게 하는 협작질"을 한다고 하여 "일본심적(日
本心的) 조선인의 작성"을 목표로 하는42) '동화주의'를 부정하였다.
그 결과 부르주아 민족주의계열 내부에서도 '동화주의' 틀 내에서 물
산장려운동을 지속 추진하는 것에 대하여 비판이 커졌다.

결국 물산장려운동은 조선 내부 민중의 비판과 지지 철회를 거치
면서 실패한 것이었다.43) 민족운동의 주도권 상실을 우려한 부르주
아 민족주의자들은 '정치적 중심세력'의 결성을 다시 한 번 모색해

---

41) 『시대일보』 1926년 3월 10일자.

42) 『동아일보』 1926년 2월 6일자.

43) 「激變 又 激變하는 最近의 朝鮮人心」, 『開闢』 1923년 7월호, 7쪽.

나갔다.

『개벽』은 1923년 4월 「곧 해야 할 민족적 중심세력의 작성」에서
‘민족적 중심세력을 작성하기 위한 대 단체의 결성’을 촉구하였
다.44)

> "조선에는 정치적 또는 사회적 중심세력이 업다. 중심세력이
> 업는 민중은 민족도 아니다. …… 한국 시대에는 왕실을 중심으
> 로 하는 양반계급이 중심세력이엇스나 합병 후에는 조선의 민족
> 적 중심세력은 업서지고 말앗다. 중심세력이 업슴으로 조선인은
> 조선이란 한 지역에 모혀 사는 數多한 개인의 떼다. …… 조선
> 에는 嚴正한 의미에서 아직까지 이러한 중심세력이 될 단체가
> 업다. 이것이 조선민족의 특이한 처지 중에 중요한 特異의 하나
> 이다. …… 대단체가 생기는 날이 조선인의 민족적 생활이 시작
> 되는 날이다. 그것이 민족주의거나 사회주의거나 또는 同化主義
> 거나 自治主義거나 나는 그 실질을 말하는 것이 안이다. 무엇이
> 든지 이러한 대단체를 이루어 민족적 중심세력이 되는 자가 조
> 선민족을 대표할 자다. 그때에야 조선민족의 민족적 이상과 계
> 획과 의견을 조선인 자신도 알 수 잇고 남에게 알릴 수도 잇슬
> 것이다.

그런데 ‘민족적 중심세력’ 역시 부르주아 민족주의 상층부만의 독
자적인 정치세력화를 염두에 둔 것이었다. 1923년 5월에 계급적
단결을 호소한 「민족일치, 대동단결을 云爲하는 이에게」에서는 "우
리 조선의 사람은 다시 한번 새로운 국면을 전개하지 않으면 안 되
고 새로운 방식을 취하지 아니하면 안 될 줄 안다. 지금에 우리가
고조하는 문화운동으로 논의하면 문화운동 그 자체가 틀넛다 하거나
혹은 그러한 문화운동으로 구제된 실례가 업섯다 함도 아니다. 오늘
의 우리 형편에 잇서는 그와 가튼 운동은 너무나 원칙이오 너무나

---

44) 「곧 해야 할 民族的 中心勢力의 作成」, 『개벽』 제34호, 1923, 4~13쪽.

평범하다. …… 우리가 금일의 생호 사호(生乎 死乎)의 절박한 경우로부터 구원되는 유일의 방책이 엇더하며 여긔에서 구원되야 새로히 도달할 그 표준점이 또한 엇더한 것 엇더한 것일가. 우리가 바라볼 유일한 표준점을 인(認)하고 거긔에 도달할 유일한 방도를 발견하야 꼭 동일한 신념과 꼭 동일한 조직과 꼭 동일한 각오의 밋혜서 절대의 약속을 가지고 새로히 래회(來會)하는 주의적 단결! 우리는 써하되 이것뿐이 조선의 민중을 정치적 또는 경제적의 쇠퇴에서 구출하는 유일한 력(力)이라 하며…… 조선에 유일한 중심세력이 생기는 때 그 때가 조선사람이 무엇이나 힘 잇게 조직 잇게 일할 수 잇는 날이라 한다"고 주장하였다.45)

그들은 반일의식, 민족의식을 상당히 지니고 있었음에도 불구하고 일제 식민통치의 가혹함과 물적 기반의 취약성으로 제대로 된 정치결사를 만들지 못하였다. 다만 민족주의와 식민체제 순응 사이를 방황하였을 뿐이었다.

4. 민족운동의 방법과 주도세력을 둘러싼 '문화(적 보수)운동'과 '정치(적 혁신)운동'의 분열

신채호는 1923년 1월에 발표한 「조선혁명선언」에서 이미 부르주아 민족주의진영의 동요를 직설적으로 부정한 바 있었다. 그는 "일본이 그 강도적 침략주의의 초패(招牌)인 제국(帝國)이라는 명칭이 존재하는 이상에는 그 부속 하에 있는 조선인민이 어찌 구구한 자치의 허명(虛名)으로 민족적 생존을 유지할 수 있겠냐"고 반문하였다.46)

신채호 역시 처음에는 고유의 문화내용을 바탕으로 민족을 규정

---

45) 「民族一致, 大同團結을 云爲하는 이에게」, 『개벽』 제35호, 1923, 13~19쪽.

46) 「朝鮮革命宣言」, 『丹齋申采浩全集』 下(1995), 37面.

할 것인가 혹은 서로 다른 민족으로 표현되는 복수 집단 사이의 구분(경계)에 초점을 맞출 것인가를 고민하였다. 그는 '아'와 '비아'를 구별함으로써 어떤 '사회적 결집체'가 하나의 민족으로 주장되는 것이 그 집단 고유의 문화내용을 갖고 있기 때문이 아니라, 한 집단과 또 다른 집단의 질적 차이를 구분 지어 범주화함으로써 가능해진다고 파악하였다. 처음부터 민족이라는 동일성이 존재하는 것이 아니라, 범주화를 가능케 해줄 질적 차이를 만들어내는 사회운동을 통해 자기정체성을 구성한다고 이해했던 것이다. 그렇다면 민족을 구별 짓는 객관적 기준을 따지는 것은 별다른 의미를 갖지 못하며, 민족의 성원으로 자기를 인식한 요소들이 중요하다고 판단하는 특징에 따라 크게 좌우될 것이다. 신채호가 이해한 민족을 사회, 역사적 실체로 범주화하고자 할 때, 중요한 것은 민족을 질적으로 구별하는 상징의 객관적 특징을 알아내는 것이 아니라, 상징에 부여된 의미와 기능을 이해하는 것이 될 것이다.

부르주아 민족주의세력의 대표적 문필가였던 이광수의 「민족개조론」은 신채호의 관점에서 볼 때, '반민중성'과 '반민족성'을 내포한 것이었다. 일본제국주의에 국권을 빼앗기고 식민지통치를 받은 이후 조선에서의 민족문제는 정치문제였고, 민족문제는 곧 민족자주권의 회복을 위한 민족해방운동이란 성격을 벗어나면 이미 그 의미와 기능을 잃어버리기 때문이었다.

이광수 등은 식민지에서의 근대문명 즉 자본주의의 형성이 식민지민중의 사회정치적 처지를 개선시킬 수 있는가의 문제에 답해야만 하였다. 그런데 일제하 자본주의의 성장이 조선 주민의 행복을 위한 체제가 되지 않는다고 주장하는 사람들이 많았다. 그들이 파악하는 자본주의는 노예제, 봉건제에 비하여 진보적인 생산양식이었지만, 동시에 식민지 민중에게 이중의 질곡을 강제하는 가장 잔혹한 착취 방식이기도 하였다. 때문에 '민족'을 내세워 자기의 이해를 관철시키려던 부르주아 민족주의 일부 세력에 대하여 '식민지문명화론'으로 인식하고, 자본주의 도입 자체에 내포하고 있는 근대적 식민지 착취를 폭로 비판하고자 하였다.

부르주아 민족주의운동은 이미 1910년대부터 문명개화적인 실력양성운동과 무장항쟁론 등 크게 두 방향으로 나뉘어 전개되고 있었다.47) 실력양성론적인 입장은 사회진화론적인 관점에서 '망국'을 경쟁에서의 패배라고 인식하였다. 따라서 국권을 회복하는 것도 강자로의 성장을 통해서 가능하다고 보았으며, 강자로 성장하는 길은 곧 문명화이고 자본주의화라는 것이었다. 문명화와 독립을 같은 차원에서 놓고 정신적·경제적 발달을 기하는 준비를 통해 실력을 양성하자는 입장이었다.

무장항쟁론의 대두는 강점 이전의 의병계열과 계몽운동계열의 연합이 이루어지는 분위기에서 문화계몽운동의 자기 극복의 논리 속에서 나왔다. 식민지화를 겪으면서 제국주의의 상대적 우월성을 부정하고, 국권회복은 바로 제국주의에 대한 전면 부정으로만 가능하다는 점을 인식한 바탕 위에서 논리를 발전시키고 있었다. 중국 등지로 망명하여 독립운동에 투신하였던 박은식, 신채호, 신규식, 조소앙 등은 일제에의 동화를 거부하는 문화적 주체성을 강조하면서도 문명화에 압도되어 근대주의적 보편성을 '계몽'하였던 '실력양성론적인 국수론'을48) 비판하였다.49) 이 입장은 사회진화론적인 세계관이

---

47) 1910년 전후 문화계몽운동의 재편에 대해서는 조동걸, 「1910년대 독립운도의 변천과 특성」,『한국민족주의의 성립과 독립운동사연구』, 지식산업사, 1989 ; 윤경로, 「1910년대 민족운동과 3·1운동」,『한국역사입문』3, 1996, 풀빛 ; 박찬승, 「일제 지배하 한국민족주의의 형성과 발전」,『한국독립운동사연구』15, 2000 ; 정재정, 「개요」,『한국사』49, 국사편찬위원회, 2001 등 참조.

48) '文化的 國粹保存論'의 논리에 따르면, 민족문화를 보존하는 것은 문화적 정체성을 유지하며, 전통의 계승을 통한 민족체의 정신적 단일성을 고양하는 수단인 동시에, '전통문화=민족문화'라는 개념에 근거하여 조선 고유문화의 독자성과 개별성을 강조하는 것이었다.

강요하는 제국주의적 '우승열패의식'을 극복하는 가운데 민중을 새로운 민족운동의 주체로 인식하는 한편, 독립운동의 이념과 방략으로서 저항적 민족주의와 직접투쟁론을 제기하였다.

신채호는 "애국 애국하는 소리가 태극기 부러지려던, 막 전후 수년 사이에 거의 전국 교육계에 들렸더라. 이 소리 밑에 난 애국자가 몇몇이던가. 민충정(閔忠正) - 을미(乙未)의 칼은 고대신(古大臣) 보은(報恩)의 유풍(遺風)이요, 최면암(崔勉庵) - 대마도의 돌은 오백년 유교의 여향(餘響)이요, 합이빈(哈爾濱)의 총과 해아(海牙)의 피와, 이강년·민긍호·허위·이은찬 등의 제선열(諸先烈)도 또한 귀에 젖고 눈에 물든 삼강오륜의 화택(化澤)에서 나신 이들이다. 애국을 부르던 신교육계의 교육을 받아 온 이들이 아니니라, 애국의 소리가 높던 신교육계의 애국인물이 도리어 애국 소리가 드물던 구교육계만 못함은 그 까닭이 어디 있느뇨"라 하여, 실력양성론을 비판하였다.[50]

한편, 1920년대 전반 노농운동을 이끈 세력의 '민족'관은 어떠했을까? 1920년대 전반기 노농운동을 지도한 세력은 사회주의진영이었다. 1922년 말경부터 코민테른의 대한정책의 토대는 한반도로 옮겨졌다. 사회주의자들은 노농대중의 획득을 위하여 1923년 6월 김재봉, 김찬에 의해 '꼬르뷰로 국내부'를 조직하며 활동기반을 넓혀 나갔다. 이들은 일제의 압박 하에서 한국을 해방시킬 것을 당면의 근본과업으로 하고, 이 과업을 실행하기 위하여 가능한 민족역량을 결집하고자 하였다. 즉 제국주의 압박 하에 있는 부르주아지는 혁명의 주력으로는 될 수 없지만, 동맹자로 될 수 있다고 파악하였다. 그런데 민족운동의 주체를 전체 주민 성원으로 잡으면서도 구성 내부의 사회경제적 토대의 변화, 계급관계의 변화에 따라 현실적인 주

---

49) 이지원, 앞의 논문, 89~90쪽.

50) 신채호, 「신교육과 애국」, 『개정판 단재신채호전집』 하, 131쪽.

체 형성은 계급관계를 매개로 이루어질 수밖에 없다고 주장하였다.

　사회주의를 새로운 이념적 지표로 내걸었던 '소부르조아인테리'의 활동 가운데 가장 뚜렷한 성과는 출판활동이었다. 프로레타리아독재 국가를 지향한 지식인들은 1920년에 『공제』 발간을 위시하여 『신생활』 『염군』과 같은 잡지를 간행하였다. 1923년 10월 염군사(焰群社)에서 발간한 『염군』 창간호는 "본사는 무산계급 해방 문화의 연구 및 운동을 목적으로 함"이라고 밝혀 그 취지를 분명히 하였다. 일부 공산주의자들은 『조선일보』 등 일간지를 활동기반으로 운동하기도 하였다. 1920년 중반에는 마르크스레닌주의이론을 다룬 『이론투쟁』이 발간되었고, 대표적 대중지였던 『조선지광』과 조선프로레타리아예술동맹 기관지 『문예운동』과 『예술운동』이 간행되었다. 이들 잡지는 당시 공산주의운동의 강령적 요구를 반영하여 "자연생장적 운동으로부터 목적의식적 운동에로" 대중운동을 고양하는 데 편집방향을 맞추었으며, 부르조아민족주의를 반대하는 글도 많이 실었다.

　대표적 논객이었던 김기전은 민족개량주의를 비판하면서 그들의 조선 민족 인식을 문제 삼았다.[51]

　　근래의 우리 사람들은 함부로 자기 종족을 罵하는 경향이 잇것다. 툭하면 가로되 망국인종이니, 해 볼 수 업는 종자이니 하며, 심한 자는 강연회에 '야지'를 한번 당하고도 朝鮮民性 전체를 시비하며, 流行會合의 流會 한 번을 보고도 조선 장래의 일반을 비관한다. 이뿐이냐, 당파싸움은 조선사람에게만 專有한 것으로 알며, 始勤終怠는 조선 사람의 제2천성으로 여기것다. 그런 중에서도 제일 怪惡한 것은 아주 아모것도 모르는 동포보다도, 무엇을 조곰 알고 또 생각한다는 축에서 제일 심한 그것이며, 俗所謂 穩健派나 實力養成派流의 일부는, 아조 그리하는 것으로써 憂國憂民의 行世꺼리를 삼는 嫌도 업지 안타. …… 갓

---

51) 起田, 「朝鮮民族만이 가진 優越性」, 『개벽』 제61호, 1925, 4~7쪽.

　　지 아는 작자들이 공연히 근세의 掠奪文明, 殺人富强에 심취,
　　아니 趨勢하야, 자기의 전부를 暴棄不顧하려는 것은 더욱이나
　　가증한 짓이 아닐가

　사회주의자들의 활동 강화에 대응하여 일제당국은 「출판법」과 「신
문지법」 등을 동원하여 진보적 간행물을 탄압하였고, 검열을 통해
기사를 삭제하거나 정간 조치를 취하였다. 이에 맞선 출판활동은 강
력하지 못했다. 『조선지광』과 『신계단』을 제외한 대부분의 출판물이
3호까지도 이어지지 못했고, 발간 계획단계에서 주저앉는 경우도
있었다.

　사회주의진영과 민족주의진영 사이의 대립은 1922년 5월 이광수
의 「민족적 경륜」 발표 이후 본격화하였고, 1923년 '물산장려회운
동논쟁'에서 절정에 달하였다. 배성룡에 따르면, "조선사회에서 사상
상의 대립적 논전 충돌은 22년 가을부터 치열하게 전개되었으니 『동
명』 『조선지광』 『신천지』 『신생활』 등에 의한 필전 혹은 연설, 강연
등에 의한 설전이 격렬하여 그 사상 대 사상의 투쟁적 기세는 일대
장관이었다. 이는 일부 면의 사실이 아니요 전 조선적인 사실이었
다. 그러한 중에서도 여기에 특필할 만한 사실은 그 사상과 주의를
충실히 선전하던 『新生活』과 『東明』 양지의 대립이었다. 그 전자가
유물사관적 견지에서 사회주의를 격렬한 기세로 주장하고 있음에 반
하여 후자는 유심론적 견지에서 고전적 민족주의를 애닯게 고조하고
있었다"고 한다.52)

　물산장려운동 논쟁의 핵심은 민족주의자들과 사회주의자들의 사
상투쟁이었다. 즉 조선민족은 전민족이 무산자화 되어 가기 때문에
민족 내부의 모순을 부차화시키고 민족이 일치하여 자급자작 함으로
써 일제 지배 하에서나마 생산력을 발전시키고 대기업을 육성하자는

---

52) 배성룡, 「조선사회운동소사(4)」, 『조선일보』 1929년 1월 6일자.

자본·민족주의 진영의 입장과 일제하에서의 자본주의 공업발전의
가능성을 부정하면서 물산장려운동이란 유산자가 민족주의를 내세워
무산자를 착취하기 위한 것이라고 비판하며 계급적 혁명을 주장했던
사회주의 진영 간의 대립이었다. 이러한 논전과 1923년 봄 전조선
청년당대회를 개최하여 각지의 청년회 다수가 물산장려운동을 비판
하면서 물산장려운동은 침체되었다.53) 김성수, 송진우 등과 안창호
계열 및 천도교 신파의 최린 등이 '연정회'(硏政會)를 조직하고, 일
제와의 타협을 추구한 결과 물산장려운동을 축으로 결합하였던 다양
한 세력들이 일제와의 타협문제를 계선으로 양분되면서 세력이 약화
되었던 것도 실패의 결정적 요인이었다.

물산장려운동의 실패 이후에도 부르주아 민족주의자들은 여전히
사회진화론적인 세계관과 민족 인식을 견지하였다.54) 그들은 사회
를 인간 생활의 오랜 역사 속에서 인간 본성인 '사회성'에 기초하여
구성된 윤리적·도덕적인 결합체인 유기체로 규정하고, 민족의 생존
경쟁에 필요 실력을 양성하고 경제적 진보·산업 진흥을 추구하였
다. 유기체적 사회관은 개인의 사회(국가)에 대한 도덕적 의무를 강
조하며 민족 내부의 경제적·정치적 대립·갈등을 배척함으로써, 부
르주아 주도의 경제체제와 민족운동을 정당화하였다. 따라서 자본주
의 체제 내에서 나타날 수 있는 민족내부의 경제적·계급적 대립을
부정적으로 보았고, 그러한 문제를 사회개혁을 통해 해결하고자 하
였던 사회주의를 비판하였다.55)

『동아일보』는 "노동문제보다 민족문제가 더 절급치 아니한가 …
조선인이 다 구축을 당하고 멸망한 후에야 무슨 노동문제가 있을까.

---

53) 이지원, 앞의 논문, 159~160쪽.

54) 박달성, 「東西文化史上에 現하는 고금의 사상을 일독하고」, 『開闢』 3, 1921 ; 『동
　　　아일보』 1922년 7월 22일자 사설.

55) 이지원, 앞의 논문, 186쪽.

개인으로는 혹 적로(赤露)에 귀화하여 주의(主義) 실현의 미소를 발할지 모르나 '조선인'으로는 이 세계에서 열패(劣敗)된 루(淚)만 흘릴 것이다. 우리의 형제가 노동자라는 명의 하에서 학대와 구축을 당하는 거보다 조선인이라는 명칭 하에서 학대와 구축을 당하는 것을 보면 해방운동이라 할지라도 민족문제가 급하며 중한가 노동문제가 급하며 중한가를 확연히 간파할 것이 아닌가"라며56) 민족문제와 계급문제를 분리하고 계급문제를 우선하는 사회주의진영을 비판하였다.

부르주아 민족주의자들은 진화론적인 인식체계를 전제로 민족모순을 자본주의 체제 내에서 정신적이고 전통계승적인 것으로 해결하고자 하였기 때문에 사회주의자들은 '문화주의'를 부르주아 문화라고 비판하였고,57) 나아가 "근일 식민지에 민족주의라는 칭어(稱語)가 성행된다 ……민족주의자는 그 민족을 사랑할 것이다. 그 민족 중에도 소수보담 다수인 무산층을 더 사랑할 것이다. 그런데 불구하고 무산급의 이익을 옹호하는 일은 사회주의 역할만이고, 민족주의 역할은 아니라고 보는 이유가 무엇이뇨. 심지어 민족주의자로 자처하는 자가 무산자 보호하는 것을 남의 집 일로 간주한다. 그 사람은 용하게 자기주의(自己主義)를 자살하는 것이다. 그 민족 중에도 다수되는 무산급은 안 사랑하고의 민족애는 공각(空殼)뿐임으로써이다."라고 비판하였다.58)

---

56) 『동아일보』 1924년 2월 19일자.

57) 김현준, 「문화적 생활과 철학」, 『신생활』 6, 1922 ; 신일용, 「자본주의와 철학사상」, 『신생활』 8, 1922 참조.

58) 宋滿, 「民族社會主義論綱」, 『동광』 제24호, 1931, 2쪽

5. 맺음말

일제 강점 하에서 민족 인식을 둘러싼 부르주아 민족주의자들과 사회주의자들의 견해 차이는 결코 좁혀지지 않았다. 오히려 민족 인식을 왜곡, 혼란시키는 방향으로 사태는 전개되었다. 지금까지의 논의를 정리하면 다음과 같다.

일제 식민지 하에서 민족운동을 추진하려면, 먼저 그 담당자인 민족이 이미 실재하고 있어야만 했다. 그런데 20세기 초반에 활동했던 한국인들은 '민족'이란 용어를 사용할 때 정확한 개념을 규정하면서 사용하지 않았고, 동일한 언어를 전혀 다른 의미로도 사용하였다. 그 결과 당시부터 지금까지 민족의 개념 규정을 둘러싼 혼란이 계속되고 있다. 그 이유는 1920년대 한국의 부르주아 민족주의가 지닌 다양한 성격 가운데 어느 한 측면만을 선택적으로 강조하거나, 계급환원론적으로 정리하였기 때문이었다. 당시 사람들이 남긴 기록상의 '민족'이란 용어를 통해 우리가 알 수 있는 것은 그것의 문화적, 정치적 의미를 분류하는 것이 될 것이다.

1919년 3·1운동 직후 한국주민은 식민지적 조건에서 '근대국민'으로 성장할 수 없었지만, 반일민족운동을 통하여 내부에 잔재했던 전근대 신분적 차별 요소를 일소하고 모든 구성원을 '민족'으로 거듭나게 하였다. 뿐만 아니라 이 결집은 신 국가 건설을 모색하는 과정에서 '국민주의' 또는 '주권재민'의 민주공화제를 지향하는 원동력이 되어 상해 대한민국임시정부의 수립을 계기로 법률적 개념으로서의 '국민'을 확립할 수 있었다.

1920년대 전반기 부르주아 민족주의운동의 대표 격인 물산장려운동의 추진주체들을 살펴보면, 내부에 조선인자본 상층을 중심으로 자본가계급의 육성을 목표로 했던 '문화적 보수주의' 입장과, 조선인

자본 하층 혹은 영세소상인을 중심으로 자주독립의 물적 토대 마련을 지향한 '정치적 혁신주의' 입장이 미분화된 상태로 엉켜 있었다. 일제에 유착된 지주경영·산업자본에 기반한 세력은 '민족'을 유식(有識)·유산(有産)의 엘리트들에 의해 계몽·동원될 대상으로 상상하였고, 일제로부터의 자주독립을 지향한 세력은 '민족'을 새롭게 수립될 국민국가의 정치주체로 내세우면서도 점진적 문화주의에 빠져 있었던 것이다.

그 결과 일제와 한국 주민집단 사이의 민족모순이 식민지 내의 계급관계를 매개로 실현되면서, 자본 대 노동, 식민지권력·지주 대 소작농민이라는 생산을 둘러싼 사회관계의 대립은 민족 내부에서 항일운동의 방법론, 신 국가 건설의 주체와 노선 등을 둘러싸고 갈등을 불러 일으켰다. 이 과정에서 '민족'의 실체에 대한 의미 부여는 각 세력마다 다를 수밖에 없게 되었고, 민족운동의 성장, 발전과 함께 민족 인식의 스펙트럼도 확산되었다. 민족주의 진영의 대의제 민주주의하의 '국민' 주권과 사회주의 진영의 '인민' 주권이 계속 대립하였지만, 어느 측이든 관념상 '주권재민'의 원칙을 벗어난 것은 아니었다. '민족' 혹은 '민족' 문제에 대한 인식 차이는 한국 민족이 앞으로의 한국사회를 어떠한 모습으로 창출해 나갈 것인가의 목표를 달리하게 했으며, 주권 쟁취와 신 국가 건설의 주체 및 내부구성을 어떻게 편성하는가 하는 문제에서도 서로 다른 길을 걷게 하였다.

부표

부표 1. 호남지방에 배포된 檄文類의 유형과 주요 내용(1907~1909년)

순번	격문주체 (연령)	거출지 신분·직업	작성·배포 시기	배포 지역	격문명	유형	주요내용	출 전
1	湖南倡義大將 奇參衍(57)	長城 儒生	1907.10.24	全南	「廣告文」	廣告文	我民俗을 해치는 商戶·淫巧之物商· 潛通倭奴 엄단	『列傳』, 940
2	湖南倡義所 鄭錫晃(22)	咸平 儒生	1907.(10)	全南	「答義陣通文」	通文	孰不奮激而振義	『義實齋紀』, 285~287
3	湖南倡義所 鄭錫晃	(咸平 儒生)	1907.11.5	全南	「募義檄文」	檄文	同心戮力	『義實齋紀』, 287~289
4	義兵所 李		1907.11.5	全北	「檄文」	檄文	米穀商人들에게 撤廛을 요구	한640.편. 고경비발제 50
5	金溝義兵將 徐仁贊		1907.11.	金溝	「私通」	通文	院平近邑人에게 倭人殲滅 동참 촉구	한641.편. 전경비수제 528
6	湖南倡義所		1907.(11)	全南	「令旨」	傳令	國內 志士에게 出義相助하자는 내용	『義實齋紀』, 290~291
7	湖南倡義所		1907.(11)	全南	「告示」	告示文? 傳令	無賴作黨通于義所	『義實齋紀』, 291~292
8	湖南倡義所 李		1907.12.6	古阜	「榜」	檄文	阿附倭賊僉君子에게 嚴斷 경고	한640.편. 전북고경비발 159
9	全羅義兵大將 高		1907.12.10	興陽	「傳令興陽公兄 及田稅色」	傳令	鄕排錢의 民 還給, 군수와 日人세무주사 逐出, 자위단 혁파를 촉구	『編冊』9, 216~217
10	倡義? 大將 金		1907.12.12	全北	「倡義所傍」??	檄文	附同倭寇者를 軍律로 처단할 것이라는 경고	한641.편. 전경비수제 538
11	義所		1907.12	唐津	「輪約」	通文	唐津郡洞面長領首에게 납세거부를 촉구	『編冊』8, 504
12	湖南倡義所 奇參衍	(長城 儒生)	1907.12	靈光	「檄書文」	檄文	僉座에게 合力公殄를 촉구	한66. 『列傳』, 935~936

부표 1. 계속

순번	격문주체 (연령)	거출지 신분·직업	작성·배포 시기	배포 지역	격문명	유형	주요내용	출 전
13	湖南義所		1908.1.22(양)	靈光 咸平 羅州	「告示」	告示 광고문?	倭奴를 살지게 하는 正稅를 주는 자도 받는 자도 斬刑에 처할 것을 알리는 글	『編冊』8, 523
14	湖南義所		1908.1.22(양)	靈光 咸平 羅州	「告示」	告示 광고문?	各郡의 正稅를 徵收하는 稅務主事와 徵收員을 포살할 것, 자위단과 일진회의 改心을 촉구	『編冊』8, 524
15	湖南義所		1908.1.1	同福	「令各洞民人處」	傳令	各洞民人에게 吠狗가 義旅行陣에 방해되니 단속해달라는 令	『編冊』9, 267
16	湖南義所		1908.1.1	同福	「告示削髮諸人」	告示 광고?	斷髮은 先王의 法이 아니니 蓄髮할 것과 의병 협조를 촉구	『編冊』9, 267
17	湖南義所		1908.1.1	同福	「傳令外南面面長及 大小民人處」	傳令	結稅는 倭賊의 私庫가 되니 上納하지 말라는 令斷	『編冊』9, 268 『秘文』, 195 『檄文』, 157
18	湖南義所 金圭(27)	羅州 儒生	1908.1.18	羅州	「勸誘文」	勸誘文	나주군수에게 창의 이유를 주장	『編冊』9, 300
19	倡義大將 蘆松菴	공주	1908.2.18(양)	龍潭		傳令	군수와 군주사 등에게 軍需錢과 草鞋 등 軍需品을 納上하라는 令	『編冊』9, 278
20	湖南義將 金圭	(羅州 儒生)	1908.1.24	羅州	「回函羅州郡守座下」	致書	나주군수의 귀순권고를 거부하고 의병 가담을 촉구	『編冊』9, 289
21	湖南義將 金圭	(羅州 儒生)	1908.1.24	羅州	「羅州郡自衛團團長 羅主事座下」	致書	邑中僉賢의 歸義로 大事를 同成하자는 내용	『編冊』9, 290

부표 1. 계속

순번	격문주체(연령)	거출지 신분·직업	작성·배포 시기	배포 지역	격문명	유형	주요내용	출 전
22	湖南義將 金聿	(羅州 儒生)	1908.1.26	羅州	「通文羅州鄉校僉尊座下」	通文	僉君子에게 激勵義氣하고 同心齊力하여 輔國守義하자는 내용	『編冊』9, 505~506
23	湖南義將 金聿	(羅州 儒生)	1908.1.26	羅州	「通文」	通文	나주군 校宮僉賢에게 同心齊力하여 擧義할 것을 촉구(위와 동일한 지 확인요)	한647.편.나경비수제52
24	義陣所		1908.1	茂朱	「檄文」	檄文	무주군 면장의 세금징수와 인민의 세금 납부를 엄금한다는 경고	『編冊』9, 235~236
25	湖南義將 金聿	(羅州 儒生)	1908.2.9	羅州	「羅州郡衙書記」	檄文	列邑의 有志人士들과 通約하여 일제히 各郡의 賊을 捕捉하자는 내용	『編冊』9, 506
26	(湖南義將 金聿)	(羅州 儒生)	1908.2.10	羅州	「羅州自衛團長」	檄文		『編冊』9, 507
27	義將 金聿	(羅州 儒生)	1908.2.10	羅州	「傳令各郡各面里 大小民人等」	傳令	稱以義兵하며 민간에 作弊하는 無賴輩를 洞中에서 結縛하여 義所에 押上하라는 令	『編冊』9, 507
28	全南義兵將 李哲衡(36)	靈光 進士	1908.2.12	長城	「長城領監閣下」	書簡文	長城令(領縣?)監에게 治于民心하라는 내용	한648
29	湖南倡義大將 金聿	(羅州 儒生)	1908.2.14	羅州	「答函」	書簡文	日本軍警에게 勿參干涉政·財·軍하라는 내용	한649.편.나비발제74
30	湖南義將 金準(39)	羅州 儒生	1908.2.20	長城	「致長城郡守書」	書簡文	장성군수의 귀순요청에 대한 반박	한649.편..광경비수231
31	湖南義兵將 沈南一(38)	咸平 儒生	1908.2	咸平	「檄告文」	檄文	內外官係 大小民人에게 共齊大事 도모를 촉구	『盡至錄』, 212~213 『沈南一實記』, 915

부표 1. 계속

순번	격문주체 (연령)	거출지 신분·직업	작성·배포 시기	배포 지역	격문명	유형	주요내용	출 전
32	湖南義兵將 沈南一	(咸平 儒生)	1908.(2)	咸平	「警喩土倭文」	通文	韓人之在倭者의 土倭 경고	『盡至錄』, 216~217 『沈南一實記』, 915~916
33	湖南義兵將 沈南一	(咸平 儒生)	1908.(2)	咸平	「敬通各郡鄕校文」	通文	僉尊에게 一心相照 당부	『盡至錄』, 219 『沈南一實記』, 916
34	湖南義兵將 沈南一	(咸平 儒生)	1908.(2)	咸平	「告示軍中文」	廣告文?	軍中의 軍紀 확립 당부	『盡至錄』, 233~236 『沈南一實記』, 917~919
35	湖南義兵將 沈南一	(咸平 儒生)	1908.(2)	咸平	「警喩各處補助員」	通文	각처의 憲兵補助員에게 각성 촉구	『盡至錄』, 222 『沈南一實記』, 916
36	湖南義兵將 沈南一	(咸平 儒生)	1908.(2)	咸平	「告示各郡面長與領員與里長文」	廣告文?	面長·領收員·里長에게 結錢의 公平 시행을 촉구	『盡至錄』, 226~227 『沈南一實記』, 916~917
37	湖南義所		1908.3.1		「告削人金學甫梁在星」	告示文	削人金學甫·梁在星에게 국권회복을 도모하기 위해 歸義할 것을 촉구	『編冊』10, 501~502
38	湖南義所 金太元(金準)	(羅州 儒生)	1908.4.8(양)	咸平	「答書于咸平一進會支部」	致書	一進會員도 義軍과 같이 韓國國民이므로 協同一致하여 大韓國을 위해 盡力하자는 글	『編冊』10, 296
39	智義大將 趙秉權		1908.3.19	茂朱	「令茂朱各面各里尊洞大小民人」	令	邑市의 薪賣炭및 穀粟 出納을 금지한다는 令	『檄文』, 151~152
40	湖南義所		1908.3	咸平	「傳令咸平各面長領員及一般人民」	傳令	令이 到達한 3일 이내에 錢 1500兩을 義陣에 納付하라는 내용	『編冊』10, 502

부표 1. 계속

순번	격문주체 (연령)	거출지 신분·직업	작성·배포 시기	배포 지역	격문명	유형	주요내용	출 전
41	湖南義所 (沈)南一	(咸平 儒生)	1908.3	長城	「傳令」	傳令	郡守·稅務官·領收員들에게 國稅를 徵收하여 倭賊의 軍需에 충당함은 부당하다는 것을 알리는 令	『編冊』10, 347·516
42	湖南義所 (沈)南一	(咸平 儒生)	1908.3	長城	「廣告」	廣告	種痘를 빙자하여 韓民을 살해하는 倭賊이 도착하는 대로 해당 洞民은 義所에 來告하라는 내용	『編冊』10, 347·516
43	湖南義所 (沈)南一	(咸平 儒生)	1908.3	長城	「廣告」	廣告	義兵稱託하며 錢財强奪하는 雜輩를 洞民이 結縛하여 義所 또는 本郡에 押上하라는 내용	『編冊』10, 348·516
44	湖南倡義所大將 李某(錫庸 : 32)	任實 儒生	1908.3	任實	「論同盟壯士」	通論文	귀순권유에 免罪文憑을 받지 말고 義로서 대처하자는 내용	『檄文』, 130~132 『秘文』, 179~181
45	湖南倡義所大將 李錫庸		1908.3		「示巡檢通辭輩」		巡檢·通辭의 自首를 권하는 내용	『檄文』, 170~172 『秘文』, 233~234
46	大韓倡義大將 金東臣(37)	懷德 醫業	1908.3		「泣告大韓國民一般」	廣告文	假義를 捕縛한 義隊 引致와 의병의 소식을 헌병에게 통고하는 兩班·領收員·村長을 군율로 다스릴 것이라는 경고	『秘文』, 52~55
47	倡義大將 金東臣		1908.3		「泣告八域忠義之士」	布告文	일제의 침략실상과 我舊邦을 保全하고 我民衆을 救濟하려는 大義에서 倡義했음을 廣布	『檄文』, 123~129 『秘文』, 55~59
48	京義所 申明善		1908.3	南原	「廣告」	廣告文	僉君子에게 一切會同共成大事 촉구	한643. 편.남경비발제 126

부표 1. 계속

순번	격문주체 (연령)	거출지 신분·직업	작성·배포 시기	배포 지역	격문명	유형	주요내용	출 전
49	湖南倡義所大將 李錫庸		1908.3	南原	「揭示列郡任長」	廣告文	列郡任長에게 奸凶除去 촉구	한650.편.남경비발제126
50	湖南倡義所大將 李錫庸		1908.3	南原	「日書反對」	書簡文	日指揮官 국지主殿의 歸順勸誘 반박	한650.편.남경비발제125
51	湖南義兵將 金東晚		1908.4	光州	「檄日人」	檄文	起兵의 명분을 알리고 撤還束歸를 촉구	『檄文』, 203~207 『秘文』, 301~305
52	湖南倡義所大將 李錫庸		1908.4		「數倭十罪」		10항의 罪目을 들어 일본의 침략성을 성토	『檄文』, 196~198 『秘文』, 299~301
53	全羅北道　湖南倡 義 大將 李錫庸		1908.4		「告京鄕解隊軍卒」	廣告文	해산군인의 의병참여를 촉구	『檄文』, 84~91 『秘文』, 79~84
54	湖南倡義所大將 李錫庸		1908.4	谷城	「謹檄谷城鄕校」	檄文	擧義의 명분을 알리고 함께 동참할 것을 독려	『檄文』, 101~107 『秘文』, 170~175
55	義所		1908.4	谷城	「馳章谷城巡査駐在所」	致書 통문?	日本의 無道함을 들어 日兵의 退去를 촉구	『編冊』11, 120·252 한658.편. 남경비발제 134
56	義所 金東晚		1908.5		「敬通于鄕校」	通文	縉紳章甫에서 軍校胥吏에 이르는 我同胞가 同心奮力하여 大義를 伸하자는 내용	『檄文』, 117~118 『秘文』, 168~170
57	湖南義所 (沈)南一		1908.5	靈岩	「廣告」	廣告	韓國大民이 討賊할 마음이 없음을 꾸짖고 관찰부, 세무주사, 영수원 자위단을 倭賊과 함께 참살할 것이라는 경고	『編冊』11, 401

부표 1. 계속

순번	격문주체 (연령)	거출지 신분·직업	작성·배포 시기	배포 지역	격문명	유형	주요내용	출 전
58	湖南義所		1908.5	康津	「傳令康津郡白道面 領收員及各村任員」	傳令	민간에 징수한 세금을 本義所에 輪納하여 軍資에 補하고, 아직 징수하지 않았으면 民의 負擔을 덜게끔 징수하지 말라는 경고	『編冊』11, 259~260
59	慶尙北道倡義所 大將 李舜珍		1908.6.10	茂朱	「傳令茂朱郡守趙命 根處」	傳令	公稅徵收는 生民을 塗炭에 빠뜨리는 것이라 하며 督捧을 중지하라는 令	『編冊』9,, 239
60	義兵所		1908.6.23	泰仁	「義兵所電飾」	傳令??	國稅를 징수하는 세무주사와 영수원 등을 포살할 것이라는 경고	『編冊』11, 394
61	湖南義所 (沈)南一		1908.6		「廣告」	廣告	稱以義兵하며 錢財討索하는 徒黨이 오면 義所에 來告하거나 결박하여 本郡에 押上하라는 내용	『編冊』11, 401
62	義所 豊		1908.8.2	全南	「廣告」	廣告文	稅務主事와 領收員의 倭言 奉行 중지 촉구	한643
63	湖南倡義所大將 李錫庸		1908.8	全北	「寄日本政府書」	書簡文	일본정부의 罪狀을 열거하며 성토	한656
64	大東義兵將 全海山(30)	任實 儒生	1908.(8)	羅州	「令三加面長及該洞 洞首」	傳令	三加面長 및 洞首에게 穀物留置以待指令	『全海山陣中日記』, 845~846
65	大東義兵將 全海山		1908.(8)	羅州	「揭示該郡大小民人」	廣告文	大小民人에게 假義를 結縛押上하라는 내용	『全海山陣中日記』, 846
66	大東義兵將 全海山		1908.(8)	羅州	「揭示稅務領收者流」	廣告文	稅務領收員 등 倭協助者의 覺醒 촉구	『全海山陣中日記』, 846~847

부표 1. 계속

순번	격문주체 (연령)	거출지 신분·직업	작성·배포 시기	배포 지역	격문명	유형	주요내용	출 전
67	曹準煥·全垂鏞		1908.9.13		「輪示兩將和解文示」		曹準煥·全垂鏞 兩陣의 和解를 촉구	『檄文』, 313~316 『秘文』, 183~187
68	湖南壯義都會所 大將 權澤(25)	南平 儒生	1908.10.12	光州	「訓告閭里士民」	訓告文	曹京換·全垂鏞·梁振如 등 4陣이 합세하여 음력 10월 25일 안에 나주와 영산포를 공격한 뒤 광주로 가서 군수·稅官·순사대를 차례로 斬殺할 것이라는 내용	『統文』9, (4) 한700 『檄文』, 486~488
69	湖南壯義都會所 大將 權澤		1908.10.12	光州	「廣告」	廣告文	일본헌병에 협조하여 정상적인 市場去來를 방해하는 商人輩와 乞人에게 경고	『統文』9, (3) 한700 『檄文』, 484~486
70	湖南壯義都會所 大將 權澤		1908.10.12	光州	「廣告」	廣告文	接戰時 무고한 良民을 致死하고 가옥을 放火한 倭賊과 巡査隊의 부당함을 경고	『統文』9, (2) 한699 『檄文』, 481~482 『秘文』, 236~237
71	湖南義所 盟主 李(錫庸)		1908.10.20	任實	「日本政府大官僉座下」	書簡文	東洋三國의 平和를 깨고 침략한 日本의 반성을 촉구	『檄文』, 339~350 『秘文』, 285~298
72	全羅倡義陣南所 柳		1908.10.	潭陽	「布諭」	通文	我韓國士民에게 合心奮力 촉구	한659
73	義兵大將 安		1908.11.5	羅州	「與巡査隊」		巡査隊의 改心을 촉구	『檄文』, 393~394 『秘文』, 239~240
74	湖南倡義所 金永燁	儒生	1908.11.7	淳昌	「馳告各聽座下」	通文	일제의 침략실상을 알리고 한인 순사의 歸義를 촉구	『編冊』12, 612~613 ·614~616 한645.편고비수제850-1

부표 1. 계속

순번	격문주체 (연령)	거출지 신분·직업	작성·배포 시기	배포 지역	격문명	유형	주요내용	출 전
75	湖南義所 朴		1908.11.23	光州	「廣告」	廣告文	附倭者 砲殺 경고	한659.편광경비발제1162
76	義所大將 楊演泳	淳昌 儒生	1908.11	全北	「義檄」	檄文	雪臣民之冤	한644
77	湖南義軍所　海山 義 軍所 德山 (朴在煥???)		1908.12.16	羅州	「檄文」	檄文	各郡守(南興七家)에게 軍需品을 준비하라 는 내용	『編冊』13, 100~101 한660
78	盟主 李 李錫庸		1908.12.17	任實	「輪示列邑倭酋」		倭討伐隊에게 復讐의 의지를 알리는 내용	『編冊』13, 107
79	慶南義所大將 全聖凡		1909.1.4	茂朱 安義	「責諭文」	通文	헌병보조원과 일진회의 죄상을 알리고 歸 義를 촉구	『統文』6, (41)
80	湖南倡義所		1909.1.11	靈岩	「訓令」	訓令	首書記 등에게 민간에 걷는 土稅를 義所 에 納上할 것을 촉구	『秘文』, 210~211 『秘文』, 437~438
81	湖南倡義所		1909.1.11	靈岩	「傳令首書記處」	傳令	令到卽時 各面里籍 大小民人에게 '籍義'하 며 토색 행위를 하는 '匪徒'들을 결박하여 大義所에 押上할 것을 지시	『檄文』, 431~432
82	湖南倡義所		1909.1.11	靈岩	「私通」	通文	補助員과 巡檢에게 國計卽家計이며 民計 卽身存計임을 헤아리라는 경고	『檄文』, 433~437
83	湖南倡義所		1909.1.12	茂長	「廣告」	廣告文	人臣된 자가 鳥獸犬羊이 될 수 없으니 倂力齊心하여 夘魯의 疆域을 恢復하자는 내용	『檄文』, 417~418

순번	격문주체 (연령)	거출지 신분·직업	작성·배포 시기	배포 지역	격문명	유형	주요내용	출 전
84	大東義兵將 全海山		1909.1.19	羅州	「檄該郡反黨文」	檄文	憲兵補助員의 각성을 촉구	『全海山陣中日記』, 864
85	湖南第一義所 財務長 安		1909.1.23	羅州	「通寄書」	通文	軍資金 出納을 違約하고 도주한 河議官과 全奉迹의 잔여금을 불납하면 응징하겠다는 경고	『編冊』13, 383~384 한677
86	湖南倡義所 盟主 李(錫庸)		1909.1	全南	「示倭賊」	告示文 광고문?	擧義의 정당성과 義兵將 체포 처리의 부당성을 주장	『統文』9, (8) 한702 『檄文』, 507~508 『秘文』, 305~308
87	義所 海山書記 李		1909.1.	羅州 咸平	「咸平邑居崔昌 默處」	致書 (馳通?)	작년 12월 19일 錢文 1萬兩과 大炮 10柄을 軍需하기로 한 崔昌默에게 잔여금 상납을 촉구	『編冊』13, 352
88	湖南倡義所		1909.2.10	扶安	「徵發令狀」	傳令	舍音 張德明家에 藏置한 金允明의 賭租 90 石을 집留한다는 令	『編冊』14, 151
89	湖南倡義所		1909.2.10	扶安	「徵發令狀」	傳令	舍音 尹奉先家에 藏置한 金允明 賭租 40석과 金德元 賭租 250石을 本義所의 軍需로 輔하려 執留한다는 令	『編冊』14, 150~151
90	鮮國復讐雲雷大將 壯義軍		1909.2.14	潭陽	「令潭陽捧稅官 李土倭處」	傳令	令到하는 즉시 民間에서 土稅錢을 徵收하는 것을 停止하고 違令할 때는 '土倭' 各面 領收員·面長·戶首를 律에 따라 처단할 것이라는 경고	『統文』9, (16) 한708 『檄文』, 555~556 『秘文』, 244~245

부표 1. 계속

순번	격문주체 (연령)	거출지 신분·직업	작성·배포 시기	배포 지역	격문명	유형	주요내용	출 전
91	鮮國復讐雲雷大將 壯義軍		1909.2.14	潭陽	「令潭陽稅務田金兩 人處」	傳令	令到하는 즉시 民間에서 土稅錢을 徵收하는 것을 停止하고 義陣의 處分을 기다리라는 令	『統文』9, (17) 한709 『檄文』, 557~558
92	鮮國復讐雲雷大將 壯義軍		1909.2.14	潭陽	「令潭陽知郡坊(地方?)委員李奎聠鄭綠島處公前」	傳令	令到하는 즉시 民間作弊를 停止하고 義陣의 處分을 기다리라는 令	『統文』9, (15) 한708 『檄文』, 552~553
93	鮮國復讐雲雷大將 壯義軍		1909.2.14	潭陽	「令潭陽知郡土倭 李虎榮處」	傳令	學敎堂을 짓는다며 민간에 2萬餘金을 排收하는 것을 그만두고 義陣의 處分을 기다리라는 令	『統文』9, (14) 한708 『檄文』, 550~551 『秘文』, 243
94	李楠霽(李起箕)		1909.2.22	榮山浦	「勸告文」	勸告文	憲兵補助員의 각성을 촉구	『統文』6, (311)
95	湖南北義所大東義兵 將 石浦 金昌燮		1909.2.26	羅州	「與憲兵補助員」		헌병보조원의 죄상과 처단을 경고	『秘文』, 240~242
96	六南召募大將 兪宗煥(50)		1909.2	全南	「告大韓僉君子」	檄文	大韓僉君子에게 一其心力共圖大事를 권고	『檄文』, 591~593 『統文』9, (26) 한714
97	湖南義所 金元國(局·金昌燮 : 36)	光州 平民	1909.2	光州	「令光州稅務所」	傳令	'籍倭收稅'하면 律에 따라 처리할 것이라는 경고	『編冊』13, 617 한683 『檄文』, 428~429
98	壯義軍 金元局		1909.2	羅州 光州	「敬通光州校中·敬通羅州校中」	通文	有志之士의 一心唱動로 일을 도모하면 國讐을 雪할 수 있고 疆土를 復할 수 있다며 擧義同參을 호소	한682 『檄文』, 423~425 『秘文』, 166~167 『編冊』13, 623 『編冊』15, 77

부표 1. 계속

순번	격문주체 (연령)	거출지 신분·직업	작성·배포 시기	배포 지역	격문명	유형	주요내용	출전
99	湖南壯義所 大將 朴玟洪(40)	前郡書記	1909.2	羅州	「廣告」	廣告	보조원의 歸義 촉구와 인민의 勿惰勿荒을 경계	『編冊』13, 423~424 한678
100	湖南義所 都統大將 朴(鏞植)	羅州 郡書記	1909.2.	靈岩 海南 南平?	「海南康津警務分派 所」	廣告	各郡에 一進會支部·巡檢·巡隊 등의 설치를 반대하고 國賊으로 처단할 것임을 경고	『編冊』13, 680 『編冊』14, 92~93 『檄文』, 512~516 『統文』6, (225) 『統文』9, (9)
101	湖南倡義所金公三 (45)·金泰圭	김공삼 : 고창 농업	1909.2	高敞	「廣告」	廣告	假義之名을 行事한 黃·鄭 兩人을 처형하겠다는 경고	『編冊』14, 92~93
102	義兵所		1909.2	高敞?	「三邑中村上村 里長座下」	通文	통문을 보는 날 즉시 觀德亭으로 來會하여 倭人을 打殺하자는 내용	『編冊』13, 755~756
103	六南義陣 大將 兪(宗煥)		1909.2	錦山	「廣告各面各里 大小人民」	輪示文	罔極할 統監, 寒心할 警察, 切齒할 守備隊, 痛哭할 巡檢, 등 6개의 事勢를 논하고文武의 鄕에 擧義하는 者가 없음을 개탄하며 의병참여를 호소	『編冊』14, 111~113
104	大東義兵將 全海山		1909.潤2.2	羅州	「示榮山浦憲兵分隊 長」	廣告文	憲兵分隊長 大原壽四郞의 無倫無別 覺醒 촉구	『全海山陣中日記』, 878
105	湖南壯義所 石浦(金昌爕?)		1909.潤2.4	同福	「令外西面長」	傳令	社還米를 軍用으로 쓸 것이니 社還米를 徵收預置한 者의 姓名과 證文을 本所에 보고하고 軍人衣服 50着 등을 음력 윤2월15일까지 준비하라는 令	『統文』9, (19), 한709

부표 1. 계속

순번	격문주체 (연령)	거출지 신분·직업	작성·배포 시기	배포 지역	격문명	유형	주요내용	출 전
106	湖南壯義所 白鋒		1909.潤2.8	同福	「令外西面長及 各村舍音各洞頭民」	傳令	富豪의 收穫籾을 軍需粮米로 差押하려 하니 舍音에게 積置해 두라는 令	『統文』9, (18) 『檄文』, 559, 한709 격문제 4집18
107	湖南義將 (李)綿齊(起巽: 40)	羅州 儒生	1909.潤2.12	光州	「令光州稅務署處」	傳令	稅政을 憑藉하여 私的인 捧稅를 강요하는 稅務輩의 斬殺할 것이라고 경고	『檄文』, 578~579 『統文』9, (23) 한712
108	湖南倡義將 申昌學		1909.潤2	井邑	「傳令井邑朴文案家」	傳令	軍需錢 5萬兩 납부를 명령	『編冊』14, 107
109	都統大將 朴鏞植		1909.潤2?	羅州? 光州	「廣告各道各郡 各面各里大小民處」	廣告	義旅蜂起에 同心合力을 촉구	『編冊』14, 169~170 ·353~354 한679.편.광경비제438
110	都統大將 朴鏞植		1909.潤2	羅州?	「廣告」	廣告文	假義에 대한 경고와 신고를 촉구	『編冊』14, 170~171·353 한679.편. 광경비제 438
111	湖南義將 李起巽		1909.3.2	務安	「敬統務安移中」	檄文	일제의 침략 실상을 알리고, 國讐를 復하고 疆土를 還하려고 振起할 것을 호소	『編冊』14, 389~390 한685
112	湖南行軍所 大將 安		1909.3.3	寶城	「書寶城郡衙」	書簡文	즉시 行軍入城할 것이므로 大將의 居所는 郡衙本廳, 中軍所는 使令廳, 後軍所는 刑事 廳, 軍所는 官廳으로 選定해 두라는 내용	『編冊』13, 632

부표 1. 계속

순번	격문주체 (연령)	거출지 신분·직업	작성·배포 시기	배포 지역	격문명	유형	주요내용	출 전
113	忠南全羅兩道 倡義所		1909.3.8	韓山	「告示各面各里」	告示文	국가를 위하여 擊倭하려고 擧義했으니 居民은 우려하지 말고 告示를 본 뒤 訛言하지 말라는 내용	『編冊』13, 560~561
114	全南義兵所		1909.4.25(양)	務安	「廣告」	廣告文	음력 3월 21일 의병 1萬名이 入港할 터이니 韓國人은 移處하라는 내용	『編冊』14, 157
115	湖南義壯所 朴平南		1909.3	靈岩	「廣告」	廣告文	農時에 倭奴에 付同하여 防築을 毁破하는 행위를 개탄하고 倭와 함께 斬할 것이라는 내용	『統文』9, (28) 한715 격문제4집28 『檄文』, 602~603 『秘文』, 124~125
116	義將 李錫庸		1909.3	公州	「示湖中倭酋」	告示文	일제 침략을 성토	『檄文』, 656~658
117	湖南倡義士 李錫庸		1909.3		「忠南觀察使閣下」	書簡文	관찰사의 歸義를 촉구	『檄文』, 653~656
118			1909.5.2(양)	木浦	「？」	貼紙	日本軍은 大韓義兵에게 모두 죽을 것이라는 내용	『編冊』14, 376
119	大韓義兵大將		1909.5.7(양)	長興	「？」	廣告文	9일 교전 또는 읍내 습격을 알리는 내용	『編冊』14, 376
120	湖南義所 虜一堂		1909.4	靈岩	「廣告」	廣告文	各道 各郡에서 진행되고 있는 防築毁破事의 실상을 알리고 任意 醵耕之民은 倭奴와 같이 斬할 것이라는 경고	『編冊』14, 633 한686

부표 1. 계속

순번	격문주체 (연령)	거출지 신분·직업	작성·배포 시기	배포 지역	격문명	유형	주요내용	출 전
121	朝鮮湖南士人 楊演泳 等		1909.5		「移書日本政府」	書簡文	我國의 獨立을 빙자한 日本의 군사침략을 규탄	『秘文』, 310~319
122	湖南義士 楊演泳		1909. 5		「義檄文」	檄文	君母의 讐와 生民의 塗炭을 고려하지 않는 討伐隊·巡査隊·警務官·領收員 등에 대한 경고	『秘文』, 150~152
123	湖南義士 李鳳安		1909. 6. 14		「廣告」	廣告文	義에 藉하며 侵索하는 假義에 대한 경고	『檄文』, 658~663 『秘文』, 220~223

비고 : 1. 격문은 호남지역에 배포된 것을 원칙으로 하되, 인근 지역이라 할지라도 배포 주체가 호남지역에서 활동한 의병일 경우는 포함시켰다.
　　　 2. 격문 주체는 격문 작성처 내지 발행처로서 ( )안의 이름은 다른 자료를 통해 이름이 확인된 경우이다.
　　　 3. 시기는 격문 말미에 기재된 년월일(음력)을 기준으로 했고 년월일을 확인할 수 없는 경우는 격문이 배포 또는 습득된 일자를 따랐다.
　　　 4. 출전에 기재된 약칭의 원제는 다음과 같다.
　　　　 『統文』: 국사편찬위원회, 『統監府文書』 1~9, 1999
　　　　 『編冊』: 國史編纂委員會, 『韓國獨立運動史 資料 義兵篇』 8~19, 1968~1990
　　　　 『秘文』: 琴秉洞 解說, 『秘暴徒檄文集-抗日義兵鬪爭史-』, 東京 綠蔭書房, 1995
　　　　 『檄文』: 한국정신문화연구원·한민족문화연구소, 『한말의병자료집 暴徒檄文』, 선인, 2000
　　　　 한: 국사편찬위원회, 『韓國獨立運動史』 (一)

부표 2. 경기지방 檄文類의 유형과 주요 내용(1907~1910)

순번	격문 주체	신분·직업	시기	배포지역	격문명	유형	주요내용	출 전
1	倡義士金鳳基	儒業	1907.7.3		「布告全國同胞」	布告文	정부, 지방관, 통신, 언론에 관한 인식 등을 근거로 排日主義 주창하며 倡義 촉구	『秘文』, 29~34
2	倡義士金鳳基		1907.7.3		「布告全國同胞」	布告文	일본제품을 배척하고, 현정부에 조세를 납부하지 말자는 排日主義의 두 방법을 제시	『秘文』, 34~41
3	倡義士金鳳基		1907.7.3		「討政府諸賊」	聲討文	乙巳五賊과 丁未七賊을 비롯한 賣國諸賊의 스물다섯 가지 罪惡 열거하며附日者 성토	『秘文』, 253~259
4	倡義士金鳳基		1907.7.3		「謹告伊藤統監」	謹告文	馬關條約 이후 獨立保全 약속을 어기고 乙巳·丁未條約을 체결한 부당성을 성토	『秘文』, 271~276
5	倡義士金鳳基		1907.7.3		「告各國領事」	告示文	일제 침략의 부당성을 지적하고 열강의 지원을 호소	『秘文』, 323~329
6	倡義士金鳳基		1907.7.3		「諭一進會書」	通諭文	일진회의 해산을 촉구	『檄文』, 181~183
7	鎭衛營倡義司令部 大將 閔肯鎬	해산군인 (特務正校)	1907.9.20	春川	「答書于江原道觀察使 黃鐵閣下」	致書	宣諭使의 해산 권유를 거부하고 창의의 정당성을 주장	『編冊』8, 114~115 『秘文』, 259~263 『황성』, 1907.11.23
8	義兵大將 權仲植	해산군인 (正尉)	1907.9	水原	「通牒京畿道觀察使」	通牒	白米 등 군수품 요구와 의병동참 호소	『대한』, 1907.9.21 『독립』, 1920.5.2
9	王會鍾 · 金溱默		1907.9	平康		檄文	穀物品 등 군수품을 隨力寄附하라는 요청	『대한』, 1907.9.21
10	鎭衛營倡義司令部 大將 閔肯鎬		1907.10.4	春川	「答書于江原道觀察使 黃鐵閣下」	致書	宣諭使의 해산 권유를 거부하고 창의의 정당성을 주장	『編冊』8, 117~118
11	崔致先		1907.10.31	驪州		傳令	여주의 倭人 토벌하겠다는 경고	『대한』, 1907.11.7 『황성』, 1907.11.8

부표 2. 계속

순번	격문 주체	신분·직업	시기	배포 지역	격문명	유형	주요내용	출 전
12	利川倡義所左翼將 任某(玉汝)	농상공부 주사	1907.11.14	廣州	「傳令實村面三十三洞 面長各里里長處」	傳令	火藥과 彈丸 등 軍需品 요구에 불응한 면장을 捉來하여 嚴懲한다는 傳令	『대한』, 1907.11.14
13	關東倡義大將 李麟榮	양반 유생	1907.11.15	原州	「警告我大韓近衛隊 出駐所」	警告文	同族相殘을 피하고 韓民으로서 殄滅倭奴에 동참할 것을 近衛隊에 촉구	『編冊』8, 156~157
14	中央倡義大將 金		1907.11.24	開城	「通告于我同胞」	通告文	開城府의 內外 學敎學徒, 各社員, 大小民 等에게 歸義 촉구	『대한』, 1907.11.24
15	義兵大將 李某		1907.12.14	水原 金浦	「檄文」	檄文	國家를 不顧하고 日本人을 付隨하며 結稅를 독촉하는 金浦郡 면장·세무주사·서기와 耶蘇敎導에 대한 경고	『대한』, 1907.12.14 『황성』, 1907.12.14
16	鎮東倡義大將 李種協	해산군인	1907.12	鐵原	「致書于淸國僉大人 座下」	致書	東洋保護를 위해 韓淸의 同心合力을 촉구	『編冊』8, 441 『황성』, 1907.12.9
17	大東倡義所		1907.12	鐵原	「告示鐵原郡守及 各面長大小民人」	告示文	亂臣賊子,日本人, 一進會가 相謀하여 設置한 自衛團과 郡守, 稅務員을 懲責하겠다는 경고	『編冊』8, 440~441
18	鄭龍山		1908.1	楊州		通文	無論某穀하고 郡民이 共勤하여 防穀하라는 통문	『황성』, 1908.1.26
19	義陣所		1908.1	茂州	「檄文于茂州郡守」	檄文	危國討賊할 마음은 없으면서 民間에 징세만 독촉하는 군수를 賣國賊이라 성토	『編冊』9, 235~236
20	倡義元帥部左軍 總督將 申		1908.2.5	楊州	「傳令楊州各面各里 所住人」	傳令	1908년 음력 2월 15일 이후 모든 牛馬의 都城出入을 禁止한 令	『朝鮮』1, 32
21	鎭東倡義所		1908.2.11	麻田		檄文	일제침략에 대한 抗戰 決意	『編冊』9, 350
22	倡義信陣所 (朴順根)	승려	1908.2.18	楊根	「傳令楊根北面面長及 各洞執綱各舍音處」	傳令	執留穀과 草鞋와 南草 등을 義陣에 來納하라는 令	『編冊』10, 134

부표 2. 계속

순번	격문 주체	신분·직업	시기	배포 지역	격문명	유형	주요내용	출 전
23			1908.2	砥平	「私通」	私通	30세 이상의 男女丁壯들에게 自衛團의 牛痘驗査 획책을 막기 위해 齊會할 것을 촉구	『編冊』10, 134~135
24	日月山人 裵		1908.2	楊根	「告示楊根各面各里統長及里長座下」	告示文	義務를 빙자하고 民間의 財色을 劫掠하는 無賴輩의 ‘假義’ 경고	『編冊』10, 132~133
25	日月山人 裵		1908.2	楊根	「傳令楊根各面面長及各里里長處」	傳令	火繩, 火藥 등 군수품을 出給하라는 令	『編冊』10, 133
26	韓南倡義所		1908.2		「檄文」	檄文	十部大臣과 一進會員 등 附日者 경고와 米穀과 柴木의 城內運送 엄금을 촉구	『朝鮮』1, 32
27			1908.3.2	果川	「義兵大將命令」	命令	葉粮太의 銅雀·鷺湖 왕래에 관한 令	『編冊』10, 126~127
28	京畿忠淸江原三道 辦護禁察官 車		1908.3.16		「傳令各郡各面各里大小民人處」	傳令	結戶錢을 軍需等節에 支用한다는 令	『檄文』, 159~162
29			1908.3.24	楊根	「楊根郡下道面面長」	檄文	米穀類의 京城輸出 엄금을 경고	『編冊』10, 16~17
30			1908.3.24	陽城	「陽城升良院面長」	通文	세금을 관아에 납부하지 말 것, 官內産米를 輸出하지 말 것, 일진회를 해산시킬 것 등을 통문	『編冊』10, 124~125
31	金春洙	儒業·農業	1908.4.8	楊根	「傳令楊根北面面長及各洞長處」	傳令	文武中 義있는 자는 義兵에 投하라는 令	『編冊』10, 142
32	金春洙		1908.4.9	楊根	「傳令楊根娛濱洞公山里民」	傳令	火藥, 彈丸이나 草鞋, 粮食 등을 준비하라는 令	『編冊』10, 142
33	沈魯術	유생, 목수, 엽부	1908.5.7	延安	「歸順勸誘書에 대한 返書」	私通	歸順 권유를 반박하는 글	『編冊』11, 146

부표 2. 계속

순번	격문 주체	신분·직업	시기	배포 지역	격문명	유형	주요내용	출 전
34	許蔿	前參政 유생	1908.5		「三十個條」	要求	황제복위 등 통감부에 요구한 30個條	『編冊』11, 8~9
35	鎭東倡義北陣大將 金		1908.8.8	龍仁	「傳令龍仁金陽執綱及領任處」	傳令	軍需錢 2萬兩 요구	『編冊』12, 5~6
36	關東大陣餉官所		1908.9.26	永平	「傳令永平郡一東面長」	傳令	里內의 京人庄 舍音處의 收租包를 軍粮으로 執留한다는 令	『編冊』12,, 382
37	倡義元帥府鎭撫營大將 尹(仁淳)	농민, 화적, 박도두령	1908.9	坡州	「令坡州廣灘面里長及大小民人」	令	結戶兩稅를 勿爲應納하되 만약 應納者가 있으면 面長, 里長 등을 黨賊의 律로 斷施한다는 令	『編冊』12, 386
38	倡義大將 柳麟錫·鄭容大	정용대 : 양반·농업 해산군인 (副校)	1908.9		「韓令參政宅舍音 崔羽榮」	私通	結錢收捧者·削髮者 등을 軍律에 처한다는 통문	『編冊』13, 548
39	朝鮮尊攘大將 延(起羽)		1908.10.1	坡州	「令坡州東面面長處 廣灘都執綱所」	令	該面內 執綱所에 방곡령을 발한다는 令飭	『編冊』12,, 386
40	關東大陣餉官所		1908.10.6	永平	「傳令永平一東面 各里里長」	傳令	舍音處의 收租包를 軍粮을 執留한다는 令	『編冊』12, 385
41	金秀才		1908.10.19	抱川	「檄文」	檄文	收穫時期를 이용하여 軍用金을 徵發해야 하므로 新穀의 輸出을 엄금한다는 令	『編冊』12, 385
42	倡義元帥部 中軍將 李殷瓚	양반 유생	1908.10.	坡州	「告示各面各里僉座」	告示文	一聲共濟하여 國讐를 報하고 疆土를 회복하여 民權을 庶保하자는 倡義曉諭文	『秘文』, 85~87 『檄文』, 373~376
43	江原道義兵大將 金應斗		1908.10		「訓示」	訓示文	軍用轉輸經費를 평강 광박산의 本陣에 來納하라는 訓令	『秘文』, 197~198
44	倡義元帥部總督將 兼先鋒將 成桂銀		1908.11.2	豊德	「令各邑各面各里面長 執綱及大小民人等處」	令	富民은 洋銃 2柄式, 饒戶는 軍衣 20件을 義陣에 來納하라는 令	『秘文』, 195~197 『檄文』, 490~492 『編冊』12, 591

부표 2. 계속

순번	격문 주체	신분·직업	시기	배포 지역	격문명	유형	주요내용	출 전
45	倡義之帥		1908.11.3	抱川	「抱川加山面面長」	檄文	新穀의 京城搬出을 엄금한다는 令	『編冊』12, 381
46	倡義元帥府 中軍所		1908.11.5	楊州	「傳令楊州長興面長及 內外西山各執綱」	傳令	面에 配定한 軍需品을 속히 留陣에 來納할 것을 촉구	『編冊』12, 585
47	積城倡義中央將 金寅洙		1908.11.20	楊州 積城 抱川	「告示楊州積城抱川 各面里長」	告示	京城富者 田地의 穀物을 地主에게 納付치 말고 本隊에 納하라는 告示	『編冊』12, 592
48	朝鮮尊攘倡義 司令將李		1908.11.29	長湍	「令長湍板浮里 洪聖燁處」	令	軍衣 30件을 1908년 음력 12월 6일안에 製納하라는 令	『編冊』13, 7
49	倡義元帥部 中軍 李殷瓚		1908.11	加平	「通諭加平郡書記及 各廳員等」	通諭文	本郡은 전과 같이 義陣을 極力保護하는 厚意에 감사하다는 글	『編冊』12, 589~591
50	倡義元帥部 中軍將李殷瓚		1908.11		「布告我八域義士」	布告文	現今 國勢가 無極之痛憤하니 各自出謀發慮하여 疆土를 회복하고 生靈을 救濟하자는 布告	『秘文』, 90~92 『檄文』, 380~382
51	倡義元帥部 中軍將 (李殷瓚)		1908.11	坡州	「訓令各郡各面各里 大小民人等」	訓令	義兵이 의지할 것은 民穀과 大同, 結戶뿐이니 이를 留駐所로 來納하라는 訓令	『秘文』, 200~202 『檄文』, 385~388
52	(강화의병?)		1908.11	江華		檄文	現政府를 顚覆하여 '우리 時代'가 되면, 巡査, 補助員을 殺戮하겠다는 경고	『編冊』12, 391
53	大韓常(尊)攘大將 延(基羽)		1908.11	積城	「告示積城郡各面各洞」	告示	衣服, 金品을 强請하는 尹仁淳 등의 强盜輩 경고	『編冊』12, 566
54	尊攘十三部都督 後軍總督將		1908.12.6	長湍	「令늘둔이面長處」	令	軍服 50件을 陣에 1908년 음력 12월 15일에 來納하라는 令	『編冊』13, 7
55	倡義元帥府 中軍大將 李殷瓚		1908.12.8	加平	「加平郡各面里長處」	檄文	東洋拓植會社의 創立은 國家를 危地에 陷한다는 내용	『編冊』12, 595~596

부표 2. 계속

순번	격문 주체	신분·직업	시기	배포 지역	격문명	유형	주요내용	출 전
56	倡義元帥部 中軍所 (尹仁淳)		1908.12.17	坡州	「傳令坡州坡平面面長 與各里長」	傳令	軍費를 需用할 곳이 없으니 面內 結錢을 속히 來納할 것을 촉구	『秘文』, 202~203 『檄文』, 401~402
57	東韓倡義尊攘 保護將 洪元裕	韓兵, 被雇業	1909	楊州	「檄告文」	檄告文	君子는 特設葵邱之盟하여 賣國之罪를 問하고 戴天之讐를 復하자며 倡義 촉구	『秘文』, 139~141 『檄文』, 663~667
58	倡義元帥部 右軍將 尹仁淳		1909.1.3	楊州	「曉諭文」	曉諭文	軍人중 民間을 討索하는 자, 器械를 隱匿 또는 軍人을 逃體하는 자, 彼賊에게 干連하는 자에 대한 경고	『秘文』, 97~101 『檄文』, 494~498
59	倡義元帥部 右軍將 尹(仁淳)		1909.1.6	楊州	「傳令楊州邑內面面長處」	傳令	結稅를 賊에게 納하는 것은 盜兵을 돕는 것이니 國讐를 討하고 國權을 復하기 위해 義陣에 輸納할 것을 촉구	『秘文』, 209~210 『檄文』, 503~504
60	倡義元帥部 中軍所		1909.1.8	抱川	「傳令抱川郡主事及 首書記」	傳令	饒戶에게 배당한 軍需를 留陣所에 來納하라는 令	『檄文』, 397~398
61	倡義元帥部 中軍 右先鋒所		1909.1.10	楊州	「傳令蘆原面面長及 各洞執綱處」	傳令	작년 가을 令筋한 軍需 葉 4千兩의 留陣處 來納을 다시 촉구한 令	『秘文』, 211~212 『檄文』, 405~406
62	倡義元帥部 中軍所 (尹仁淳)		1909.1.25	楊州	「傳令楊州邑內面面長及 各里長」	傳令	이미 지휘한 軍需를 5日內 來納할 것을 요구	『檄文』, 409~410
63	李殷瓚·尹仁淳		1909.1	京畿, 江原, 黃海		通文	隆熙皇帝가 新義州에서 還行時 포천군에 집합하여 國家를 위한 뜻을 上奏하자고 제안	『編冊』13, 241
64	楊州義陣所 大將 李殷瓚		1909.1	楊根	「傳令楊根北面面長及 饒戶處」	傳令	軍需錢 1萬兩을 10日以內에 倡義所에 上納할 것을 요구	『秘文』, 213~214 『檄文』, 413~414
65	倡義軍帥府 中軍將 河相泰	해산군인 (하사)	1909.2.3	兎山	「令兎山郡居印主事 壽昌三人等處」	令	義兵將을 稱하는 不法者와 民財를 討索하는 者를 경고하고 前筋한 軍需排定條의 來納을 촉구	『編冊』13, 768

부표 2. 계속

순번	격문 주체	신분·직업	시기	배포 지역	격문명	유형	주요내용	출 전
66	倡義都督府司令將 兼運糧官 金(俊洙)	동학농민군 양반·무직	1909.2.5	長湍	「令松南面面長及 各里長」	令	軍需錢 200圓을 一二等의 戶에 분배, 1909년 음력 2월 10일까지 來納할 것을 요구	『統文』6, 54
67	倡義尊攘軍帥府 大將 延起羽		1909.2.14	楊州	「輪示各郡各面 大小民人處」	輪示文	일제 침략에 대한 비판과 不法假義者를 결박하여 陣中으로 押送하라는 令	『檄文』, 561~564 『秘文』, 111~112 『統文』6, 146~147
68	李殷贊		1909.2.17	永平 抱川 楊州	「通諭文」	通諭文	附倭排義者의 姓名을 來報할 것	『統文』6, 31
69	倡義軍帥府 中軍將 河(相泰)		1909.2.22	金川	「令金川馬山城居 鄭春弘處」	令	軍需錢葉 3千兩을 陣에 來納할 것을 요구	『編冊』13, 776
70	倡義軍帥府 中軍將 河(相泰)		1909.2.22	金川	「令金川馬山面烏井洞居 金重燮等四人處」	令	軍需錢葉 1萬兩을 4人이 分排하여 陣에 來納할 것을 요구	『編冊』13, 776~777
71	倡義都督部 突擊將 方(鎭弘)		1909.2.24	兎山	「令兎山郡居印泰鳳」	令	日兵을 恃하고 의병이 抑留한 秋收穀을 作人에게 徵出케 한 印泰鳳에게 반성을 촉구	『統文』6, 115
72	倡義都督府 中軍 後軍將 金(駿楨)	해산군인 (參尉)	1909.2.27	楊州	「傳令楊州瓦孔面面長幷 各里長及大小民人」	·傳令	申義將을 稱하며 討索하는 등의 挾雜輩를 捉縛하여 義陣에 送致하라는 令	『秘文』, 111~112
73	倡義尊攘軍帥府 大將 延起羽		1909.2.28		「輪示各郡各面 大小民人處」	輪示文	일제의 침략 실상을 알리며 八域同胞에게 大義를 펼 것을 告함	『檄文』, 568~571
74	李鍾協		1909.2.30	伊川	「宣告伊川郡山內面 面長及各里各洞」	宣告文	一喝百和하고 百唱萬和하여 國讐를 討하고 國家를 盤石의 安에 致하자며 의병 참여를 촉구	『統文』6, 122
75	倡義元帥部 中軍 後軍所 (金駿楨)		1909.2.30	楊州	「傳令月谷洪淳馨處」	傳令	의병을 피해 달아난 國祿之臣 洪淳馨에게 食率과 함께 倭國으로 移去하라는 令	『編冊』13, 531
76	倡義元帥部 右軍將 尹仁淳		1909.2	楊州	「告示巡檢補助員」	告示文	순검보조원의 歸義를 촉구하는 글	『統文』6, 55~57 『編冊』13, 291~294

부표 2. 계속

순번	격문 주체	신분·직업	시기	배포 지역	격문명	유형	주요내용	출 전
77	東韓倡義尊攘 保護將 洪元裕		1909.2		「廣告文」	廣告文	일제 침략을 성토하고 亂臣賊子를 春秋法義에 따라 先討하겠다는 글	『秘文』, 129~132
78	義營		1909.2	京城	「通示文」	通示文	연설로 허송세월하는 各社會 紳士를 비판하고 一心團結하여 國權 회복에 나설 것을 촉구	『統文』6, 87~88
79	李殷瓚		1909.3.8	楊州	「通文」	通文	헌병보조원의 歸義 촉구	『統文』6, 68
80	金演性·鄭用大	김연성: 관찰도주사, 성균관박사	1909.3.15	楊州	「告示楊州伊淡面等四面面長」	告示文	각 면장은 每戶當 軍需錢 30錢을 징수하여 20일까지 義軍에 持來할 것을 요구	『統文』6, 90~91
81	海東朝鮮國倡義 軍帥府 代理 權重喬 突擊將 鄭容大		1909.3		「通告于各國領事館諸公」	通告文	萬國公法에 의해 일제 침략의 부당성을 성토하고 兄弟의 義로서 이 急亂을 구제해 달라고 各國 領事館에 지원을 호소	『秘文』, 347~352
82	倡義軍中隊長 鄭用大		1909.3	長湍	「傳令長湍郡長西面龍山里民處」	傳令	沈參奉 등 4人은 義兵에 가입하고 洋銃 2挺을 조달하라는 令	『編冊』13, 514
83	倡義元帥部 中軍所 姜(基東)	기병대부교, 헌병보조원	1909.4.1	楊州	「傳令乾川面面長各里長處」	傳令	5日內 軍需葉錢 4千兩을 留陣所에 收納하라는 令	『編冊』14, 504
84	倡義元帥部 中軍將 姜(基東)		1909.4.2	坡州	「傳令金村面面長各里長處」	傳令	5日內 銃丸等 軍需品의 周旋 요구	『編冊』14, 505
85	湖左扶義所		1909.4.	驪州 楊平	「傳令驪州各面面長處」	傳令	焰炒 5千斤, 線鐵丸 6萬箇 등의 軍需品 요구	『檄文』, 605~606
86	元帥部 先鋒 孟(君集)		1909.5.5	楊州	「私通瓦孔面面長座下」	私通	軍需葉錢 1千兩을 5日內 收納할 것을 지시	『統文』6, 234~235
87	東韓倡義尊攘 大將 延(起羽)		1909.6.2	長湍	「訓令長湍大韓面面長」	訓令	軍衣 70着 上納을 지시	『編冊』15, 5 『統文』6, 275

부표 2. 계속

순번	격문 주체	신분·직업	시기	배포지역	격문명	유형	주요내용	출전
88	東韓尊攘倡義 司令長 李(來元)	무직 농업	1909.6.15	朔寧	「輪示」	輪示文	歸日한 前義兵將 朴鍾漢을 성토하고 附日者의 歸順 설득에 빠지지 않도록 주의를 촉구	『秘文』, 133~134 『檄文』, 671~674
89	東韓倡義尊攘(攘) 大將 延(起羽)		1909.6.30	長湍	「訓令長湍高浪浦上下 紫地浦里長及尊位處」	訓令	3浦口에서 軍需錢 2萬兩을 徵收하여 1909년 음력 7월 10일까지 來納할 것을 지시	『秘文』, 217~219 『檄文』, 674~677
90	東韓倡義尊攘 大將 延(起羽)		1909.7.5	長湍	「令長湍章湖三浦 尊位及洞長處」	令	軍需錢을 數대로 義陣에 來納할 것을 지시	『統文』6, 338~339
91	安務營陣		1909.7.7	坡州	「令恭陵場頭民諸覽」	令	義兵을 駐在所에 告發한 洞首 李文根 等 附日者에 대한 嚴懲을 경고	『統文』6, 335
92	東韓倡義尊攘 大將 延(起羽)		1909.7.18	麻田	「命令麻田郡阿新面 面長處」	命令	軍需金 300圓을 本月 23일까지 先鋒將 金時鄕(景)의 留駐所에 提供할 것을 지시	『統文』6, 281~282
93	倡義元帥部 大將所 (姜基東)		1909.7.25	永平	「傳令永平一東面面長 及各里長處」	傳令	軍需葉 2千兩의 來納을 지시	『編冊』15, 395
94	東韓倡義存養 大將 延(起羽)		1909.7.26	永平	「傳令永平一東面 面長處」	傳令	面內의 饒處에 분배하여 士卒服 50件을 3日內 來納할 것을 지시	『編冊』15, 396
95	倡義韓北大將 延起羽		1909.8.1	開城	「令開城江南面一所里 沈景道處」	令	粮餉이 시급하니 軍需白米 5百斗를 5日內에 金川郡 今灘面에 來納하라는 지시	『編冊』15, 606
96	東韓倡義尊攘 司令官 李(來元)		1909.8.4	長湍	「令長北面面長及 里長處」	令	작년 12월 중에 令飭한 軍需金을 義陣에 來納하라는 지시	『編冊』15, 605~606
97	倡義元帥部 右軍左翼 李明鎬		1909.8.6	積城 長湍	「傳令積城笠岩場 領任處」	傳令	이미 令飭한 軍需를 속히 留駐所에 納入하라는 지시	『編冊』15, 605
98	東韓倡義尊攘 右翼將 宋(秉泰)	무직	1909.8.14	永平	「傳令永平郡一東面面長 及各里里長所」	傳令	饒戶와 京人畓의 收租를 하나도 빠짐없이 車輪하는 것을 금지한다는 放穀令	『編冊』15, 656~657

부표 2. 계속

순번	격문 주체	신분·직업	시기	배포 지역	격문명	유형	주요내용	출 전
99	倡義元帥部 中軍 從事 柳海國 鄭宗實		1909.8.15		「檄告文」	檄告文	元帥部 中軍將 李股瓚이 체포되도록 倭賊의 行路에 빠진 附倭者 申을 砲殺하려 하니 一洞 大小民人은 驚動하지 말라는 경고	『秘文』, 142~144 『檄文』, 684~686
100	東韓倡義尊攘陣 餉官 李		1909.8.29	永平	「令永平北面面長及 各里長領任」	令	倭寇에게 糧하는 것은 亡國의 兆이니 陸路의 東馬와 沿江의 船隻을 禁飭한다는 放穀令	『秘文』, 223~224 『檄文』, 695~696
101	東韓倡義尊攘陣 餉官 李		1909.8.29	永平	「令永平北面面長及 各里里長令任」	令	富人倉庫의 儲와 京人畓名의 舍音家畜을 執留한다는 지시	『秘文』, 224~226 『檄文』, 698~700
102	東韓倡義尊攘 保護將 洪元裕		1909.8		「寄李總理書」	奇書	李完用 등 정부 대신을 성토하고 家國을 위해 百萬円의 軍用 조달을 요구	『檄文』, 677~680
103	東韓尊攘倡義 中隊長 李愚錫		1909.9.2	長湍	「令皐浪三浦口鹽商 小任處」	令	두 차례 違令한 金輔連 등 15人의 罰金 43萬兩을 9月 10日內로 本陣에 來納하라는 지시	『秘文』, 226~228 『檄文』, 703~705
104	倡義元帥部 前軍將 宋(德元)	博徒頭領(?)	1909.10.1	金川	「傳令金川口耳面長及 各洞執綱等處」	傳令	軍需條를 속히 陣上에 來納하라는 지시	『編冊』16, 375
105	倡義元帥府 前軍將 宋(德元)		1909.10	金川	「傳令金川口耳面上美里 執綱頭民處」	傳令	富人의 秋收 大小米 모두를 執留한다는 지시	『編冊』16, 375
106	彰義所		1909.11.11	加平	「告白加平邑居人前」	告白文	財務署長, 補助員, 韓巡査 等 倭勢에 依하여 各 稅를 徵하는 附日者를 공격할 것이라는 통고	『編冊』17, 14
107	倡義元帥部 參謀長所(李延年)	양반 농업	1909.12.17	永平	「傳令永平北面及 洞長處」	傳令	軍機 補助錢 2萬兩을 令이 도착한 다음 5日內로 來納하라는 지시	『編冊』17, 6
108	倡義尊攘大將所 (延起羽)		1910.3.17	永平	「傳令永平二東面長及 里長」	傳令	交戰時 最急한 軍機呑子 3千把를 買納하라는 지시	『編冊』18, 156

부표 2. 계속

순번	격문 주체	신분·직업	시기	배포 지역	격문명	유형	주요내용	출 전
109	倡義元帥部 右軍將 洪元裕		1910.3.13	抱川	「令抱川內北面升邦里 趙雲植」	令	軍需 5千兩을 令到 3日內로 留住處에 來納하라는 지시	『編冊』18, 163
110	倡義元帥部 右軍將 洪元裕		1910.3.24	抱川	「令抱川內北面蔡里 里長處」	令	지난 번 軍需事로 전령한 請求錢을 속히 留住處에 來納하라는 지시	『編冊』18, 163

비고 : 1. 격문은 경기지역에 배포된 것을 원칙으로 하되, 인근 지역이라 할지라도 배포 주체가 경기지역에서 활동한 의병일 경우는 포함시켰다.
    2. 격문 주체는 격문 작성처 내지 발행처로서 ( )안의 이름은 다른 자료를 통해 이름이 확인된 경우이다.
    3. 시기는 격문 말미에 기재된 년월일(음력)을 기준으로 했고 년월일을 확인할 수 없는 경우는 격문이 배포 또는 습득된 일자를 따랐다.
    4. 출전에 기재된 약칭의 원제는 다음과 같다.
    『朝鮮』: 金正明 編, 『朝鮮獨立運動』1, 原書房, 1967
    『대한』: 韓國新聞硏究所 編, 『大韓每日申報』1~6, 景仁文化社, 1976~1977
    『독립』: 獨立紀念館建立推進委員會, 『독립신문』, 1980
    『황성』: 韓國文化刊行會 編, 『皇城新聞』15~21, 景仁文化社, 1981
    『編冊』: 國史編纂委員會, 『韓國獨立運動史 資料 義兵篇』8~19, 1968~1990
    『秘文』: 琴秉洞 解說, 『秘暴徒檄文集-抗日義兵鬪爭史-』, 東京 綠蔭書房, 1995
    『檄文』: 한국정신문화연구원·한민족문화연구소, 『한말의병자료집 暴徒檄文』, 선인, 2000
    『統文』: 國史編纂委員會, 『統監府文書』1~9, 1999

참고문헌

1. 麗末鮮初 新興儒臣의 民에 대한 인식

『高麗史』
『高麗史節要』
『朝鮮王朝實錄』(太祖~世宗)
『東文選』
『東國李相國集』
『稼亭集』
『拙藁千百』
『益齋亂藁』
『牧隱文藁』
『謹齋集』
『三峯集』
『陽村集』

高英津, 「15·16世紀 朱子家禮의 施行과 그 意義」, 『韓國史論』 21, 1989.
高惠玲, 『高麗後期 士大夫와 性理學 受容』, 一潮閣, 2001.
김훈식, 「여말선초의 민본사상과 명분론」, 『애산학보』 4, 1986.
______, 「15세기 민본이데올로기와 그 변화」, 『역사와현실』 창간호, 1989.
______, 「中宗代 "警民篇" 보급의 고찰」, 『李載龒博士還曆紀念 韓國史學論
    叢』, 1990.

______, 「朝鮮初期『三綱行實圖』 보급의 대상」, 『仁濟論叢』 12-1, 1996.

______, 「15세기 後半期 鄕黨倫理 보급의 배경」, 『韓國史硏究』 99·100, 1997. 김인호, 「이규보의 현실이해와 정치경제 개선론」, 『學林』 15, 1993.

______, 『高麗後期 士大夫의 經世論 硏究』, 혜안, 1999.

金皓東, 「高麗 武臣政權時代 文人知識人 李奎報의 農村現實觀」, 『國史館論叢』 42, 1998.

馬宗樂, 「高麗中期 政治權力과 儒學思想」, 『釜大史學』 32, 1997.

______, 「李奎報의 儒學思想」, 『한국중세사연구』 5, 1998.

文喆永, 「麗末 新興士大夫들의 新儒學 수용과 그 특징」, 『韓國文化』 3, 1982.

______, 「고려중기 사상계의 동향과 新儒學」, 『國史館論叢』 37, 1992.

______, 「고려후기 新儒學 수용과 士大夫의 意識世界」, 『韓國史論』 41·42, 1999.

朴鍾進, 「高麗前期 義倉制度의 構造와 性格」, 『高麗史의 諸問題』, 三英社, 1986.

朴菖熙, 「李奎報의 본질에 대한 연구」, 『外大史學』 창간호, 1987.

邊東明, 『高麗後期 性理學受容硏究』, 一潮閣, 1995.

李碩圭, 「朝鮮初期 官人層의 民에 대한 認識」, 『歷史學報』 151, 1996.

______, 「朝鮮初期 ‘敎化’의 性格」, 『韓國思想史學』 11, 1998.

______, 「高麗時代 民本思想의 性格」, 『國史館論叢』 87, 1999.

이태진, 「조선시대 ‘민본’의식의 변천과 18세기 ‘민국’이념의 대두」, 『국가이념과 대외인식-17~19세기』, 아연출판부, 2002.

鄭修芽, 「高麗中期 改革政策과 그 思想的 背景」, 『水邨朴永錫敎授華甲紀念 韓國史學論叢』 上, 1992.

2. 朝鮮中期 士林의 民에 대한 인식

『朝鮮王朝實錄』
『靜菴集』
『沙溪遺稿』

『冲庵集』

『濯纓集』

『陰崖集』

김현영, 『조선시대의 양반과 향촌사회』, 집문당, 1999.

박익환, 『조선향촌자치사회사』, 삼영사, 1995.

설석규, 『조선시대 유생 상소와 공론정치』, 선인, 2002.

고영진, 「15·16세기 주자가례의 시행과 그 의의」, 『한국사론』 21, 1989.

김훈식, 「16세기 이륜행실도 보급의 사회사적 고찰」, 『역사학보』 107, 1985.

______, 「15세기의 민본 이데올로기와 그 변화」, 『역사와 현실』 창간호, 역사비평사, 1989.

______, 「중종대 경민편 보급의 고찰」, 『이재룡박사환력기념 한국사학논총』, 1990.

______, 「15세기 후반기 향당윤리 보급의 배경」, 『한국사연구』 99·100, 1997.

______, 「삼강행실도 보급의 사회사적 고찰」, 『진단학보』 85, 1998.

신정희, 「15·16세기 향촌교화정책과 향규에 대하여」, 『동의사학』 2, 1985.

윤병희, 「조선 중종조 사풍과 소학」, 『역사학보』 103, 1984.

이석규, 「조선초기 관인층의 민에 대한 인식」, 『역사학보』 151, 역사학회, 1996.

______, 「조선초기 교화의 성격」, 『한국사상사학』 11, 1998.

______, 「조선초기의 구언」, 『한국사상사학』 15, 2000.

______, 「여말선초 신흥유신의 민에 대한 인식」, 『조선시대사학보』 31, 조선시대사학회, 2004.

정진영, 「16·17세기 재지사족의 향촌지배와 그 성격」, 『역사와 현실』 3, 1990.

이태진, 「사림파의 유향소 복립운동」, 『한국사회사연구』, 지식산업사, 1989.

______, 「조선시대 민본의식의 변천과 18세기 민국 이념의 대두」, 『국가이념과 대외인식』, 아연출판부, 2002.

최이돈, 「16세기 사림 중심의 지방정치 형성과 민」, 『역사와 현실』 16, 1995.

______, 「16세기 사림의 신분제인식」, 『진단학보』 91, 2001.

한상권, 「16~18세기 향약의 기구와 성격」, 『진단학보』 58, 1984.

Edward E. Wagner, 「정치사적 입장에서 본 이조 사화의 성격」, 『역사학보』 85, 역사학회, 1980.

3. 北學派의 民에 대한 인식

『朝鮮王朝實錄』

『經書』. 成均館大學校 大同文化硏究院, 1995.

『性理大全』, 保景文化社, 1994.

『二程全書』, 保景文化社, 1988.

朴齊家, 『楚亭全書』(上), (中), (下), 亞細亞文化社, 1992.

朴趾源, 『燕巖集』. 景仁文化社, 1966.

洪大容, 『湛軒書』(上), (下). 景仁文化社, 1969.

______. 민족문화추진회 譯. 『(國譯)湛軒書』, 민문고, 1974.

金相俊, 「조선후기 사회와 '유교적 근대성' 문제」, 『대동문화연구』 42, 2003.

金泳鎬, 「實學」, 『韓國史論』 4, 국사편찬위원회, 1976.

金泳鎬, 「實學에 있어서의 '民'槪念의 새로운 展開」, 『東洋學』 16, 1986.

金容憲, 「西洋科學에 대한 洪大容의 理解와 그 哲學的 基盤」, 『철학』 43, 1995.

金泰永, 『實學의 國家改革論』, 서울대 출판부, 1998.

신기현, 「실학의 평등 인식」, 『사회과학연구』 16, 전북대 사회과학연구소, 1989.

劉奉學, 『燕巖一派 北學思想硏究』, 일지사, 1995.

柳仁熙, 「洪大容 哲學의 再認識」, 『東方學志』 73, 1991.

尹絲淳, 「實學思想의 哲學的 性格」, 『아세아연구』 56, 1976.

尹絲淳, 「實學思想의 哲學的 性格」, 『韓國儒學論究』, 현암사, 1980.

이봉규, 「유교적 질서의 재생산으로서 실학」, 『철학』 65, 2000.

李相益, 「洛學에서 北學으로의 思想的 發展」, 『철학』 46, 1996.

李碩圭, 「麗末鮮初 新興儒臣의 民에 대한 認識」, 『朝鮮時代史學報』 31, 2004.

李章熙. 「朝鮮後期 實學者의 歷史認識과 文化理解의 近代的 性向」, 『人文科學』 28, 성균관대, 1998.

李泰鎭, 「18세기 韓國史에서의 民의 사회적·정치적 位相」, 『震檀學報』, 99, 1999.

全海宗, 「釋實學」, 『震檀學報』 20, 1959.

鄭昌烈, 「實學」, 『韓國學硏究入門』, 학술원, 1981.

趙珖, 「洪大容의 政治思想硏究」, 『민족문화연구』 14, 고려대 민족문화연구소, 1979.

趙璣濬, 「實學思想의 社會經濟的 背景」, 『韓國史의 反省』, 신구문화사, 1967.

趙誠乙, 「實學의 女性觀」, 『한국사상사학』 20, 2003.

______, 「朝鮮後期 華夷觀의 變化」, 『近代國民國家와 民族問題』, 지식산업사, 1995.

______, 「洪大容의 歷史認識」, 『震檀學報』 79, 1995.

池斗煥, 「朝鮮後期 實學硏究의 問題點과 方向」, 『泰東古典硏究』 3, 1987.

千寬宇, 「磻溪 柳馨遠 硏究」(上)·(下), 『震檀學報』 2·3, 1952, 1953.

韓㳓劤, 「李朝 實學의 槪念에 대하여」, 『震檀學報』 19, 1958.

4. 대한제국 말기 의병지도층의 '國民' 인식

『統監府來文』(奎 17849)

『統監府來去案』(奎 17850)

『內閣各道來報』(奎 17982의 4)

『司法稟報』(奎 17278)

『暴徒檄文 第四輯』(奎 15253)

『指令及報告』(奎 18018)

『各道各郡報告書』(奎 18020)

『大韓每日申報』

『皇城新聞』

『독립신문』(獨立紀念館建立推進委員會, 1980)

『騎驢隨筆』(國史編纂委員會, 1971)

『梅泉野錄』(亞細亞文化社, 『黃玹全集』(上・下), 1978)

『昭義新編』(國史編纂委員會, 1975)

『毅巖集』(景仁文化社, 1973)

『勉菴集』(景仁文化社, 1976)

『丁未彰義錄』

『國譯旺山全書』(亞細亞文化社, 1985)

『大韓季年史』(國史編纂委員會, 1971)

朴殷植, 『韓國獨立運動之血史』

뒤바보, 「義兵傳」, 『독립신문』(상해), 1920.

『독립운동사자료집』 제1・2・3집(독립운동사편찬위원회, 1974)

『독립운동사자료집 별집 ; 의병항쟁재판기록』(독립운동사편찬위원회, 1974)

『한말의병전쟁자료집-暴徒檄文』(한국정신문화연구원・한민족문화연구소,
        선인, 2000)

『國權恢復運動判決文書』(총무처 정부기록보존소, 1995).

『韓國獨立運動史』 1(國史編纂委員會, 1969).

『暴徒に關する編冊』(國史編纂委員會, 『韓國獨立運動史 資料』 8~19, 1990).

『朝鮮暴徒討伐誌』(朝鮮駐箚軍司令部, 1913).

『統監府文書』 1~9(國史編纂委員會, 1999).

『秘 暴徒檄文集-抗日義兵鬪爭史料-』(琴秉洞 解說, 東京：綠蔭書房, 1995).

『朝鮮獨立運動』 1(金正明 編, 1965).

『暴徒史編輯資料』

『韓國暴徒蜂起의 件』

『朝鮮駐箚軍歷史』(『日韓外交資料集成』 別冊1)(金正明 編, 巖南堂書店,
        1967)

『韓國獨立運動史資料集-義兵編』(朴成壽・孫承喆 編, 한국정신문화연구원)

『日韓外交資料集成』 8(金正明 編, 1969).

『朝鮮警察官殉職史』

강원의병운동사연구회, 『江原義兵運動史』, 1987.

姜在彦, 1970 『朝鮮近代史研究』, 日本評論社(國譯：1982 『韓國近代史研究』,
        한울).

경기도사편찬위원회, 『경기도항일독립운동사』, 1995.

국가보훈처, 『獨立有功者功勳錄』 1・8, 1986・1990.

國防部戰史編纂委員會, 『義兵抗爭史』, 1984.

金度亨, 『大韓帝國期의 政治思想硏究』, 지식산업사, 1994.

김순덕 등, 『한말의병관계문헌 해제집』, 민음사, 1993.

金義煥, 1974 『義兵運動史』, 박영사.

독립운동사편찬위원회, 『독립운동사』1-의병항쟁사-, 원호처, 1969.

박성수, 『獨立運動史硏究』, 창작과 비평사, 1980.

朴殷植, 『韓國獨立運動之血史』

朴贊勝, 『한국근대정치사상사연구』, 역사비평사, 1992.

申鉉晶 編著, 1985 『加平獨立運動史』, 加平鄕土文化推進協議會.

유봉학, 『조선후기 학계와 지식인』, 신구문화사, 1998.

尹炳奭, 『한말의병장열전』, 독립기념관 한국독립운동사연구소, 1992.

李光麟, 『韓國開化史의 諸問題』, 一潮閣, 1986.

利川文化院, 『利川獨立運動史』, 1996.

趙東杰, 『의병들의 항쟁』, 민족문화협회, 1980.

______, 『韓國近代史의 試鍊과 反省』, 지식산업사, 1989.

______, 『韓國民族主義의 成立과 獨立運動史硏究』, 지식산업사, 1989.

______, 『한말의병전쟁』, 독립기념관 한국독립운동사연구소, 1989.

______, 『韓國民族主義의 발전과 獨立運動史硏究』, 지식산업사, 1993.

洪淳權, 『韓末 湖南地域 義兵運動史 硏究』, 서울대학교 출판부, 1994.

姜吉遠, 「韓末 湖南義兵將 靜齋 李錫庸의 抗日鬪爭」, 『원광사학』 2, 1982.

______, 「澹山 安圭洪의 抗日鬪爭」, 『孫寶基博士停年紀念 韓國史學論叢』,
　　　지식산업사, 1988.

______, 「省齋 奇參衍의 抗日鬪爭」, 『水邨朴永錫敎授華甲紀念 韓民族獨立
　　　運動史論叢』, 1992.

______, 「義兵運動硏究에 관한 爭點과 課題」, 『한민족독립운동사』 12, 국
　　　사편찬위원회, 1993.

姜大德, 「華西 李恒老의 現實對應論과 春川地域前期義兵運動」, 『江原史學』
　　　115, 1995.

姜秉植, 「韓末 軍隊解散 以後의 義兵活動에 對한 一硏究; 1907~1908」, 『漢
　　　城史學』 2, 1984.

______, 「韓末 洪州城 義兵에 대한 硏究; 義兵將 閔宗植을 中心으로」, 『민
　　　족사상』 2, 한성대학 민족사상연구소, 1984.

姜在彦,「反日義兵運動의 歷史的 展開」,『朝鮮近代史研究』, 東京:日本評論社, 1970.

______,「平民義陣의 抗日抗戰」,『朝鮮民族運動史』1, 1989.

강주진,「허위의 정치적 경륜」,『나라사랑』27, 1977.

具玩會,「척사와 개화의 갈등은 무엇인가」,『한국근현대사』창간호, 1992.

權九薰,「韓末 義兵의 參加階層과 그 動向-後期義兵의 性格變化와 關聯하여」,『한국독립운동사연구』5, 1991.

權寧培,「山南義陣(1906~1908)의 組織과 活動」,『歷史敎育』16, 1991.

______,「韓末『義兵文書』를 通해 본 中期義兵抗爭의 論理와 性格」,『朝鮮史硏究』4, 1995.

______,「『義兵文書』를 통해 본 舊韓末 前期義兵抗爭」,『大丘史學』49, 1995.

______,「遺文을 통해 본 許蔿의 救國論과 義兵抗爭」,『旺山許蔿의 思想과 救國義兵抗爭』, 금오공대 선주문화연구소, 1995.

______,「檄文類를 통해 본 舊韓末 義兵抗爭의 性格」, 경북대 박사학위논문, 1996.

______,「舊韓末 元容八의 義兵抗爭」,『于松趙東杰先生停年紀念 韓國民族運動史研究』, 1997.

權五榮,「1890년대 李恒老學派의 斥邪論」,『白山朴成壽敎授華甲紀念論叢 韓國獨立運動史의 認識』, 1991.

______,「斥邪運動에 대한 연구성과와 과제」,『韓國史論』25, 國史編纂委員會, 1995.

金度亨,「義菴 柳麟錫의 政治思想硏究」,『韓國史硏究』25, 1979.

______,「韓末 義兵戰爭의 民衆的 性格」,『韓國民族主義論』Ⅲ, 창작과 비평사, 1985.

______,「한말 의병전쟁의 사상적 성격」,『한국민족운동사연구』5, 1991.

金度勳,「韓末 姜基東의 義兵 活動과 그 性格」,『軍史』35, 1997.

金祥起,「1895~1896년 堤川義兵의 思想的 淵源」,『白山朴成壽敎授華甲紀念論叢 韓國獨立運動史의 認識』, 1991.

______,「義兵戰爭에 대한 研究成果와 課題」,『韓國史論』25, 國史編纂委員會, 1995.

______,「충청지역 義兵戰爭의 성격」,『대전문화』4, 大田廣域市史編纂委

員會, 1995.

______, 「韓末 忠淸地方에서의 義兵鬪爭과 그 性格」, 『淸溪史學』 13, 淸溪
史學會, 1997.

______, 「韓末 國權恢復運動에 대한 南北의 歷史認識」, 『한국독립운동사
연구』 17, 2001.

김세민, 「衛正斥邪派의 萬國公法 認識」, 『江原史學』 17·18, 2002,

金順德, 「京畿地方 義兵의 組織과 活動(1907~1911년)」, 『역사연구』 창간
호, 1992.

______, 「楊州의 의병운동」, 『楊州郡誌』 上, 楊州文化院, 1992.

______, 「坡州의 의병운동」, 『坡州郡誌』 上, 坡州郡, 1995.

______, 「후기의병운동」, 『경기도항일독립운동사』, 경기도사편찬위원회,
1995.

______, 「경기도 반봉건 반침략 민족운동」, 『경기도 역사와 문화』, 경기도
사편찬위원회, 1997.

______, 「경기지역 의병운동 참가층 분석(1905-1910)」, 『한국근현대 경기
지역 사회운동연구』, 관악사, 1998.

______, 「京畿地方 義兵運動硏究(1904~1911)」, 한양대학교 박사학위논문,
2002.

金榮國, 「韓末義兵의 思想的 考察-丙午儒林義兵과 그 斥邪思想의 背景을
중심으로-」, 『韓國社會科學論文集』 10, 1968.

______, 「韓末 民族運動의 系譜的 硏究」, 『韓國政治學會報』 3, 1969.

金泳模, 「韓國獨立運動의 社會的 性格-獨立鬪士의 背景分析을 중심으로-」,
『亞細亞硏究』 59, 1978.

金容九, 「崔益鉉의 斥邪衛正論과 義兵活動小考」, 『慶熙史學』 6·7·8.
1980.

金義煥, 「韓末 義兵運動의 分析-李康秊義兵部隊를 중심으로」, 『韓日文化』
2-1, 1962.

______, 「義兵運動의 思想的 限界性-1907년말 全國聯合義兵運動의 性格과
관련하여-」, 『韓國思想』 10, 1972.

______, 「義兵運動」(上·下), 『創作과 批評』 9-2·3, 1974.

______, 「1909年의 抗日義兵部隊의 抗戰 ; 「南韓暴徒大討伐記念寫眞帖 발
견에 즈음하여」」, 『民族文化論叢』 8, 영남대학교 민족문화연구소,

1987.

______, 「儒生義陣의 對日抗戰」, 『韓日硏究』 12, 韓國日本問題硏究學會, 2001.

金鎭植, 「京畿地域 初期 義兵抗爭의 展開」, 『畿甸文化硏究』 5, 1974.

______, 「1907~1910년 京畿地域 義兵抗爭의 性格」, 『畿甸文化硏究』 6, 1975.

金鎬城, 「韓末 義兵運動의 思想史的 背景」, 『朝鮮朝政治思想硏究』, 한국정치외교사학회, 1987.

______, 「韓末 義兵運動과 農民」, 『水邨朴永錫敎授華甲紀念 韓民族獨立運動史論叢』, 1992.

金厚卿, 「毅菴 柳麟錫의 學問과 思想」, 『史學硏究』 34, 1982.

金喜坤, 「嶺南地方의 義兵戰爭;慶北地方을 중심으로」, 『日本의 對朝鮮侵略과 嶺南地方의 反日運動』, 韓國近代史硏究會, 1995.

______, 「申乭石 義陣의 활동과 성격」, 『한국근현대사연구』 19, 2001.

盧明津, 「勉菴 崔益鉉의 衛正斥邪思想에 對한 一硏究 ; 思想의 展開過程을 中心으로」, 『誠信史學』 6, 1988.

閔德植, 「閔肯鎬 義兵將에 관한 一考察」, 『아시아문화』, 한림대학교. 1996,

朴杰淳, 「義兵將 韓鳳洙의 抗日鬪爭」, 『한국독립운동사연구』 10, 1996.

朴敬子, 「衛正斥邪論者의 對 西洋認識-華西學派를 중심으로-」, 『韓國思想史學』 13, 1999.

朴文榮, 「毅菴 柳麟錫의 義兵活動에 대한 一硏究; 그의 '衛正斥邪'論을 中心으로」, 『誠信史學』 7, 1989.

朴敏泳, 「江陵義兵將 閔龍鎬의 生涯와 擧義 論理」, 『尹炳奭敎授華甲紀念 韓國近代史論叢』 1990.

______, 「閔龍鎬의 江陵義兵 抗戰에 대한 연구」, 『한국민족운동사연구』 5, 1991.

______, 「韓末 沿海州義兵에 대한 考察」, 『仁荷史學』 1, 仁荷歷史學會, 1993.

______, 「1908~9년 鏡城義兵의 抗戰과 北上渡江」, 『仁荷史學』 3, 1995.

______, 「1908년 鏡城義兵의 편성과 大韓協會 鏡城支會」, 『한국근현대사연구』 4, 1996.

______, 「舊韓末 關北地方 山砲手義兵의 抗戰과 北上渡江」, 『한국학연구』

6·7, 仁荷大學校 韓國學硏究所, 1996.

______, 「舊韓末 關北地方 山砲手義兵의 擧義와 編制」, 『淸溪史學』 13, 1997.

______, 「雲崗 李康秊의 생애와 사상」, 『한국근현대사연구』 12, 2000.

______, 「柳麟錫의 국외 항일투쟁 路程(1896~1915)-러시아 연해주를 중심으로-」, 『한국근현대사연구』 19, 2001.

______, 「제천·강릉·춘천의병의 상호관계에 대한 검토(1895~6)」, 『淸溪史學』 16·17, 2002.

朴成壽, 「1907~1910년간의 義兵戰爭에 대하여」, 『韓國史硏究』 1, 1968.

______, 「허위의 사상과 투쟁」, 『나라사랑』 27, 1977.

______, 「義兵戰爭의 身分 意識構造」, 『韓國史學』 2, 일지사, 1980.

______, 「1907年의 義兵戰爭」, 『軍史』 2, 국방부 전사편찬위원회, 1981.

______, 「義兵과 獨立軍-組織, 編成의 連續性」, 『제6회 국제학술회의논문집 한국학의 세계화』, 한국정신문화연구원, 1991.

朴成眞, 「許蔿의 現實認識과 國權回復運動」, 『淸溪史學』 9, 2002.

박성순, 「柳麟錫의 華夷論에 대한 비판적 검토」, 『한국독립운동사연구』 16, 2001.

朴才愚, 「한말 20年間의 義兵抗爭이 近代社會에 미친 影響」, 『인문학연구』 5, 關東大 人文科學硏究所, 2002.

徐仁漢, 「大韓帝國 軍事制度 硏究」, 국민대 박사학위논문, 1996.

______, 「大韓帝國軍 해산거부 抗戰의 양상과 그 의의」, 『于松趙東杰先生停年紀念 韓國民族運動史硏究』, 1997.

成大慶, 「韓末의 軍隊解散과 그 蜂起」, 『成大士林』 1, 1965.

申奭鎬, 「韓末義兵의 槪況」, 『史叢』 1, 1955.

愼鏞廈, 「허위의 의병활동」, 『나라사랑』 27, 1977.

______, 「洪範圖 義兵部隊의 抗日武裝鬪爭」, 『한국민족운동사연구』 1, 1986.

______, 「全國 「十三道倡義大陣所」의 聯合義兵運動」, 『한국독립운동사연구』 1, 1987.

______, 「한말 의병운동의 기점의 새 제안」, 『한국독립운동사의 재조명』, 독립기념관, 1989.

______, 「閔肯鎬義兵部隊의 抗日武裝鬪爭」, 『한국독립운동사연구』 4, 1990.

______, 「許蔿義兵部隊의 抗日武裝鬪爭」, 『水邨朴永錫敎授華甲紀念 韓民
族獨立運動史論叢』, 1992.

吳世昌, 「民族運動史上에서 본 旺山 許蔿의 位置」, 『旺山許蔿의 思想과
救國義兵抗爭』, 금오공대 선주문화연구소, 1995.

吳瑛燮, 「甲午改革 및 改革主體勢力에 대한 保守派 人士들의 批判的 反應」,
『國史館論叢』 36, 1992.

______, 「毅菴 柳麟錫의 對西洋認識」, 『李基白先生古稀紀念 韓國史學論叢
(下)』, 1994.

______, 「乙未義兵運動의 政治·社會的 背景」, 『國史館論叢』 65, 1995.

______, 「華西學派의 保守的 民族主義硏究」, 한림대 박사학위논문, 1997.

劉準基, 「韓末 江華學派의 民族意識과 獨立運動」, 『水邨朴永錫敎授華甲紀
念 韓民族獨立運動史論叢』, 1992.

柳漢喆, 「1907~1910년 江原道 義兵陣과 活動」, 『한국독립운동사연구』 5,
1991.

______, 「1896~1900년간 柳麟錫의 西行, 渡滿과 그 性格」, 『擇窩許善道先
生停年紀念 韓國史學論叢』, 일조각, 1992.

______, 「中期義兵史(1904~1907)연구의 성과와 과제」, 『한국근현대사연구』
1, 1994.

______, 「柳麟錫의 義兵 根據地論 ; 1907년 이후를 중심으로」, 『한국독립
운동사연구』 8, 1994.

______, 「1910年代 柳麟錫의 思想 變化와 性格; '宇宙問答'을 中心으로」, 『한
국독립운동사연구』 9, 1995.

______, 「'宇宙問答'을 통해본 柳麟錫의 국권회복운동론」, 『吳世昌敎授華
甲紀念 韓國近現代史論叢』, 1995.

______, 「유인석의 연해주망명과 국권회복운동의 전개-망명 초기를 중심
으로-」, 『한국독립운동사연구』 9, 1996.

______, 「柳麟錫 義兵 硏究」, 국민대학교 박사학위논문, 1996.

尹炳奭, 「면암 최익현의 衛正斥邪論과 湖南義兵」, 『水邨朴永錫敎授華甲紀
念 韓民族獨立運動史論叢』, 1992.

______, 「湖左義兵抗戰의 歷史的 意義」, 『鄕土史硏究』 8, 韓國鄕土史全國
硏究協會, 1996.

李求鎔, 「韓末義兵硏究」, 『史叢』 19, 1975.

______, 「江原道地方의 義兵抗爭」, 『江原義兵運動史』, 강원의병운동사연구
　　회, 1987.

______, 「韓末義兵抗爭에 대한 考察;義兵鎭壓의 段階的 收拾對策」, 『國史
　　館論叢』23, 1991.

李東宇, 「義兵將 柳麟錫의 義兵運動考」, 『成大史林』2, 1977.

______, 「韓末義兵에 대하여」, 『軍史』2, 국방부 전사편찬위원회, 1981.

______, 「義兵將 金河洛의 義兵運動考 ; 京畿地方을 중심으로」, 『尹炳奭敎
　　授華甲紀念 韓國近代史論叢』, 1990.

______, 「乙未義兵運動에 관한 硏究」, 성균관대학교 박사학위논문, 1992.

李東英, 「旺山 許蔿의 生涯와 思想」, 『旺山許蔿의 思想과 救國義兵抗爭』,
　　금오공대 선주문화연구소, 1995.

李相寔, 「韓末의 義兵抗爭 ; 全南地方을 中心으로」, 『全南史學』4, 1990.

______, 「義兵戰爭硏究 ; 全南 東·南地域을 中心으로」, 『국사관논총』23,
　　1991.

李相燦, 「한말 지방자치 실시 논의와 그 성격」, 『역사비평』13, 역사문제
　　연구소, 1991.

______, 「乙未義兵 지도부의 1894년 反東學軍 활동」, 『奎章閣』18, 1995.

______, 「1896년 義兵運動의 政治的 性格」, 서울대 박사학위논문, 1996.

______, 「갑오개혁과 1896년 의병의 관계」, 『역사연구』5, 1997.

李世永, 「대한제국기 농촌사회경제구조의 변화-1900~3년 경기도 광주부
　　북방면을 중심으로」, 『韓國文化』 16, 서울대 한국문화연구소,
　　1995.

李榮昊, 「통감부시기 조세증가정책의 실현과정과 그 성격」, 『韓國文化』18,
　　서울대 한국문화연구소, 1996.

李離和, 「斥邪衛正論의 批判的 檢討-華西 李恒老의 所論을 中心으로-」, 『韓
　　國史硏究』18, 1977.

______, 「의병의 대외인식」, 『한민족독립운동사연구』 1, 국사편찬위원회,
　　1987.

______, 「韓末 儒生層의 現實認識과 義兵鬪爭-崔益鉉의 思想과 政治活動
　　을 중심으로」, 『國史館論叢』5, 1990.

李淸熙, 「復齋 閔龍鎬의 義兵活動」, 『嶺東文化』6, 關東大 嶺東文化研究所,
　　1995.

李澤徽, 「위정척사 사상과 운동의 역사적 위상」, 『東北亞』 3, 東北亞文化
　　　研究院, 1996.
張錫奎, 「韓末 義兵運動의 性格研究 ; 義兵과 社會諸階層과의 關係를 中
　　　心으로」, 『軍史』 8, 1984.
田文鎭, 「韓末 李康秊 義兵部隊의 組織과 活動」, 『釜大史學』 19, 1995.
鄭榮薰, 「衛正斥邪派의 君主制 擁護論理;柳麟錫의 宇宙問答을 중심으로」,
　　　『白山朴成壽敎授華甲紀念論叢 韓國獨立運動史의 認識』, 1991.
鄭濟愚, 「李康秊의 生涯와 思想」, 『白山朴成壽敎授華甲紀念論叢韓國獨立
　　　運動史의 認識』, 1991.
＿＿＿, 「韓末 義兵의 參加階層과 그 動向」, 『한국독립운동사연구』 5,
　　　1991.
＿＿＿, 「舊韓末 義兵將 李康秊研究」, 인하대 박사학위논문, 1992.
＿＿＿, 「李鎭龍義兵將의 抗日武裝鬪爭」, 『한국독립운동사연구』 8, 1994.
＿＿＿, 「韓末中期 義兵의 性格;露日戰爭以後 ‘乙巳五條約’을 前後하여」,
　　　『한국독립운동사연구』 8, 1995.
鄭昌烈, 「韓末 申采浩의 歷史意識」, 『孫寶基博士停年紀念 韓國史學論叢』,
　　　지식산업사, 1988.
趙東杰, 「民族史的 側面에서 본 近代民族意識의 成長-近代民族意識의 國
　　　民的 定着過程-」, 『人文科學研究』 1, 성신여자대학 인문과학연구
　　　소, 1981.
＿＿＿, 「義兵運動의 韓國民族主義上의 位置」(上·下), 『한국민족운동사연
　　　구』 1·3, 1986·1989.
＿＿＿, 「獨立運動의 理念과 方略-韓末 救國運動의 논리-」, 『韓國史學』
　　　Ⅳ, 1989.
＿＿＿, 「湖南義兵의 特徵과 歷史的 意味」, 『호남문화연구』 26, 1998.
趙恒來, 「舊韓末義兵·社會團體의 抵抗運動(1)-日帝操縱下의 團體에 對한
　　　糾彈과 關聯하여-」, 『東洋文化』 13, 영남대학교 동양문화연구소,
　　　1972.
＿＿＿, 「一進會의 周邊團體와 그 連繫性」, 『斗溪李丙燾博士九旬紀念 韓
　　　國史學論叢』, 지식산업사, 1987.
陳德奎, 「斥邪衛正論의 民族主義的 批判認識」, 『韓國文化研究院論叢』 31,
　　　이화여자대학교 한국문화연구원, 1978.

______, 「韓末 支配層의 對外認識에 대한 批判的 認識」, 『國史館論叢』60, 1994.

崔根茂, 「乙巳·庚戌間(1905~1910) 義兵戰爭에 관한 一研究-全北地方을 中心으로-」, 『論文集』 16, 전주교육대학, 1980.

______, 「義兵大將 金東臣의 思想에 관한 研究」, 『論文集』 19, 전주교육대학, 1983.

______, 「義兵大將 李錫庸에 관한 研究 ; 1907~1908兩年間의 義兵戰爭을 中心으로」, 『論文集』 21, 전주교육대학, 1985.

崔昌圭, 「義兵運動을 통해 본 民族意識의 成長過程」, 『韓國政治學會報』3, 1988.

崔翠秀, 「1910年前後 江華地域 義兵運動의 性格」, 『한국민족운동사연구』 2, 1988.

韓相國, 「抗日義兵運動의 民族主義的 性格」, 『東國歷史敎育』3, 동국대 역사교육과, 1991.

許鎭, 「旺山 許蔿의 東洋平和思想」, 『水邨朴永錫敎授華甲紀念 韓民族獨立運動史論叢』, 1992.

洪淳權, 「한말 의병전쟁의 민중운동사적 의의」, 『망원한국사연구실회보』 3, 1988.

______, 「을사조약 이후 호남지역 의병운동의 발전과 의병장의 성격」, 『韓國學報』 57, 1989.

______, 「韓末 義兵運動의 鬪爭 양상 ; 1906~1909년 湖南地域의 의병운동을 중심으로」, 『尹炳奭敎授華甲紀念 韓國近代史論叢』, 1990.

______, 「한말 호남지역 의병 투쟁의 한 양상; 奇參衍의 長成 蜂起와 湖南倡義會盟所를 중심으로」, 『전남문화재』3, 1991.

______, 「韓末 湖南地域 義兵運動研究」, 서울대 박사학위논문, 1991.

______, 「韓末 義兵運動의 思想的 基盤과 政治·經濟的 指向」, 『고고역사학지』7, 동아대, 1991.

______, 「한말 호남지역 의병운동의 參加層과 사회적 기반」, 『역사연구』 창간호, 1992.

______, 「을미의병운동을 재평가한다」, 『역사비평』 계간 29호, 1995.

______, 「한말 호남지역 의병운동의 사회·경제적 배경-일제의 토지 침탈을 중심으로-」, 『호남문화연구』26, 전남대 호남문화연구소, 1998.

洪淳鈺, 「義兵 李康秊部隊 戰鬪考(1907~1908)(上);日本軍의 記錄과 比較
　　　하여」, 『軍史』 5, 1982.
洪英基, 「安圭洪 義兵의 組織과 그 活動;舊韓末 湖南義兵의 一例」, 『韓國
　　　學報』 49, 1987.
＿＿＿, 「舊韓末 沈南一 義兵의 組織과 그 活動」, 『東亞硏究』 17, 서강대
　　　동아연구소, 1989.
＿＿＿, 「舊韓末 金東臣 義兵에 대한 一考察」, 『韓國學報』 56, 일지사,
　　　1989.
＿＿＿, 「舊韓末 雙山義所에 대한 몇 가지 問題」, 『尹炳奭敎授華甲紀念韓
　　　國近代史論叢』, 1990.
＿＿＿, 「舊韓末 '湖南倡義所'에 대한 몇가지 문제」, 『한국민족운동사연구』
　　　5, 1991.
＿＿＿, 「舊韓末 湖南義兵에 관한 韓國側 資料의 檢討」, 『水邨朴永錫敎授
　　　華甲紀念 韓民族獨立運動史論叢』, 1992.
＿＿＿, 「1907~8년 日帝의 自衛團 조직과 한국인의 대응」, 『한국근현대
　　　사연구』 3, 1995.
＿＿＿, 「韓末 湖南義兵의 特性과 日帝의 對應」, 『全南史學』 10, 1996.
＿＿＿, 「한말 泰仁義兵의 활동과 영향」, 『全南史學』 11, 1997.

5. 식민지시기 부르주아 민족주의계열의 '민족' 인식

동아일보사, 『동아일보』
조선일보사, 『조선일보』
독립기념관 건립추진위원회, 『독립신문』, 청원, 1989.
국사편찬위원회, 『한민족독립운동사자료집』, 1994.
국회도서관, 『항일독립운동관계 안창호자료집』, 1997.
독립운동사편찬위원회 『독립운동사자료집』, 1973.
김준엽·김창순, 『한국공산주의운동사 자료』 1·2, 고려대 아세아문제연
　　　구소, 1982.
명지대학교 북한연구소, 『조선공산당사』, 1996.
金正明, 『朝鮮獨立運動』 1~5, 原書房, 1967.

조선총독부 고등법원 검사국, 『思想彙報』 1~25.
러시아 현대사 문서보관 및 연구센터, 『선포문, 헌법, 기관조직』
박은식, 『한국독립운동지혈사』, 유신사(상해), 1920.

역사학회 편, 『노비·농노·노예 -隷屬民의 比較史-』, 일조각, 1998.
김난옥, 「고려시대 土庶의 用例와 신분적 의미」, 『사총』 46, 1997.
______, 「고려시대 良人·賤人의 용례와 良賤制」, 『한국사학보』 2, 1997.
______, 「朝鮮時代 農民의 社會的 地位」, 『한국사시민강좌』 6, 1990.
남원우, 「15세기 유통경제와 농민」, 『역사와 현실』 5, 1991.
남지대, 「15세기 조선사회와 농민」, 『역사와 현실』 5, 1991.
박진우, 「15세기 향촌통제기구와 농민」, 『역사와 현실』 5, 1991.
김영호, 「실학에 있어서의 '민'개념의 새로운 전개」, 『동양학』 16, 단국대
        동양학연구소, 1986.
조동걸, 『韓國民族主義의 발전과 獨立運動史硏究』, 지식산업사, 1993.
조동걸, 「民族史的 側面에서 본 近代民族意識의 成長-近代民族意識의 國
        民的 定着過程-」, 『人文科學硏究』 1, 성신여자대학 인문과학연구
        소, 1981.
계림학인, 『3·1운동과 대한민국임기정부』, 국민출판사, 1946.
조지훈, 『한국민족운동사』, 고대 민족문화연구소, 1964.
강만길, 『한국민족운동사론』, 한길사, 1985.
김기승, 『한국 근현대 사회사상사연구』, 신서원, 1994.
김준엽·김창순, 『한국공산주의운동사』, 고려대 아세아문제연구소, 1973.
노경채, 『한국독립당연구』, 신서원, 1996.
이균영, 『신간회연구』, 역사비평사, 1994.
박찬승, 『한국근대정치사상사연구』, 역사비평사, 1992.
방기중, 『한국근현대사상사연구』, 역사비평사, 1992.
역사문제연구소, 『쟁점과 과제-민족해방운동사』, 역사비평사, 1990.
한국역사연구회, 『일제하 사회주의운동사』, 한길사, 1991.
강영심, 「1920년대 조선물산장려운동의 전개와 성격」, 『국사관논총』 47,
        1993.
고정휴, 「태평양문제연구회 조선지화와 조선사정연구회」, 『역사와 현실』
        6, 1991.

김광운, 「국민국가 건설과정의 정치현상과 해석」,『한국사상사의 과학적
      이해를 위하여』, 청년사, 1997.

김상태, 「1920~30년대 同友會·興業俱樂部 연구」,『한국사론』28, 서울대
      국사학과, 1992.

김용섭, 「한말 일제하의 지주제-사례4 : 고부 김씨가의 지주경영과 자본
      전환」,『한국사연구』19, 1978.

김정인, 「1910~25년간 천도교계의 동향과 민족운동」, 서울대 석사학위논
      문, 1994.

김호일, 「일제하 민립대학설립운동에 대한 일고찰」『중앙사론』1, 1972.

노경채, 「민족해방운동의 사상적 지향」『한국사상사의 과학적 이해를 위
      하여』, 청년사, 1997.

노영택, 「민립대학 설립운동 연구」, 『국사관논총』 11, 1990.

도진순, 「북한학계의 민족부르주아지와 민족개량주의논쟁」,『역사비평』
      가을호, 1988.

박찬승, 「항일운동기 부르주아민족주의세력의 신국가 건설구상」,『대동문
      화연구』 27, 1992.

______, 「1920년대 중반·1930년대초 민족주의좌파의 신간회운동론」,『한
      국사연구』 80, 1993.

______, 「국내 민족주의 좌우파의 운동」,『한국사』(15) 한길사, 1994.

서중석, 「한말 일제침략하의 자본주의근대화론의 성격」,『한국근현대의
      민족문제연구』 지식산업사, 1989.

안태정, 「1920년대 일제의 조선사회지배논리와 이광수의 민족개량주의논
      리」, 『史叢』 35, 1989.

윤해동, 「일제하 물산장려운동의 배경과 그 이념」, 『한국사론』 27 서울
      대 국사학과, 1992.

이명화, 「민립대학 설립운동의 배경과 성격」,『한국독립운동사연구』5,
      1991.

이지원, 「일제하 안재홍의 현실인식과 민족해방운동론」,『역사와 현실』6,
      1991.

______, 「1930년대 민족주의계열의 고적보존운동」,『동방학지』 77·78·
      79합집, 1993.

______, 「1930년대 전반 민족주의 문화운동론의 성격」,『국사관논총』 51,

1994.

전우용, 「일제하 민족자본가의 존재양태와 민족주의」, 『역사비평』 봄호,
　　　1992.

정진상, 「일제하 한국인 토착자본의 성격」, 『한국근대농촌사회와 일본제
　　　국주의』,문학과 지성사, 1986.

조기준, 「물산장려운동의 전개과정과 그 역사적 성격」, 『역사학보』 41,
　　　1969.

지수걸, 「조선농민사의 단체성격에 관한 연구-천도교 청년당과의 관계를
　　　중심으로」, 『역사학보』 106, 1985.

_____, 「1930년대 초반기(1930~33) 사회주의자들의 민족개량주의운동
　　　비판」, 『80년대 한국인문사회과학의 현단계와 전망』, 역사비평사,
　　　1988.

_____, 「1930년대 전반기 부르주아민족주의자의 '민족경제 건설전략'-조
　　　선공업화와 圓블럭재편 정책에 대한 인식을 중심으로-」, 『국사관
　　　논총』 51, 1994.

한상구, 「1926~28년 신간회의 민족협동전선론」, 서울대 석사학위논문,
　　　1993.

찾아보기

【ㄱ】

稼亭集　31

가족　151

姜基東　138

姜柱宇　97

개벽　157, 160

개조　156

겨레　125

檄告文　111

격문　118

경기의병　111

警民篇　67

경세론　49

經世學　22, 48

경재소　60

經學　21

계급문제　173

계급적 과제　146

계몽과 동원의 대상　110

高光洵　119

告示文　111

古學　100

공론　57

公民　52, 54 , 70, 71

工匠　106

공제　170

公賤　82

공화제　153

공화제국가　152

공화주의　150

과거제　103

官　78

관료　82

광무개혁　110

광해군　84

교육진흥　158

敎化論　54

교화론　63

敎化의 대상　73
교화의 주체　74, 98, 99, 103
교화의견서　162
국가주권　150
국가주의 의식　131
국가주의자　146
국권회복 운동　128, 147, 150, 162
국권회복의 주체　110
국민 주권　153
국민(國民)　112, 113, 118, 119, 120, 120, 122, 130, 133, 134, 135, 139, 146, 146, 150, 154, 158
국민국가　143, 145
국민의식　152
국민정체성　143
국민주권　110
국민주의　139, 174
國富　94
국수인식　162
국왕　82
君臣共治　55, 60, 70
군신공치　57, 63
권근(權近)　40, 41
權重卨　124
貴賤 의식　94, 95
근대국민　174
근대국민국가　109, 149
근대국민의식　149
근대적 민족　112
근대주의　150
金南斗　84
金東臣　121, 122
金鳳基　122
金世基　58
金安國　67, 68, 73
金楹　58
金永燁　122, 125
金聿　126
金駉孫　53
金長生　69, 71, 74
金淨　66
金正國　83
金泰元　125, 135
기묘사림　55, 59, 63, 66
奇參衍　119, 133
김기전　170
김봉기　124, 126, 127, 134
김성수　172
김일손　56
김재봉　169
김찬　169
꼬르뷰로 국내부　169

【ㄴ】

南袞   61

南世聯   83

南世準   61

남세준   62

南以信   84

노농운동   169

노비   73, 81

노비남살금지령   79

노비법   80

노비종모법   53

농민의병   112

【ㄷ】

檀君의 子孫   125

단일민족국가   144

대중   150

代天理物   52, 56

大學衍義   46

大韓同胞   128

대한민국임시정부   153

大韓民族   129, 135

大韓人民   120

도덕 능력 下劣者   78

도덕 실천 능력의 보유자   73

도덕 실천의 주체   74

동류(同類)   40, 41, 43,
        47, 49

동명   171

동아일보   154, 160, 172

동족(同族)   125, 151

董仲舒   46

동포(同胞)   39, 40, 41, 43,
        47, 49, 50, 113, 118,
        119, 120, 121, 122,
        123, 124, 125, 146,
        157

同胞兄弟   121

동화정책   151, 158

동화주의   150, 164

兩班   96

楞嚴經   33

【ㅁ】

明宗   25

명종   83

무단통치   158

無位者   78

무장항쟁론   168

문명개화론   124

문벌귀족   20

문예운동   170

문화개화론   130

문화계몽운동   119

문화운동   148, 152

문화적 보수주의   149, 158,
        160

문화적 보편주의   145

문화정치   158, 164
문화주의 국가관   155
문화주의   158, 173
문화통치   147
물산장려운동 논쟁   171
물산장려운동   148, 161, 162,
        164
민(民)   73, 74, 77, 81,
        90, 97, 110, 113,
        123, 146
民權論   130
民權意識   138
'민본' 이념   73, 79, 107
민본사상(民本思想)   18, 19,
        128
民富   94
民生   94
民惟邦本   25, 48
민유방본   26
민족 개념   144
민족 용례   144
민족 인식   154, 162, 170
민족'의 재발견   156
민족(民族)   113, 118, 120,
        129, 130, 144, 145,
        146, 147, 151, 152,
        152, 153, 155, 166,
        167, 173, 174
민족개량주의   148, 158, 170
민족개조   158, 159

민족관   146
민족국가   145, 152, 153
민족모순   153, 173
민족문제   150, 152, 167,
        173
민족문화   164
민족성   164
민족애   173
민족운동   146, 147
민족으로서의 민   128
민족의식   144, 150, 166
민족자주권   167
민족적 과제   146
민족적 단결   162
민족적 대립   146
민족적 중심세력   165
민족주의   144, 146, 147,
149, 155, 166,
173, 173
민족주의운동   152
민족해방운동   148, 167
민중(民衆)   113, 118, 120,
        122, 156
민중운동   152
민중의 급진운동   155
민중의 직접, 폭력 투쟁   159
민중직접폭력투쟁노선   152
朴訔   83
朴基爕   119
朴世堂   105

박은식　168

박제가(朴齊家)　77, 87, 89, 96, 106

박지원(朴趾源)　77, 85, 88, 93, 94, 98, 105

반민족성　167

반민중성　167

반봉건·반침략항쟁　110

배성룡　171

배일파　163

백성　80, 96

복벽주의　152

부르주아 민족주의　147, 148, 154, 157, 164, 173

부르주아 민족주의운동　147, 168

部民告訴禁止法　60

부족　145

北伐　75, 86

北學　75

북학론자　96, 103

북학파(北學派)　75, 85, 107

분업적 사민관(分業的 四民觀)　90, 96, 95, 106

分業的 四民論　107

삐라정부　153

'士'의 役割　77

士　97, 98, 103, 104

사대부(士大夫)　97, 82, 100

사대부상인론　106

사림파　73, 74

私民　54

四民　57, 71, 86, 92

四民論　77

社倉契約束　67

私賤·　82

사회적 실체　152

사회주의　146, 170, 173

사회주의국가 건설노선　152

사회주의적 공화제　150

사회진화론　147, 148, 150, 168

산업진흥　158

상놈　91, 106

常民　112

상의주의적 문화주의　160

商人　106

生靈　113, 115, 119, 120

생령　122

生民　112, 113, 115

서원　103

서춘　146

선비　97

選上制　74

先王先民　121

선조　62

成桂銀　122, 128

성종　25, 57, 60, 83

成俔　83

세조　59, 83

세종(世宗)　46, 83
소학(小學)　62, 65, 66, 67
宋浚吉　84
송진우　172
宋希獻　83
僧徒　82
시민　109
시민혁명　109
식민지문명화론　168
신 국가 건설의 주체　154
신계단　171
신규식　168
新法　22
신분　74
신생활　170
신일용　159
신채호　166, 167, 168
신천지　171
新興儒臣　18
신흥유신　26, 27, 28, 30, 32,
　　　34, 35, 38, 41, 42,
　　　43, 47, 48, 50, 63
실력양성론적인 국수론　168
실력양성운동　147, 168
實踐倫理　26
실학(實學)　76, 99, 100
沈南一　132
沈魯術　129, 138
心性論　21
씨　151

13도연합의병　112
3·1운동　152

【ㅇ】

我同胞　115, 121
我韓國民　121
我韓人民　121
安士俊　83
안창호　172
안축(安軸)　29, 30
압량위천　60, 71
愛國同胞　130
애국주의자　146
梁東煥　121
양민　80, 82
양반 사대부　97
양반(兩班)　91, 106, 112
언어　156
嚴錫雲　121
呂氏鄕約　67
연산군　53, 54, 55, 56, 57,
　　　70, 83
연정회　172
열악한 민족성　159
염군　170
영조　84
예술운동　170
오랑캐　82
吳鎔根　121

왕도(王道)   52, 70
왕민(王民)   52, 57, 59, 69,
        72, 74, 77, 81, 82,
        86, 95
王安石   22
왕토   59
愚民觀   78, 110
우승열패의식   169
위로부터의 개혁   109
僞勳削除   55
兪棨   83
遊食 士族層   106
유식·유산계급   156
儒者稼穡論   105
兪宗煥   124
유향소(留鄕所)   53, 60
尹紹宗   34
尹仁淳   135
을미의병   112
의병   110, 128
의병대중   111
義倉   25
李籽   82
이곡(李穀)   27, 28, 31, 32, 45
이광수   146, 147, 156, 158,
        158, 167, 171
이규보(李奎報)   22, 23, 24,
        28, 48

李命   84
李敏迪   84
李翊   84
理氣論   21, 26
李起巽   121, 135
이돈화   155
이색   41
李錫庸   132
이숭인(李崇仁)   39, 40, 41
이은찬(李殷贊)   135, 137, 138
李珥   69, 71, 74
李瀷   105
李麟榮   119, 125
李齊賢   29
李宗城   91, 97
이천만 동포   126
二千萬同胞   113, 115
二千萬愛國同胞   115
二千萬人民   121
인민 대중   131
인민(人民)   113, 118, 120,
        122
因時順俗의 道   89
인조   84
인종   145
仁宗代   25
任虎臣   84
입헌군주제   130

【ㅈ】

자본주의국가 건설노선　152
자본주의적 공화제　150
자작자급운동　160
자치운동　148
張福　85
張載　39
장재　40
적극적 교화의 대상　74
전기의병　112
전조선청년당회　172
전통적인 민본의식　136
全海山　126
정도전(鄭道傳)　32, 33, 35, 36, 37, 41, 42, 47, 49,
鄭夢周　33
正俗　67
鄭永世　31
鄭裕　83
鄭惟吉　84
鄭麟仁　84
井田制　88
政體變革論　110
정치적 중심세력　164
정치적 혁신주의　149, 160
正學　100
제국주의　109, 148

조광조(趙光祖)　55, 56, 59, 62, 63, 64, 65
조선 민족　156
조선 초기의 민에 대한 관념 79
조선독립　148
조선물산장려회　161
조선왕조실록　82
조선인 유력자　163
조선인 토착자본　162
조선인자본　148
조선지광　170
조선청년회연합회　161
조선혁명선언　166
조소앙　168
趙永仁　24
조준(趙浚)　32, 33
趙珍　66
종족　145
주권재민　130, 139, 174
周世鵬　83
朱子　56
중종　54, 55, 58, 60, 62, 64, 68, 84
중종반정　51, 54, 57, 70
중추계급 중심론　158
중추계급조성운동　157
職分　95
職役　74, 86, 95

【ㅊ】

참정권   139

天民   77, 80, 81, 82, 95

賤民   80, 81, 86

천황제   151

촌락 구성원   151

최린   172

崔益鉉   131

최해(崔瀣)   28, 29

충량한 신민   162

친일파   163

沈溫   83

【ㅋ】

코민테른   146, 169

클리포드 기어츠   149

【ㅌ】

太祖   46

八域同胞   113

팔자설   157

평등론   85

프로레타리아독재국가   170

프롤레타리아트   146

피지배층   78

【ㅎ】

河渭   84

河相泰   132

학교   103

韓男   84

한민족   145, 149

韓安仁派   20

限田制   88

향약   53, 59, 60, 61, 62, 63,
       69, 70, 71

鄕約論   54

호남의병   111

洪葳   84

홍대용(洪大容)   88, 93, 96,
       99, 101, 107

洪允成   59

黃愷   58

후기의병   112

후기의병의 민에 대한 인식 136